中华美德

现代转化与传承研究

周永源　高　诚　王　颖◇主编

THE RESEARCH OF CHINESE VIRTUE'S MODERN TRANSFORMATION AND INHERITANCE

《东方道德研究》第十三辑

北京理工大学出版社
BEIJING INSTITUTE OF TECHNOLOGY PRESS

图书在版编目（CIP）数据

中华美德现代转化与传承研究/周永源，高诚，王颖主编. —北京：北京理工大学出版社，2017.6

ISBN 978-7-5682-4380-3

Ⅰ.①中…　Ⅱ.①周…②高…③王…　Ⅲ.①品德教育-中国-文集　Ⅳ.①D648-53

中国版本图书馆CIP数据核字（2017）第173041号

出版发行/北京理工大学出版社有限责任公司
社　　址/北京市海淀区中关村南大街5号
邮　　编/100081
电　　话/（010）68914775（总编室）
（010）82562903（教材售后服务热线）
（010）68948351（其他图书服务热线）
网　　址/http：//www. bitpress. com. cn
经　　销/全国各地新华书店
印　　刷/保定市中画美凯印刷有限公司
开　　本/710毫米×1000毫米　1/16
印　　张/14.75
字　　数/338千字
版　　次/2017年6月第1版　2017年6月第1次印刷
定　　价/62.00元

责任编辑/梁铜华
文案编辑/黄丽萍
责任校对/周瑞红
责任印制/李志强

序　言

北京东方道德研究所成立于1994年，是经北京市人民政府批准，由共青团北京市委、北京社会科学院、北京青年政治学院联合主办，由北京青年政治学院主管、专门从事东方道德研究与中华美德普及传播工作的科研机构。

2014年年初在中央政治局第十三次集体学习会上，习近平总书记强调："培育和弘扬社会主义核心价值观必须立足中华优秀传统文化……中华传统美德是中华文化精髓，蕴含着丰富的思想道德资源。""对历史文化特别是先人传承下来的价值理念和道德规范，要坚持古为今用、推陈出新，有鉴别地加以对待，有扬弃地予以继承……要认真汲取中华优秀传统文化的思想精华和道德精髓……使中华优秀传统文化成为涵养社会主义核心价值观的重要源泉。"

北京东方道德研究所以"弘道明德"为宗旨，至2014年已走过了20个年头。在这20年的历程中，北京东方道德研究所在市委、市政府的关怀下，在三个主办单位的大力支持、协助下，将高端学术研究与大众化实验推广紧密结合起来，在实现中华民族现代化和伟大复兴的新的历史时期，团结、联络并礼聘了一批中华美德现代转化、传承、推广、普及领域的志士仁人、专家学者，共襄中华优秀传统文化现代复兴之盛举，众志成城，齐心协力，认真开展首都公民道德教育、儒家伦理、现代儒学、节日文化、文化创新、北京青年运动等领域的科学研究，精心组织中华美德教育行动新德育（改革）实验，为首都乃至全国青少年道德教育、公民道德教育、中华美德转化与传承、社会主义核心价值观培育与践行，以及精神文明建设做出了积极贡献。在此过程中，北京东方道德研究所逐步形成了自己的科研特色和比较优势，先后承担了30余项省部级以上科研课题，出版了一批具有较高学术价值和社会影响力的科研成果，其中包括：40余部著作和教材，300余篇论文和研究报告。由此累积了比较厚重的、良好的社会声誉。

中华美德是中华优秀传统文化的重要组成部分。认真借鉴发达国家和亚洲其他国家、地区现代化进程中的道德文化建设经验；深入研究中华美德的当代转化、传承体系以及操作路径；努力挖掘公民的善良根性；促进社会主义核心价值观的培育和践行；促进城乡文化建设；促进素质教育和青少年公民道德教育的开展；为提高国民思想道德素质和建设社会主义精神文明做出贡献，是今后相当一段时间内理论研究和德育工作战线的迫切任务。

在2014年建所20周年之际，北京东方道德研究所特邀请各位领导、国内外著名专家和学者汇聚一堂，探索中华美德转化与传承现状，交流既有工作经验，从而为加快中华美德当代传承体系构建，以及首都乃至全国优秀传统文化传承体系建设提供经验和具有可操作性的工作路径。此次学术研讨会，大家畅所欲言，献言献策，一定会更加有利于中华美德现代转化与传承工作的更好展开，一定会对社会主义核心价值观的培育和践行提供宝贵的精神动力和智力支持！

本书为此次大会精彩发言内容的汇编。在此，谨向贡献了优秀成果的各位专家、学者以及长期关心和支持北京东方道德研究所工作的前辈与朋友们，表示崇高敬意与诚挚谢意！另外，本书的出版还得到了北京市教委科技创新平台的项目资助，在此一并致谢！

北京青年政治学院副院长、北京东方道德研究所所长　周永源

目　　录

中华美德与社会主义核心价值观培育

培育核心价值观必须立足中华优秀传统文化…………………………… 李汉秋 / 3

中国传统道德研究

“孝悌礼乐”：治国安邦之法宝 ……………………………………… 舒大刚 / 15
中华传统“德主刑辅”政治治理理念沿革探析 ……………………… 傅永吉 / 19
《中庸》是处世待人的不朽瑰宝　……………………………………… 朱荣智 / 33
中华美德与精英道德养成
　　——以《朱子治家格言》为例………………………………………… 朱雪芳 / 41
《论》《孟》启蒙读本（部分）　……………………………………… 任文利 / 46
试析梁启超《新民说》中的公德私德思想 ………………………… 王　颖 / 65

中国传统道德与现代社会

承接中华美德　延续精神命脉 ……………………………………… 王殿卿 / 75
现代儒商与企业创新 ………………………………………………… 葛荣晋 / 82
儒家智德与人之发展 ………………………………………………… 涂可国 / 89
传统美德的时代价值……………………………………………… 肖群忠 / 105
礼法合治、德主刑辅、王霸结合
　　——汉代国家治理模式的确立及其现代意义 ……………… 韩　星 / 116
惟德动天，咸有一德：印度尼西亚孔教与中华文化传统的
　　认同和传承……………………………………… 王爱平　鲁锦寰 / 132
儒家诚信及其现代价值…………………………………………… 李伟波 / 139

中国传统美德的当代践履

中华传统文化社区实践十年回顾…………………………………… 李素菊 / 147
道德的体证和实践
——以一耽学堂青年文化公益事业“道义实践”为中心 …… 逄 飞 / 155
传承中华美德 践行社会主义核心价值观 全力促进未成年人健康成长
——东城区和平里街道未成年人思想道德建设工作情况 …… 刘延红 / 162
海淀区四季青镇传统文化活动开展思考 ……………………………… 169
花家地南里社区：中华美德与现代城乡社区文化建设 ………………… 173
《长城文化》中传统文化因素对小学生德育教育的研究 ……………… 董国振 / 175
中华美德与青少年公民道德教育研究
——传承传统文化 践行传统美德 ……………………… 孙悦仙 / 183
传承中华优秀传统文化 培育和践行社会主义核心价值观………… 杜海平 / 187
关于当前中学生中华美德传播路径的几点经验…………………… 辛春华 / 194
借助综合实践活动，发扬民族传统文化…………………………… 王瑞霞 / 198
如何在数学课堂中渗透中华美德教育……………………………… 张润华 / 200
中华美德现代传播路径建构的研究………………………………… 王书营 / 205
友善价值观的高中德育策略………………………………………… 苏 岳 / 210
学校、家庭、社会互动，形成中华传统美德教育合力的
实践研究……………………………………………………………… 高鹏玉 / 215
中华美德与素质教育研究……………………………… 王 平 王 彬 / 222

中华美德与社会主义核心价值观培育

培育核心价值观必须立足中华优秀传统文化

李汉秋

一、传统美德是中华文化精髓

现在的主流已越来越重视传统文化，习近平总书记强调："培育和弘扬社会主义核心价值观必须立足中华优秀传统文化"（《在中共中央政治局第十三次集体学习时的讲话》，以下凡未注明出处者均出于此）。这句话举重若轻，实际分量非常重。"立足"点是根基，指明立足点就是指明基本原则、基本方针。

了解现代文化史就知道，很长一段时间里，人们对经济基础与上层建筑的关系作机械简单化的理解，强调的是批判传统、与传统决裂。明白文化背景就知道，习总书记的这句论断，需要超越原来的许多观念，需要极大的理论勇气。这个论断是对历史经验教训的深刻总结，总结过往时代的教训，端正建设中华文化的方向。

2005 年 7 月 7 日，我在全国政协第十届第十次常委会上发言，主题为"弘扬传统美德的代表——仁义礼智信"，权威新闻部门就以"何必旧瓶装新酒"为由不予发表，直至有关领导人批示了翌年我在全国政协的全体大会上作"弘扬仁义礼智信"的讲话，才为"五常"正了位。

习总书记非常明确地指出："中华传统美德是中华文化精髓。"这道出了中华文化的崇德特点和优长；以此认识为基础，他阐述说："核心价值观，其实就是一种德，既是个人的德，也是一种大德，就是国家的德、社会的德。国无德不兴，人无德不立"（2014 年 5 月 4 日在北京大学师生座谈会上的讲话）。他一再强调"国无德不兴，人无德不立。必须加强全社会的思想道德建设，激发人们形成善良的道德意愿、道德情感，培育正确的道德判断和道德责任，提高道德实践能力尤其是自觉践行能力，引导人们向往和追求讲道德、尊道德、守道德的生活，形成向上的力量、向善的力量。只要中华民族一代接着一代追求美好崇高的道德境界，我们的民族就永远充满希望”（2013 年 11 月 26 日在山东曲阜考察时的讲话）。

在精神文化层面，西方文化重宗教，中华文化重人伦。中国是无“国教”，而有“国德”的国家——没有国人普遍信仰的宗教，而有国人普遍崇尚的伦理道德。西方提到信仰，一般指宗教信仰；儒家提到信仰，首推纲常伦理。最明显的物态表现如：西方传统的村镇设教堂，我国传统的村镇有祠堂。孔子“不语怪力乱神”，说“敬鬼神而远之”，儒家沿此传统。唐朝诗人李商隐在《贾生》诗中就讽刺汉文帝夜半召见贾谊，“不问苍生问鬼神”（问苍生不问鬼神，体现以人为本的传统）。在文化系统中，伦理道德是对社会生活秩序和个体生命秩序的深层设计。中国哲学是伦理型的，伦理道德是中华传统文化的核心和优长。伦理道德是做人的根基，我们以伦理道德作精神家园，我们的精神家园不在彼岸的天堂，而在此岸的天伦。天伦之乐，这是华人的“福”、华人的天堂。

西哲的谈论对此也有认证：17—18 世纪德国哲学家莱布尼茨被称为“千古绝伦的大智者”，他说中国“有一个极其令人赞佩的道德”，“我们从前谁也不信世界上还有比我们伦理更美满、立身处世之道更进步的民族存在，现在东方的中国，给我们以一大觉醒！”斯宾格勒把道德灵魂当作中国文化的基本象征符号。达尔文说，相对于其他文明，中华文明更具有典范意义。

二、建设三大人伦道德

人伦关系，是建立在伦理的基础上通过人们的情感信念来处理的关系。重视伦理道德和人伦情感，是中华文化对人类文明最突出的贡献之一。最近托名某大国某著名智囊公司者诬称：中国的“以血缘关系为基础的道德观，势必导致自私、冷酷”。这明明是在曲解抹黑中华文化，而有些网络却把它当作“逆耳忠言”传播。

中国自古便是以“家庭（家族）”作为个人参与社会的基本单元。家庭成为中国人情感与心灵遮风避雨的天然港湾。现代中国的家庭结构已经经过历史巨变，《红楼梦》时代、巴金《家》时代的家长制大家庭已经解体，绝大多数小家庭只有直系的亲子关系和一对夫妻关系，培育子女成为谋生之外的家庭生活中心。人之初，从家教始。亲子之互爱出之人的自然天性，是不计功利和“支出”“收入”的，与市场上的买卖交易截然不同。这种亲子间的天然关爱和无私慈孝精神，是其他人际关系所无法比拟的，这是人类爱心的最初种子，是起点和基石，教育就是从这里开始的，所以也是道德启蒙的起点和基石。“老吾老以及人之老”，“幼吾幼以及人之幼”，仁爱之心，博爱精神，都是这种爱心的推衍和升华。《孝经·天子》云：“爱亲者，不敢恶于人；敬亲者，不敢慢于人。”中华文化“立爱自亲始”，但从来不停留于“亲亲”。孟子说：“亲亲而仁民，仁民而爱物”（《孟子·尽心上》）。以家庭和血缘为主导的“亲亲”扩及“仁民”，再扩及“爱物”，乃至具有“民胞物与”（张载《西铭》“民吾同胞，物吾与也”）的胸怀。《礼记》说“以天下为一家”，中国人早就把家这个基本关系扩大了，已把人类的爱心和德行由本义属于家庭的亲子之爱，推广到对所有的人乃至天地间所有的物的更为广泛普遍的爱，把人伦的观念贯彻到天地万物之中。从爱亲走向“泛爱众”，从家庭走向社会、自然。爱是道德的基础，珍惜这种爱亲的情感体验，把它培育起来，推展开来，就会养成健康的爱心和德性。以此为根而繁衍的价值观和价值体系应是天然而富人性的。情感是构成人性的基本元素之一，如果没有这种淑世情怀，而单纯让“以利相交”、以利益为取舍的处世原则主宰人世，那么，见利忘义的世风就难拂去。

黑格尔在《历史哲学》中说：“中国纯粹建筑在这一种道德的结合上，国家的特性便是客观的家庭孝敬。”“二战”之前，欧洲学者曾经探讨，世界四大古文明为何只有中国文明屹立至今，他们的结论：“可能是中国人特别重视家教。”

家庭是培育爱心和德性的全天候学校，受益的不仅是家庭，还有全社会，因为它为社会培养合格的人。如果说我们现在的道德状况令人担忧的话，其原因之一不是人伦道德多了，而恰恰是人伦道德被削弱了。我们的传统美德本来就深深扎根于百姓日用伦常之中，我们的道德建设应当继承传统美德这一优良传统，从百姓日用人伦抓起，从每个人自小怎样待人接物抓起，下大力气建设新伦常规范。

我们要建设的人伦关系是在人格平等的基础上互惠互动的伦理关系。我提出，现代应优先建设三大人伦关系：亲子关系（血缘伦理）、夫妻关系（婚姻伦理）、师生关系（代表层级伦理）。构建和睦共荣的血缘关系、和美共生的婚姻关系、和谐共进的层级关系，具体而言，可落实到亲子爱、夫妻情、师生义。我们继承发扬优秀传统文化，应当大力建设好以上“三伦”。

三、建设四大人伦节日

中华传统节日是培育人伦道德的沃土，是人伦教化的好载体。在我国1951年订立的节假日制度中，传统节日只有春节。2003年，我当面向中央有关领导人建议重视传统节日。2004年，我正式通过全国政协提案建议：清明、端午、中秋、除夕等重要传统节日应作为法定节日放假。这一建议虽然被回复提案的职能部门婉拒了，但中央有关领导人却重视了，几次批示中宣部进行研究。2005年，中宣部等五部委制定发布了《关于运用传统节日弘扬民族文化的优秀传统的意见》，到2006年回复提案时肯定了我的建议；2007年公布了清明、端午、中秋放假的方案，2008年起施行。

中华传统节日是在天人和谐的主导观念中氤氲化育成的，在流传过程中不断注入人伦精神，成了以人伦为灵魂的节日。中华年（春节）、清明节（中华感恩节）等七大传统节日莫不如此，这里只谈与三伦直接对应的四大人伦节日。

中华母亲节已有群众基础，亟须大力推广。母亲节是最重要的人伦大节。不同文化的母亲节代表不同的文化个性，流淌着民族文化的血液，承载着民族的精神。中华母亲节应植根于中华文化的沃土，具有中华民族的文化内涵和特定的民族精神底蕴。5月第二个星期日的美国母亲节，是美国文化的产物，并非“世界的”。据不完全统计，世界上已有78个国家设立了自己的母亲节；并无国际组织或国内党政机构宣布美国母亲节是“国际母亲节”，把国人引入误区的是媒体误导、日历误标、商家误炒，切望改正。

中华民族是最重视家庭伦理的民族，理应有自己的母亲节。中华母亲节有双向互动的两方面含义：一是母爱、母教；二是爱母、孝亲。先讲第一方面。爱子必然教子，母爱必然提升为母教，落实在母教上。母亲的素质决定着人类和民族的未来，母亲教育是民族素质建设和人才资源开发的原始性、长久性基础。因此，有识之士不断呼吁要重建母教意识，发扬母教传统，振兴母教文化。人们很自然地想起了“孟母教子”的中华传统。2004年，我在全国政协会上提案创设以孟母为主要形象代表的中华母亲节（基准日是农历四月初二）。2007年起连续7年里，全国人大和全国政协已有300多人次提此议案。2011年4月，中国青年报社“社调中心”与中国网、新浪网联合民调结果显示：80.9%的人赞成过中华母亲节（见《中国青年报》2011年4月26日第7版）。2013年5月，中国网网上投票结果显示：支持中华母亲节的超过98%。

再讲另一方面。中华母亲节、中华父亲节都直接以弘扬孝亲为核心内容，是践行孝道的良好契机，是弘扬人伦的重要载体。这是异质文化的母亲节、父亲节所无法取代的。人类的美好感情，包括体验和感受感情的能力，需要精心保护、加以培养。如果家庭里的“小皇帝”“小太阳”认为父母为他/她所做的一切都是应当的，对亲情已经麻木，不会感知爱，那他/她就不懂回报亲情、不会报答爱。从小以个人为中心、不懂得孝亲，长大后就会变得自私、不懂得奉献。

有人说，我们天天都在行孝，何必专设一个节日呢？设立中华母亲节，就是为了让天下父母的爱心有一个得以彰显、让人认真体认的日子；让天下子女的孝心有一个受到唤醒，并精致表达的日子。许多学校过中华母亲节时都让学生请母亲来一起过，专设一项“跟妈妈说句知心话（悄悄话）”。说什么呢？石家庄市有位小学一年级的男孩对妈妈说：“妈，您把自己最喜欢吃的都给我吃了。”母亲感动得热泪盈眶地说：“孩子懂事了，没有白疼他。”是的，他从自己的童心体悟到母亲是怎么爱他的，对于他，这是个发现，也是个铭记，必然会使他萌发如何回报之念。把平时习焉不察、习以为常的母爱，借此节日思索、体认、领悟，年复一年地积累、加深、积淀，在心田里扎根、生长、开花，逐渐养成孝心、爱心、仁心。从这里可以看出节日的功能。

北京通州区小学四年级的一位男孩庄重地对母亲说：“妈，我长大了一定要让您享福！”对于他，这是个许诺，也是个誓言，颇有小男子汉的气概。我问西方朋友，他们的孩子会向母亲说这样的话吗？朋友回答说：他们不但没有这样的话语，而且没有这样的观念。这就是民族文化心理的差异。中华母亲节有中华民族文化心理的特色，不是异质文化的母亲节所能取代的。2014 年 1 月 18 日，在中央电视台《中国孝道》微电影选题研讨会上，我介绍了上述“小男子汉”对母亲的孝心。过了两个多月，中央电视台综合频道和新闻频道在每天几次的新闻节目后以公益广告的方式播出这种场面，连续播了两个多月后，又将它拓展成三部曲，由倪萍主演。第一景，年轻的妈妈抚摸着孩子憧憬着未来，说：等你长大了我就享福了。第二景，中年母亲充满期待地对大孩子说：等你结婚生孩子了我就享福了。第三景，小孙女对两鬓斑白的老人说：奶奶，我长大了一定要让您享福！这时屏幕上出现八个大字：“别让等待成为遗憾”。这使人想起中国的老话：“子欲养而亲不待！”中国母亲的母爱是全天候而且终身的，抚养好第二代还接着抚育第三代，献了青春还要献终身，“谁言寸草心，报得三春晖”哪！我们不能对不起她们，不能让她们的期待落空！

中国人传统上称自己的生日是“母难之日”，简称“母难日”，表明自己生日不忘母亲养育之恩。以孟母生孟子之日作为中华母亲节，推而广之，每个人都要感恩生养自己的母亲，每个人的生日都是自己的母亲节。北京市通州区的许多小学开展“我的母亲节”活动，每人一本《我家的母亲节》小本子，用来记录自己的孝亲言行，把中华母亲节落实到每个人、每个家庭，把学校教育同家庭践行连接起来，展现了中华母亲节的魅力。

重阳节可叠加中华父亲节。联合国并不主张把强势文化的节日指定为“世界”的节日。1982 年，第 36 届联合国大会第 20 号决议提出，建议各成员国政府自己确定一个日子为本国的“老人节”、具有自己文化特色的老人节。1989 年，我国政府决定以本来就蕴含敬老内涵的九月初九重阳节作为中国敬老节（老人节），这是第一层叠加。我国继而又制定了相关法律：自 2013 年 7 月 1 日起施行《老年人权益保障法》，其中第十二条为“每年农历九月初九为老年节。”

现在节日已经很多，叠加是种好方式，重阳节已立法叠加上中国老年节。2010 年，中宣部等七部委在《关于深化“我们的节日”主题活动的方案》（以下简称“节日主题方案”）中指出：重阳节应突出“敬老孝亲的主题”。“敬老”之外又加上“孝亲”。确实，“老吾老以及人之老”，“敬老”首先要“孝亲”，从每个人、每个家庭的孝亲做起。重阳节再叠加上“中华父亲节”，可促进每人每家的父教子孝。古人以奇数为阳数，偶数为阴数；天为阳，地为阴；男为阳，女为阴。九是最大的阳数，“重阳”适宜作父亲节。这是顺着“孝亲”而来的叠加。再者，黄帝是中华民族的人文初祖，是由母系氏族过渡到父系氏族时期的中华父亲形象的代表，是我国悠久历史进入父系家长制的代表。中国古代很早就有黄帝于九月九日驭黄龙上天的传说，从汉代以来，人们便在这一天祭拜黄帝。把九九重阳祭拜黄帝的这一天作为中华父亲节，是有历史渊源和民俗依据的。

而今我们不仅需要教育孩子，而且需要教育家长如何当好家长，尤其是如何当好父亲！母性之爱和父性之爱孩子都需要，它们各有特点，各有优长，异曲同工组成完美的家庭教育交响乐。中华传统是“慈母”“严父”，称自家母亲为“家慈”，自家父亲为“家严”。家教不仅需要“慈”，而且需要刚健刚毅的素质培养，这后一方面更需要父教。在儿童成长的不同阶段，主次有所不同。母性之爱：德行礼仪、品格气质，母亲在孩子的婴幼、少儿阶段影响巨大。父性之爱：方向性引领和理性作为。优秀的父亲一定是孩子的引路人、思想的奠基人。一般来说，孩子成长需要的母性之爱呈递减趋势，父性之爱呈递增趋势。2013年，湖南卫视播出的《爸爸去哪儿》引爆亲子教育大讨论，“爸爸应该在家庭教育中承担哪些责任”成为聚焦的话题。可见当今社会在呼唤父教。我们正可通过中华父亲节弘扬“天行健”的民族精神。

6月的第三个星期日是美国父亲节，不是国际社会的。据不完全统计，俄罗斯、德国、意大利、澳大利亚、泰国等38个国家和地区都有自己的父亲节（我国的台湾地区是8月8日，取自“爸爸”的谐音）。我们不能数典忘祖认人作父。

七夕节可叠加中华情侣节。青年人很需要表达爱情的节日，于是被2月份的西方情人节所吸引。其实，中华民族早有自己的情侣节。2003年3月，我当面向思想文化界领导建议以七夕为中国情人节，领导在首肯的同时指出，最好叫“情侣节”，所以其后我都提倡以七夕为中华情侣节。

中央“节日主题方案”正式把七夕列入重要传统节日“七大节”中，并指出：七夕的主题应突出“爱情忠贞”。好极了！“爱情忠贞”，这不是情侣节是什么？

从古到今，有一些两性关系停留在比较低的水平上，有的是单纯的情欲，有的是一种物质的欲望，通过婚姻来求得物质享受上的满足。牛郎织女的爱情不是这样的。牛郎织女的婚恋观在当时是很超前的，到现在也是有生命力的，他们忠贞久长的爱情，超过那种低俗的、光考虑物质和欲望的婚爱。织女是天上的公主，按照世俗的眼光她应该嫁一个有权位钱财的高官，可她偏偏下嫁给牛郎。她把人的品质放在第一位，看中牛郎的忠厚、诚恳、勤劳，所以她宁可抛弃天庭的优越生活，反抗天帝的命令，下嫁人间，住进牛郎的茅草房，满足于很朴实的平民生活。牛郎一心一意地对自己的妻子，诚心诚意地呵护着她。这样一种理想，是主张当事人自己做主，反对封建势力的干涉。恋爱的标准和婚姻的价值取向体现的是一种人格的追求。不看重权势和金钱，而注重人品的优劣，这是很先进的爱情观。中国古代的爱情故事，不管是诗歌、小说，还是戏剧，都是批判嫌贫爱富、反对以势利为标准，都是追求人格、品行的完善。

牛郎织女的婚恋观强调的是婚姻自主而非屈从外力，看重的是人格人品而非权势财富，赞扬的是忠诚坚贞而非轻薄浮浪，追求的是精神高尚而非一时情欲，赞赏的是勤劳持家而非好逸浮华。这是中华民族优良的婚恋观，是中华民族优良人伦传统的表现，而且与时代精神相融通，是现代人应当继承发扬的，是有利于新时代精神文明建设、抵拒不良风气影响的。今天，我们应当从传统七夕节所固有的文化内涵中，提升出积极健康的婚恋观作为中华情侣节的精神，并创造出适合今日人际交往和社会活动的节庆方式，把传统和时尚融通起来，年复一年地发展出为广大群众所喜欢的七夕中华情侣节。

爱情是永恒的主题，中华民族重人伦、重家庭，夫妻是最基本、最重要的人伦关系之一，是一个家庭稳定与和谐的基石。“家和万事兴”，家是夫妻共同经营的、编织着梦和酸甜苦辣的窝，所谓“百年修得同船渡，千年修得共枕眠”。夫妻就是两个半球，半个球无法滚动，要有另一个半球才算完美。婚姻是个有遗憾的长久结合，天下没有十全十美的丈夫或妻子，关键是夫妻要相向而行，以包容的心态处理好差异和矛盾，而不是动不动闹分离。牛郎织女本身就是已婚的夫妻，而且有子女，以牛郎织女为形象代表的七夕情侣节，不是单属未婚情侣，而是涵盖各个年龄段的夫妻情侣。

中青年夫妻担负着培育下一代的重任，夫妻恩爱是最生动直观的全天候家教。孩子是由父母的细胞结合而来，孩子的一半来自父亲，一半来自母亲，因此孩子在潜意识里都希望爸妈是结合的。否认父母亲中的任何一方，等于无形中否认了孩子的一半。一个爸爸对孩子最好的爱，就是好好疼爱孩子的妈妈；一个妈妈对孩子最好的爱，就是欣赏并推崇孩子的爸爸。夫妻长期不和会波及孩子，会造成孩子性格的压抑乃至扭曲，甚至走上邪路。

对于老年夫妻，“老伴”是一生中最重要的恩爱存折。古汉语单音节词多，但在夫妻关系上，偏要用双音节的“恩爱”，强调“一日夫妻百日恩”，要有感恩报恩的心态。老年夫妻尤其如此。一对身份、体貌、学养相差悬殊的夫妻之所以能够白头偕老，主要是因为他们在长年相濡以沫的日常生活中储存下了“恩爱”，在共艰危共患难中储存下了“恩爱”，这种恩爱能战胜任何引诱。“糟糠之妻不下堂”，患难夫妻情义长，这是中华民族的传统美德。

中华教师节应定在孔子诞辰日。现在，在农村家庭中常立的牌位已趋向于由传统的“天地君亲师”更新为“天地国亲师”，其中“亲”和“师”都是具体的人伦关系。俗话说，“一日为师，终身为父”，足见师生一伦的重要。这一伦也体现着、代表着家庭之外社会上的“层级”伦理关系原则。

孔子是中华文化的象征，他在中国文化和教育传统的形成发展中发挥了广泛、持久而深远的作用。孔子思想是具有强大凝聚力的中华文化的重要组成部分。作为“万世师表”，孔子在 2 500 多年前就提出了极其宝贵、丰富的教育思想，至今还不失其积极意义。孔子的重要教育思想包括：有教无类、因材施教、启发诱导、举一反三、言传身教、教学相长、学思并重、温故知新、循序渐进以及礼、乐、射、御、书、数六艺教育。而“学而不思则罔，思而不学则殆”“学而不厌，诲人不倦”“敏而好学，不耻下问”“学而时习之”“发愤忘食，乐以忘忧”“后生可畏”“当仁不让于师”等经典名句为世人熟知，流传千年。孔子博大的教育思想和卓越的教育实践，是中华民族教育精神的集中体现，其精华具有长久的魅力。

现在的教师节，多是学生为老师庆祝节日，侧重于培养学生的尊师。但这应该是教师节的一个方面，教师节还应具有另一个也许更为重要的内涵：教师节首先是教师自己的节日，通过节日可以使教师进一步培养为人师表的职业意识，提高自身的职业素养，增强对所从事职业的敬意。以孔子为形象代表显然有利于丰富教师节的文化内涵。在中国的台湾、香港等地，以孔诞为教师节已经多年了，这不是当地的新创，他们也是延续传统。以孔子为教师的形象代表源远流长。据专家考察，我国尊祀孔子的制度化与公元同其始。唐太宗贞观四年（公元630年）下诏州县皆立孔庙，这标志着全国性的祭祀孔子。唐以后，从中央到地方各级官方学校旁均立孔庙逐渐成为定制。宋徽宗时，孔子已成为学校中“释奠”礼的中心。

到清雍正五年（1727年），据《清史稿》记载：“定八月二十七日先师诞辰，官民军士，致斋一日，以为常。”这表明已定孔诞为全民性的节日。因其全民性，孔诞已经具备了作为节日的基本特征。清光绪二十九年（1903年）学校进行制度改革以兴办学堂时，在学堂管理通则中就明确规定“至圣先师孔子诞日”为“庆祝日”。1939年民国政府相沿确定以农历八月二十七日孔子诞辰为教师节（后来换算为阳历是9月28日）。从国家的统一与民族文化历史认同的角度考虑，以孔诞为教师节也是很有意义的。希望在不久的将来，孔诞成为全体中华儿女的教师节。

从2004年开始，我就以政协提案的方式几次呼吁以9月28日孔诞为中华教师节。有关职能部门都肯定提案的理由，答应在修改教师法时负责转达此建议。2012年9月，教育部答复同意我的意见，修改教师法已列入立法规划。2013年9月5日国务院法制办公布《教育法律一揽子修订草案（征求意见稿）》，对教师法等四部法律相关条款进行修订。意见稿中拟规定每年9月28日为教师节。我们期盼着一个更合适的中华教师节的到来。（作者系全国政协原委员，著名人文学者、教授）

中国传统道德研究

“孝悌礼乐”：治国安邦之法宝

舒大刚

五千年中华文明，曾经以东方第一文明古国的身姿傲立于群雄，引领风尚。而近百年风云，中华民族又从积贫积弱，列强侵逼，到独立自主，经济腾飞，俨然成为世界第二大经济体，拥有第三大军事实力，在许多方面，已经足以使我们一洗百年耻辱了。当我们在受过“穷过渡”之苦后，又希冀实现“仓禀实而知礼节，衣食足而知荣辱”（《管子·牧民》）的梦想。然而，现实却是恰恰相反的，毒奶粉、毒生姜、毒大米、死猪漂河、校园杀人等事件层出不穷就是明证。我们目前的社会，一方面是诚信缺失，有老不养；另一方面又是年轻人扶起摔倒的老人反被诬枉，好人被无端陷害。农人种的蔬菜自己不吃，栽的水果自己不要，等等。这些现象虽然是局部的，但在相当长一段时间，“官员不廉，士人无耻，下民无赖”“富而不贵，贵而不安，安而不泰”竟成普遍现象。习总书记也指出：在经济社会快速发展的进程中，我们也遇到了一些“成长的烦恼”，其中就包括一些社会道德严重失范问题，必须引起高度重视。道德建设，知之不难、行之不易，重要的是要激发人们形成善良的道德意愿、道德情感，培育正确的道德判断和道德责任，提高道德实践能力尤其是自觉践行能力（2013年11月26日，视察山东时的讲话）。孔子早就说过：“放于利而行，多怨”（《论语·里仁》）。孟子不亦云乎：“为人也有道，饱食暖衣，逸居而无教，则近于禽兽！”（《孟子·滕文公上》）这些社会负面效应产生的原因也许是多样的，但是我们对青年长期缺乏为善的教育、对社会缺乏儒家礼乐文化和孝悌伦理的引导，是造成这些丑恶现象的最根本原因。

孔子曰：“导之以政，齐之以刑，民免而无耻。导之以德，齐之以礼，有耻且格。”（《论语·为政》）如果仅仅以行政命令、严刑峻法来对待人民，无论维稳经费有多高，警察、城管有多强，其结果都必然是：人民虽然不敢公然犯禁，但是“免而无耻”，宽则犯禁，严则走险。只有以优美的礼乐相感染，以高尚的德行相劝导，人民才既知规矩，又知廉耻，实现内在超越，自我约束。

在儒家提倡的众多价值观和道德观中，鄙人以为“礼乐”和“孝悌”是目前最当紧恢复和提倡的。礼乐是什么？其实质不是长期被批判的繁文缛节，也不是等级名分，而是文明与秩序，优雅与文化。虽然“礼主别异”，但是“乐主和同”，别异在于秩序，和同在于相亲。在有秩序的环境中，以和乐的气氛来实现人群的和谐相处，故曰：“礼之用，和为贵”（《论语·学而》）。或有人说，我性自由本自然，礼乐岂为我辈设？殊不知自然也是有秩序的，犹之乎春生夏长，秋收冬藏。天生地长，人道隆昌，哪一个季节可以混淆，哪一个顺序可以颠倒？人秉天性，性存五常，五行相生相克，何可混淆？人性万端，人欲无疆，若不以有序的礼乐来节制之，岂有不泛滥成灾之理？荀子曰：“人生而有欲，欲而不得，则不能无求。求而无度量分界，则不能不争；争则乱，乱则穷。先王恶其乱也，故制礼义以分之，以养人之欲，给人之求。”（《荀子·礼论》）孟子曰：“仁之实，事亲是也；义之实，从兄是也；智之实，知斯二者弗去是也；礼之实，节文斯二者是也；乐之实，乐斯二者是也。”（《孟子·离娄上》）虽有仁义之心，必由礼乐出之，乃能合乎人情，中乎世矩，顺乎天道。

有仁义而无礼乐，则仁义恐为滥施，反有孱弱之弊。有礼乐而无仁义，则礼乐成为虚文，反成人性桎梏。故礼乐必与仁义结缘，仁义必以礼乐来展现，这是我们要想重新寻回儒家仁义之德，必须适当地恢复儒家礼乐文明的缘故。

同时，犹之乎礼乐有铿锵鼓舞一样，仁义也有孝悌忠信等基本德行。子曰：“君子务本，本立而道生，孝悌也者，其为仁之本与?”（《论语·学而》）孝悌就是儒家推行仁义最基本的德行。《孝经》曰：“教民亲爱，莫善于孝；教民礼顺，莫善于悌；移风易俗，莫善于乐；安上治民，莫善于礼。”只有将孝悌和礼乐紧密结合，将孝悌提倡和礼乐推广顺利开展，社会才会亲爱团结，文明礼顺。如果说礼乐尚有一个外在教化的过程，孝悌则是人们内在心灵的觉醒。万物发育离不开天地，人类生长离不开父母。人皆父母所养，人皆尊长所教，知恩图报，寸草春晖，此天地法则，人性本能，谁能逃于天地之间？谁愿异于人类此心？奉行孝悌就是报答父母生成长养之恩，也是反馈天生地长之德的需要。孝悌之道不仅仅是推行仁义礼乐的基本德行，也是在遵守天地之道的规律和准则。故《孝经》曰：“夫孝，天之经也，地之义也，民之行也。”孟子也说：

“尧舜之道，孝悌而已矣”（《孟子·告子下》）。

天、地、人是谓“三才”。《易经》之道，“兼三才而两之”。《易经》又说：“立天之道曰阴与阳，立地之道曰柔与刚，立人之道曰仁与义”（《周易·说卦》）。阴阳、刚柔、仁义，实异名而同质，仁即阴、柔，义即阳、刚，人之德行实取法于天地。正是有了天、地、人三才之德的交互作用，才有了万物的顺利长养和繁滋。是故董仲舒说：“天、地、人，万物之本也。”为什么这样说呢？董仲舒解释道：“天生之，地养之，人成之。天生之以孝悌，地养之以衣食，人成之以礼乐。三者相为手足，合以成体，不可一无也”（《春秋繁露·立元神》）。孝悌就是感谢生成之德，故人必须敬天法地，事父孝母。礼乐是自然法则在人类社会的体现，或是人类对自然法则的模拟，虽是人文精神、社会秩序，却也体现了天地的必然性原则和自然性规律，故董仲舒说：“无孝悌，则亡其所以生。无衣食，则亡其所以养。无礼乐，则亡其所以成也。三者皆亡，则民如麋鹿，各从其欲，家自为俗。父不能使子，君不能使臣。虽有城廓，名曰虚邑。”试想，一个人连起码的报恩情怀都没有，连孝悌都不讲了，他还会有顾忌吗？还会有奉献吗？还会敬天保民、敬祖敬宗吗？他必然以自我为中心，自私自利，无所顾忌，为所欲为。人类不讲礼乐，就是不遵守自然秩序，不敬畏天地之道，就必然走向与天地为敌、与自然为敌的深渊，最后落下破坏环境，颠倒五行，天怒人怨，民不聊生，国将不国的恶果！

因此，我们在努力生产、丰衣足食的同时，还必须以讲究孝悌来提倡亲爱，以提倡礼乐来重振秩序，用孝悌来激发人们的善性，用礼乐来开启社会的文明。孝悌以固其本，善其性，礼乐以重其防，文其行，孝悌礼乐大行，则天下治矣安矣，恶行丑行也才能日益减少，最后消失，我们日夜追求的“中国梦”也才有实现的可能！“孝悌礼乐”不仅是实现“中国梦”的需要，也是实现世界和平、人类持久幸福的重要推手。现在的世界也不太平，存在大国霸权、小国无赖的现象，存在大国强加于人、小国见富起仇心的丑恶嘴脸，甚至还普遍存在开发过度，大肆破坏自然，过分依赖科技的现象，到了有智慧发明科技，无智能使用科技的境地。以至于有科学家警告：人类已经面临生存危机，一场国际性危机、环境危机已经势在眼前。这些问题不是一两个大国充当国际警察就能解决的，还必须靠精神的力量。如果我们将中国精神（如孝悌礼乐、忠恕之道）推广开来，使之达于四海，普及天下，提倡“民胞物与”，大爱无疆，节制欲望，合理开发，让人们遵守自然秩序，懂得“己所不欲，勿施于人”“见得思义，义然后取”“天人合一，物我相谐”的道理，必然会使天下享其利，生灵受其福，圣人理想的“至德要道，以顺天下，民用和睦，上下无怨”（《孝经》），时贤所期待的“树我邦国，天下来同”（马一浮）的境界为期不远矣！所以我们要说：礼乐可以安邦，孝悌可以治天下。（作者系四川大学国际儒学研究院教授）

中华传统“德主刑辅”政治治理理念沿革探析

傅永吉

“德主刑辅”是儒家政治法律思想之核，在汉初发展、提升为封建社会政治治理的核心理念——正统思想的核心、主轴，既是儒家所提倡的治国方略，又是社会政治、经济、文化生活及大众日常生活与人际交往的重要理念。它奠定了汉唐盛世的制度文化根基，影响绵延至今。我们今天所谓文化自觉，正视并积极地继承和借鉴这一悠久的制度文化，当是应有之义。

一

追溯历史渊源，“德主刑辅”思想可上溯至西周初期确立的“以德配天”“明德慎罚”政治法律思想基本理念，是中华人文精神的重要内涵。

西周之初，统治者接受殷商灭亡的教训而主张的“明德慎罚”可视为“德主刑辅”之先声。剿火尢道的商纣之后，西周统治者“监于有殷”（《尚书·召诰》），认识到“天命靡常”（《诗经·大雅·文王》），“皇天无亲，惟德是辅”（《左传》），并进而体会到统治者只有努力做到“以德配天”“敬德”“保民”，才能体现天道，得到上天的眷顾和保佑。从“以德配天”观念出发，周公提出“明德慎罚，亦克用劝”（《尚书·多方》）。所谓“明德慎罚”是指治理国家要力行德政，并且要谨慎动用刑罚等非常手段。管理国家政事，要以教化为基本手段，而尽量少用甚至避免刑戮杀伐等暴力路径。周人“以德配天”“明德慎罚”的思想，在中华文明史上首次凸显了德治在社会政治治理中的优先和主体地位。

二

孔子以周公传人自居，发扬“以德配天”“明德慎罚”的理念，虽然不曾提出“德主刑辅”的范畴，但其思想中鲜明地表达了这一政治理念。有专家认为孔子有关德治与法治关系的思想可概括为“重德轻刑”，愚以为并不贴切、准确。更有甚者，认为孔子只承认并肯定德治，而根本不承认刑罚为代表的法治的价值和作用。其中最有代表性的意见就是曲解孔子的这句名言“道之以政，齐之以刑，民免而无耻；道之以德，齐之以礼，有耻且格”，将之说成孔子贬斥法治在社会政治治理中的价值的证据。其实，孔子此段语录只是分别说明了两种治理路径的特点与差别，有强调德治和礼治的意味，却无轻视、否认刑罚法治的意味。孔子所要说明的无非是刑罚并不能从根本上解决“天下大乱、礼崩乐坏”这个时代最为严峻的课题，还需要其他办法，如此而已。刑罚所能达到的“民免而无耻”，只是孔子所追求的秩序与和谐的初步的或初级的目标，不是更高或最高目标，更高或最高的目标是“有耻且格”这一道德上自觉自律的君子人格的养成。这个崇高、神圣的人生理想只能通过教化途径来实现。

也就是说，孔子认为治理国家的首要手段或主要手段是道德教化。《论语》中记载季康子问政于孔子时，曾向孔子请教：“如杀无道，以就有道，何如?”对于那些不懂道德（缺乏道德意识）又在行为上缺德（失德）的人，统统都杀掉，只留下那些懂道德又行道德的人，这办法怎么样？对季康子这个古怪的提问，孔子仍然很有耐心地解答。孔子的答案是：“子为政，焉用杀？子欲善而民善矣。君子之德风，小人之德草，草上之风必偃。”对于普通百姓中有人不懂道德而缺德、失德这件事，当政者怎么能用杀戮来解决呢？你要是真向往（期待）善良的美德盛行，老百姓不是问题，他们一定会跟从于你。君子等居上位者的道德状况就像是风，老百姓的道德状况就像是草，风向哪边刮，草就向哪边倒啊！显然，孔子是在隐晦而尖锐地批评季康子（以及季氏三雄）乱礼缺德、祸乱鲁国政事的行为。老百姓缺德，谁的过错呀？还不是居上位者带坏的？怎么可以想出用杀戮的拙劣办法来解决道德问题呢？以身作则不就行了吗?

这当然也是孔子对“为政以德”的案例式解读。

三

孔子所谓“为政以德”，强调治国施政要以道德教化为根本，而这种教化方式的最主要（基本）的方式，并不是统治者等居上位者坐而论道、夸夸其谈、耳提面命或灌输植入，而是“先行其言而后从之”，“政者，正也。其身正，不令而行”。管理者自身要成为准君子、真君子乃至贤人、圣人，在道德上成为社会的楷模，从而令百姓受到教化、感染，普遍成为更具人伦情操与美德追求的人，如准君子、向君子甚至真君子。

孔子是“德主刑辅”理念的创发者，虽然不是这一范畴的第一个使用者。《论语·为政》篇中说：“为政以德，譬如北辰，居其所而众星共之。”这是主张当政者必须具备良好的道德修养，成为美德的化身，令大众敬仰。所以孔子又说“政者，正也。子帅以正，孰敢不正?”（《论语·颜渊》）“其身正，不令而行；其身不正，虽令不从。”（《论语·子路》）“苟正其身矣，于从政乎何有？不能正其身，如正人何?”（同上）孔子还讨论过“无为而治”，他说：“无为而治者其舜也与？夫何为哉？恭己正南面而已矣。”（《论语·卫灵公》）孔子所谓“无为”就是用美德的感染力教化万民。礼仪之邦的源头活水也在于此。

显然，所谓“德治”或“为政以德”，并非简单地让百姓懂道德讲道德行道德，而是政治家为代表的政治精英恭行“仁德之政”。政治家自身要成为美德的化身、道德之楷模，希贤希圣并成贤成圣，圣君明主是也。进而，这样的圣君明主要以仁德为执政的核心理念，如孔子所希望的“允执厥中”，让公平正义转化为现实生活。然后，作为这一切自然而然的结果，百姓在“君子之德风”的温暖吹拂下，在楷模、榜样们的感召下，向君子圣贤们看齐，共同攀登道德的山峰，普遍成为拥有或多或少美德的人。这就是德治的基本路径。

四

对“法治”理念，孔子的态度如何？对典籍稍稍分析就可以发现，孔子对“法治”同样重视，我们可以将之表述为足够重视或特别重视。因为孔子确曾明确地说过：“君子怀德，小人怀土；君子怀刑，小人怀惠”（《论语·里仁》）。这段话是端然有趣的，更是简单明了的。我们需要特别注意，孔子这里将君子“怀德”与“怀刑”对举，而与小人之“怀土”“怀惠”低俗、市侩心态做鲜明的对比、反衬。因而，由此可以判断孔子并非如一些人所虚妄地认为的那样——轻视刑罚为代表的法治的价值和作用。也就是说，孔子并非不重视刑罚为代表的法治的价值和作用。仅仅这句话就足够验证这一判断。

孔子还讲过这样一段话：“听讼，吾犹人也。必也使无讼乎？”（《论语·颜渊》）这话理解起来或有歧义。大可从另一面来理解。有专家在点断时，主张在“无讼”后用惊叹号，主张孔子的意思是强调“无讼”这一理想。而我倾向同意使用问号，表示孔子对“无讼”持有疑义，或表示孔子其实是在提出这个问题：根绝诉讼可能吗？能做到吗？氓（小人）的存在，缺德乃至违法者的存在，都表明“无讼”这样的理想状态至今并未实现。至多，我们可寄于大同之世或共产主义的到来。但那种理想世界，距今仍足够遥远。空谈单纯的“德治”，实为某种妄想、偏执。

孔子还讲过：“政宽则民慢，慢则纠之以猛。猛则民残，残则施之以宽。宽以济猛，猛以济宽，政是以和”（《左传·昭公二十年》）。这段话，其实恰恰是孔子“德法并治”理念的清晰表述。在大同之世仍然遥远的情境下，单纯的德政必会失之于宽，于是老百姓就会松懈、散漫，失德甚至违法就会多起来，刑罚为代表的政治治理手段中“猛”的一面就派上用场了。然而，单纯或过多地用“猛”，老百姓就会处于水深火热之中，就可能侵害到百姓的基本（正当）利益，于是“宽”的一面又必须强调了。现实的政治路径是“宽猛相济”，秩序与和谐才有成为现实的可能。

从现实生活看，刑罚杀戮等极端手段只能用在对极少数冥顽不灵并严重扰乱社会秩序、侵害国家群体或其他个体合法利益者身上。显然，直到目前的人类文明社会，这种极少数的极端分子还一直存在。刑罚这强硬的一手，依然没有过时。在反复教化而无效的情况下——害群之马仍然猖獗表演，严刑峻法就派上了用场。

五

孟子是孔子“内圣”思想的主要继承和发扬者。孟子所处的时代，诸侯间的杀伐征战更加频繁、残酷，“以德配天”“明德慎罚”的理念大有被淡忘之势，兵家、阴阳家、纵横家甚至墨家思想因为更为直接、简便而颇似更为得势，对儒家所倡导的仁义等美德的追求则与现实生活日渐疏淡、剥离，孔子“为政以德”的理念似乎渐行渐远了。孟子是使儒家在战国时期重新成为显学的关键人物，他强烈期望用仁德来治理国家，他反复强调“何必曰利，唯仁义而已矣”（《孟子·梁惠王上》），并将孔子的仁学发挥、阐扬为“仁义之学”。在德治与法治关系上，孟子主张以仁德驾驭刑罚，将德治置于刑罚（法治）之上，他认为“以力服人者非心服也，力不赡也；以德服人者，中心悦而诚服也”（《孟子·公孙丑上》）。他主张以德服人，先德后刑，德主刑次，尽量“省刑罚”——少用武力等极端手段，更反对严酷刑罚。当然，对那些（极少数）不顾他人死活的好战分子和杀人越货者，孟子又坚决主张“重刑”甚至“不教而诛”。于是，在总体的政治治理理念上，孟子坚持并发扬了孔子“怀德”“怀刑”并重的基本立场。当然“德治”仍一如既往地被置于首位，这是毋庸置疑的。

六

荀子是孔子“外王”思想的阐扬者。在德治与法治关系上，荀子思想可概括为“隆法重礼”。荀子一方面认定德政和教化是治理天下的最好办法，同时也坚决地肯定刑罚之不可或缺的作用，这与孔孟的基本立场一脉相承。荀子明确主张“隆礼重法”，他断言：“赏庆刑罚势诈不足以尽人之力，致人之死”（《荀子·议兵》）。法律是直指人类的功利诉求的，荀子所列举的这六种手段“赏”“庆”“刑”“罚”“势”“诈”，都指向人们的现实利益的得失，直接与人类患得患失的本能——天性相关。应该说，在许多时候，这些办法及其所关涉到的物质利益，对人的行为具有相当明显甚至强烈的左右或调整的功用。然而，这些办法并非万能灵药，并非可以无条件地发挥最大效能。金山银山堆在面前，人们也未必尽心尽力；刀剑加颈，人们也未必就屈膝投降或跪地求饶。诚如老子所言：“民不畏死，奈何以死惧之？”真正的士君子宁可杀身成仁、舍生取义，也绝不会畏缩、妥协！这才是人性中更为重要更为根本的特质——人与禽兽的本质区别所在。以道德教化之法开掘人性中这些趋向崇高、神圣的特质，恰是社会（政府、公权）最重要的职能。

荀子的“德礼政刑”相互为用的思想，是孔子“德法并治”思想的发扬和升华。较之前贤，荀子对国家制度建设更加关心，也有更多研究和探讨。对传统之礼（制度化的德）制，荀子结合时代对成文法的需求进行了深度开掘，将礼制中“分定”的功能开发明示为法律制度，进而提出“礼法”概念，明晰了礼与法之间的渊源关系，即法是礼的组成部分——法基于、从属于礼制。在这样的意义上，礼与德是并列关系，同样是礼制的构成成分，于是德与法的关系得到了新的定义。广义的德就是礼制；而狭义的德则是礼制的重要组成，与法并列、同位。这无疑提升了法律与法治的地位，也为荀派后人韩非、李斯等将法家思想大加阐扬并最终独立创派做出了理性铺垫。

当然，作为孔子重要传人之一的荀子，虽然贯通了礼法并主张“隆礼重法”，但在基本立场上却依然坚持“礼”“法”有本末、体用之分。因篇幅所限，兹不赘述。概而言之，孔孟荀有关“德治”“法治”关系的思想，是西周“明德慎罚”的继承与发扬，标志着中国古代“德主刑辅”的初步形成。

七

我们还须回到孔子的思想，回顾孔子所明确表述的“德主刑辅”理念。

此前我们曾尝试对孔子说的“道之以政，齐之以刑，民免而无耻；道之以德，齐之以礼，有耻且格”进行解读，认为对这段话的恰当的理解应该是，孔子在比较两种通常的政治治理路径的得失与优劣。换言之，光有“德治”就够了吗？在人类进入文明时代后，这样的情景是否出现过，须打上一个大大的问号。反过来说，光依靠刑罚、法治就行了吗，同样要打上一个大大的问号。毫无疑问，这两种办法都是必要的，又都并非足够。德与礼的教化之功，是相对缓慢的，是细水长流、润物无声的水磨功夫，需要相对较长时间的滋育。而社会生活中，经常出现的情况是，当人们一时还不能做到充分觉悟而践行美德时，法律的强制手段就成为快捷而简便的手段。“君子怀刑”并且“道之以政，齐之以刑”，就成为阶级仍然长期存在的文明时代的某种不得不保留的常规手段。不将德治与法治中任何一种过分夸大，而是双轨并行，两手并硬，将“德法并治”作为基本治国方略，是明智之举，也是孔子所推荐或倡导的。

当然，将此问题向更深层推进，我们就会发现，孔子确实对德治有更多的推崇，这就是他未曾明确表述的“德主刑辅”理念。孔子在讨论“正名”问题时，曾发表过这样的一段议论：“名不正，则言不顺；言不顺，则事不成；事不成，则礼乐不兴；礼乐不兴，则刑罚不中；刑罚不中，则民无所措手足”（《论语·子路》）。所谓正名，就是恢复“礼制”的权威性，各正其从而各得其所——各守其本分，使人们的言行、事功皆有所本，皆中规中矩，于是“克己复礼，而天下归仁”。我们不能不重点思考这几句：“礼乐不兴，则刑罚不中；刑罚不中，则民无所措手足”（《论语·学路》）。礼乐是什么？是礼制的主要表现或实现形式，其内核是仁德。孔子曾明确地说：“人而不仁，如礼何？人而不仁，如乐何?”（《论语·八佾》）因此，我们可将“礼乐兴”视作“德治”畅行的一种表征。更重要的还在于，“礼乐兴”是“刑罚中”的前提，也就是德礼之治是刑罚法律之治成立的基础。当然，将之理解为德治更为根本，而将法治理解为德治的某种表现、表达或补充也未尝不可。如是，也就是“德主刑辅”这一基本理念的原始表述了。我甚至认为还可以更恰当地表述为“德本刑用”或“德体刑用”。

八

如果我们对“德治”与“治法”的悠久传统作一个概括，那么是否可以简练地表述为“以礼治国，寓法于礼；德主刑辅，先教后刑”？

我们还想极为简略地讨论另一个课题：法家之源头何在？法家的终结又何在？简单地说，也就是“法家何来？法家又何去”？法家在中华文明史上来也匆匆去也匆匆，较之墨家虽略胜一筹，但终究湮没于历史的长河之中。

本文的观点是：儒家法家二家同源同流，都是周礼所代表的中华制度文化的阐述者与表达者。法家之消失并非消亡，而是归并于儒，成为汉代新儒学的组成部分。所以，法家其实是归宗于儒了，因为它本来就是儒学一个特殊部分。

刑罚是礼制的一部分。《夏礼》《商礼》《周礼》，因应演化，因时代发展而损益，但基本精神保持一致，其实就是习俗法体系。至春秋年间，为适应社会的剧烈变化，成文法应运而生。公元前536年春，郑国子产将法律条文浇铸于鼎并公布于世，史称“铸刑书”，这是中国历史上首次公布成文法。《左传·昭公六年》记载“三月，郑人铸刑书”。

中华法系起源于有夏一代，是私有制的伴生物。夏商周三代，法的主要表现是“习俗”或习惯，即习俗法或习惯法。它们是礼的一部分，即具有硬约束性那一部分。子产铸刑书具有将隐晦不明的习俗法转化为明确、稳定的成文法的历史里程碑意义。从此，“刑不可知，则威不可测”逐渐成为历史陈迹。成文法时代的到来，也彰显出法律之于道德的相对独立性，具有法治与德治并驾齐驱的时代意蕴。

至汉初，儒术被独尊之后，法家黯然淡出历史舞台。一种一度声名卓著的学派忽然销声匿迹，实在很不寻常。这一方面与暴秦的速亡相关，另一方面也与中国思想史的特性相关。其实，真实的情况是法家及其“法治”思想认祖归宗，重新回到儒家的怀抱——归并于儒家思想体系。这话是对的，又是似是而非的。说它对，因为这是简单的历史事实。说它似是而非，因为这个历史事实背后有着更为深刻的文化底蕴。因为，以本文的文化立场看，法家就文化渊源而言，并不外于儒家。正如前述，儒、法两家同属于《周礼》，即周朝礼制（政治制度）的系统阐述者。我们今天经常引用管仲“礼义廉耻，国之四维；四维不张，国将灭亡”（《管子·牧民》）。那么管子是儒家吗？或者可视为儒家的先驱吗？显然是极具争议性的。孔子对管仲的态度，可谓爱恨交加。在《八佾》篇中，孔子严厉批评管子：“管仲之器小哉！”直指他越礼的行为：“官事不摄”“树塞门”“有反坫”。而在《宪问》篇中，孔子却肯定管子相齐所造作的丰功伟绩合于“仁德”：“桓公九合诸侯，不以兵车，管仲之力也。如其仁！如其仁！”“管仲相桓公，霸诸侯，一匡天下，民到于今受其赐。”可见，孔子对管仲给予了足够的肯定，而管子的许多行为显然是与儒家仁德仁政的执政理念高度契合的。另一方面，我们必须注意到，管仲被史界视为法家的重要代表人物，又是史载著名法家人物中最早的一位，先于孔子近170年而生，又先于孔子近170年而逝。管子与孔子生卒相距近两个世纪，这个不能算小的时间落差，是很有趣因而值得反复玩味的。对于管仲行仁政、倡美德，孔子充分肯定之。然而，对于作为法家的管子，孔子是什么态度呢？史无记载。也许，我们只须记起孔子所言“君子怀德”“君子怀刑”就足够了。既“怀德”且“怀刑”的君子，是一种怎样的人文风景呢？就是“德法并治”呀。由是，我们可以判断，法家并不外于儒家。以周公传人自许的孔子，所最津津乐道的“克己复礼”，所悉心（不遗余力）追求的是秩序与和谐的恢复，而其所致力恢复的“礼”的内涵，从一个侧面看，则是“德、刑”并包的周代政治制度。

秦朝改制，废分封而行郡县。在统一（兼并）六国过程中，广纳天下之士，博采众家之长，兵家、纵横家、法家莫不重用。统一之后，则尤重法家，“事皆决于法”，轻罪重罚、严刑峻法，苛政虐民，残暴非常，百姓怨声载道，造成民不聊生，二世而速亡，实属必然。

汉初，统治者吸取秦朝速亡的教训，淡化严刑峻法的酷吏治理，而行黄老“治道贵清净而民自定”之学，与民休息，行“无为”之治，遂有“文景之治”。数十年的和平、稳定、发展之后，国情、民心又有变化，急需更适宜的治理方略。兼采儒、法、道、墨诸家，博纳众长，“文武并用”“德刑相济”就成为时代的主题。韩非、李斯本是荀子亲传弟子，却剑走偏锋，放弃仁义原则，而单纯强调律法效用，走上了力倡严刑峻法的邪路。

董仲舒让法家回归儒家，认祖归宗。由荀子在孔子仁义理念指导下所阐发的法治理念，经由韩非、李斯的理性叛逃，到董仲舒时则重新回到了孔子所设定的路径，也完成了儒家文化的阶段性“合题”。

如果说，孔子作为周公礼乐之治的嫡派传人与儒家思想的创始人，创发了系统的儒家道统的话，那么孟子、荀子则是孔子思想的完善者。然而，孟荀还都是“正题”阶段的延续，相对而言，孟子更多地阐发了“内圣”之学，突出道德人格的完善；而荀子则更多地阐发了“外王”之学，将原始儒家的道德理想主义引向越来越贴近社会生活实际的“经世”路径。荀子作为法家思想重置这一独特角色的内涵也就彰显了。

对于儒家道统的发展与完善而言，韩非、李斯是“反题”阶段的关键人物。韩非甚至以《非儒》而名声大噪，公然从儒家阵营中叛离开去，将法家设置为独立的门户，不仅与儒家分庭抗礼，而且在秦初一度独撑大局，真可谓威风八面，不可一世。只可惜好景不长。

就法律思想体系和制度设计而言，汉承秦制，汉初所发布的《汉律》甚至就是《秦律》的副本，并无创新可言。然而，就法理思想体系而言，《汉律》则另辟蹊径，完成了法家向儒家的回归。正是在这个意义上，我们说，法家在汉初销声匿迹，其实是重新回到了儒家的怀抱，犹如浪子回头。在这一合题阶段，最为耀眼的明星，自然非董仲舒莫属。

九

董仲舒的代表作《春秋繁露》以儒学为主干，融贯阴阳、道、法、名、墨诸子之学，博采众长，扬弃韩李为代表的叛儒自立的“反题”，完成了“合题阶段”，综合开创了兼容并包的新儒学思想体系，奠定了汉代儒学独具完备品性的宏大格局，实无愧于当时最先进的文化形态之誉。

儒学的原始形态颇具道德理想主义色彩，美则至美，只是很有脱离现实之嫌。理想的儒家诉求如何转化为现实的政治架构，孔子“内圣外王”的政治理念如何转化为可操作的政治生活路径，儒学思想如何转化为政治法律思想，进而直接地指导现实的政治治理、运作，这是孔子所创立的这一恢宏的东方学术体系所面临的重大课题。我们幸运地看到（并且中华民族幸运地经历了）由孔子到孟荀，再到韩李，最后到董仲舒，经历了一番不大不小“正反合”的否定之否定的过程。到汉初的董仲舒，儒学完成了从超然的学理到庸常的政治实践理性的华丽转身。经济政治文化所构成的现实生活实践显然是真实的基础。儒学的化蛹成蝶，正是历史实践的客观精神（时代精神）的人文表达。而这表达的最为关键人物，是以上简略提及的圣哲群体，最后一位关键人物无疑是董仲舒。

十

中国历史发展到西汉中期，汉初备受推崇的“黄老之术”已无力解决各种社会矛盾，统治者苦于寻找替代路径——其他恰当的国家治理方案与统一的意识形态工具。董仲舒应时世所需，提出“奉天法古，兴教化，抑豪强，贵德贱刑，官不与民争利，养士办学”的主张，并明确向汉武帝建议“罢黜百家，独尊儒术”，获得汉武帝的重视和采纳。董仲舒作为汉代儒家的杰出代表人物，其兼具百家之长的新儒家思想一举占据统治地位，成为政治制度和意识形态之核。

董仲舒系统地阐述了儒家德治与法治等政治治理（制度设计）理念，明确地用“德主刑辅”作为这一理论的核心范畴——政治法律思想原则，并且给它披上颇具神性色彩的“天道”“阴阳五行”学说的外衣。董仲舒脍炙人口的经典名句是“道之大原出于天，天不变道亦不变”。董仲舒认为：“天道之常，一阴一阳，阳者天之德也，阴者天之刑也。天道之大者在阴阳，阳为德，阴为刑；刑主杀而德主生……以此见天之任德不任刑也。阴与阳，相反之物也……阳之出，常县于前而任岁事；阴之出，常县于后而守空虚……天之任阳不任阴，好德不好刑如是。故阳出而前，阴出而后，尊德而卑刑之心见矣。”“天之道，任阳不任阴，好德不好刑”，强调“大德小刑”“前德后刑”（《汉书·董仲舒传》）。董仲舒的这套治国方略，经汉武帝的肯定而上升为汉代治国方略。

董仲舒的这套理论从《易经》中脱胎而来。《易》曰：“天之道曰阴曰阳。”董仲舒进一步认定天道之阳就是“德”，而天道之阴则是“刑”，进而主张“王者法天”，作为代天行道的人间帝王要循“天道”而行事。在“德”与“刑”两种手段的选择中，要重德轻刑，“贵阳贱阴”“近阳远阴”“前德后刑”“大德小刑”“务德不务刑”“任德而不任刑”，等等，以礼乐教化为主要的治理手段，尽量不用、少用刑罚，更遑论专任刑罚甚至严刑峻法的暴秦之政。这一贯德贱刑、先德后刑、近德远刑的治理路径，应该说很好地诠释了孔子所创发的“德法并治”“德主刑辅”的政治治理理念。实际政治生活中，则落实为以“德教为主、以刑杀为辅”的政治策略，总体而言，在大多数社会情境下，是合理的路径选择。董仲舒发挥孔子“德治”理念，指出教化作为基本的日常的政治方略，足以令百姓知耻、尚义从而自觉遵守人伦礼义之制，从而抵达“不令而行，不禁而止，从上之意，不待使之，若自然矣”的理想之境。当然，任何时代都存在极少数的害群之马和桀骜不驯之徒。对这些人，道德教化可能无效，于是，刑罚就可以用来拾遗补缺了。这就是德主刑辅的基本内涵。也就是以道德教化作为国家治理的主要策略，辅之以刑律惩戒。在实际生活中，德化与刑罚，一柔一刚，一软一硬，相辅相成。德之教化是主轴，刑之严惩是辅弼，并行不悖，相得益彰，足以引导国家政治生活抵达小康之理想境界。

董仲舒是儒家思想转化为现实政治法律思想的关键人物，是孔子所追求的积极入世、救世济民理想的制度化路径的完成者。有董仲舒的这番创造性生成与转化，才有儒家思想“经世致用”功用由空想化为现实的政治生活，也才有强大的汉唐盛世的出现。此后，唐朝将“德主刑辅”理论通过《永徽律疏》(元朝以后改称《唐律疏议》)的制订，进一步以法律制度和《法典》的形态予以了完整表达、实现。由是，在中国传统社会中，“德”“刑”关系得以进一步融合，道德进入刑罚领域，刑罚领域则渗透着道德要素并以道德理念为支撑，“礼法”观念亦得以进一步强化。至宋代又有朱熹对“德主刑辅”的理学阐发，即著名的“明刑弼教”理论。限于篇幅，本文不予评述。

十一

“德主刑辅”的政治治理理念，其真实的人文内涵到底是什么呢？本文以为，其实就是孔子所提倡的“为政以德”的实现。除此以外，“为政”中美德发挥作用的最基本教化手段，也就是精英群体在美德实践中“身体力行”“以身立教”，这应该说是居上位之流最重要的义务。所谓“德治”的主要内容也在于此。也就是说，德治并非用道德去治别人，而是当政者首先以美德治理自身，从而间接地治理民众与社会。当然，理论的阐示还是十分重要的，恰如当下培育和践行社会主义核心价值观，宣读、讲解、说明都必不可少。传统的道德戒律的传播，亦复如是。这也就是说教、灌输之功用。这番功夫可以令人们具有清晰的道德意识。亦如本文前述提及孔子所谓“先行其言”，“言”显然是不能少的环节，教化并非完全是“行无言之教”，否则靠流连讲台吃饭的人们，饭碗就大成问题了。然而，这里的核心与关键，显然并非夸夸其谈的口头文章，而是与这些言谈配套的“行”。有了“行动”的支撑，美德的知识、言辞才可能释放出其内在的巨大能量。所以，孔子一再主张“讷”“讱”，更反复强调“敏于行”。居上位的君子之流——精英群体，先要有持续、稳定的道德行为做示范，令民之行为有模板，进而才有适当的“言”的必需，也就是解释、阐示如此这般行为的意义。《论语》所记载的诸多情景，就是孔子在生活中选取的鲜活的事例，是用以亦行亦教的、生动展示的范例。

道德的知识、观念是重要的中介，也是人作为理性动物的重要特质。要活得明白，不仅要做，而且要适当明了为什么要这么做。光有知（道德的知识、观念）还远远不够，还要上升为感情进而升华为意志和信念，转化为实践生活中自然而然持守美德的践行力，这就是知识向能力的转化。道德最终要转化为一种类似本能的人性内在要素，我们甚至可以直接称之为道德本能。在孟子那里，这就是人之“四端”“四心”“四德”——仁义礼智，是明于人与禽兽之别的起始处、基准线、起平线，也就是人所以为人的底线了。人的这些原生的道德本能被开掘出来了，方始为人，否则就是两脚之兽。

人是高级动物。这一动物性，决定了人的自然倾向是受到欲望（本能）的支配，人性的恶更容易被激发和释放出来。而引人向善，则要难得多。这就是所谓“从善如登，从恶如崩”。于是，教化就成为人在社会化过程中极为关键的环节。这也是“德主刑辅”理念的重大意义之一。

德国大哲康德认为，道德律令的表达式是“你应该……”，所标明的是人作为人的无条件的责任、义务。康德坚决反对“你如果……那么……”这样的假言（条件）表达式来表述人的道德义务，理由是道德是无条件的。在中国的先秦时代，我国伟大的思想家孟子已经清晰地将这一原则表达出来：“义者，宜也”（《孟子·告子上》）。这是孟子对“义”的最清晰、简明的定义，其所表述的恰恰是道德责任——应该。

十二

在“德主刑辅”的政治治理构架下，刑罚是次要的、从属的、辅助的手段。“刑”者，刑罚也。“刑罚”所指向的是故意破坏社会秩序、危害国家统治、侵害他人或群体利益等的犯罪行为。这在人类文明史上，至少截至目前看，都是不可或缺的。

“德主刑辅”思想还有其更深一层内涵，那就是以“德”“礼”作为立法、司法的依据。在董仲舒的思想体系中表达为“春秋决狱”。

十三

在社会主义法制现代化建设中，法律与道德相互依存、彼此促进的关系更为明显。法律所体现和捍卫的就是人类所悉心追求的公平、正义、自由、民主、平等、诚信、仁爱、敬业、爱国等群体生存的基本理念。

道德所表达的是个体对公序良俗的自觉遵守的意愿、意志和能力，是个体的行为自律；而法律表达的则是群体的公共意志，是对以上公序良俗的制度性保障、维护，是社会对个体行为的他律。因而，在今天的现代化进程中，加强法治建设必须坚持以培育和践行社会主义核心价值观为前提，“德主刑辅”这一拥有深厚传统论底蕴的政治治理理念一点也不曾过时。

在当下的实践中，妥善处理法治与德治的关系，本文主张坚持“德法并治”原则。

如上文所述，我国传统社会的政治治理理念，强调礼法结合，“援礼入法”，在礼制这一基本的制度框架下，法治与德治实际上融为一体甚至和合为一。当然在传统宗法封建制度下，法律主要侧重于维护统治阶级的利益，尤其在实际运行中更是如此，维护社会公平正义等公共目的并未上升为主流理念。今天，在十八届四中全会发布《关于全面推进依法治国若干重大问题的决定》的新形势下，重新审视“法治”与“德治”的关系，在社会主义核心价值观所阐明的“德”义的指引下，完善和加强“依法治国”，重归“德主刑辅”的中华传统，具有特殊意义。

“德主刑辅”思想的现代启示可从以下几个方面探讨：

其一，重视言传身教的道德教化。如前已经有较为详细讨论，不再赘述。

其二，司法实践要注意宽猛相济。以教育为主，以转化为主要目标，即使对极少数冥顽不化者，也要以与人为善、导人向善为核心目标，刑罚等制裁手段终究不过是劝善的一种途径罢了。对于其他大致能遵纪守法的大众，宽怀的德性教化，则是日常的基本手段，严厉的刑罚不过是某种警示式辅助手段罢了。当然这一切仍须以榜样示范和教化功能的有效发挥为前提。

其三，量刑适度问题。既要避免轻罪重罚、滥施刑罚的严刑峻法，又要防止重罪轻罚、网开一面的渎职放纵，必须维护法律的尊严。

其四，以“仁”为本与预防为主。中华传统的“德主刑辅”思想，有“宽减刑罚”“慎刑恤罚”等权变原则，是儒家“仁政”观的体现，总体而言所表达的仍然是教化这一社会功能。而这一功能的另一侧面就注重犯罪预防——以教育和预防为主，即使对于那些屡教不改的惯犯等，也须如此。一切以社会的良好秩序与和谐为最高目标，当然也就是以人民的现实福祉为最高目标。（作者系北京青年政治学院东方道德研究所原所长）

《中庸》是处世待人的不朽瑰宝

朱荣智

一、前言

每一个历久不衰的伟大民族，都有其文化特色和值得骄傲的民族精神。我们中华民族所赖以生存的精神依托，就是以孔孟思想为核心的儒家文化。

英国学者李约瑟在所著《中国之科学与文明》一书中，认为中国数千年来，虽有朝代的转换、外族的侵略、内乱的频兴，但是社会的基本形式是相对稳定的。这完全因为中华文化有稳固性、有其超越的特质、有其深厚的基础。李约瑟先生所谓的“深厚基础”，就是孔孟儒家思想。

孔孟儒家思想，以“四书”为主。所谓“四书”是指《论语》《孟子》《大学》《中庸》。《大学》与《中庸》本是《礼记》中的两篇，《大学》是《礼记》第四十二篇，《中庸》是《礼记》第三十一篇。朱熹把《大学》《中庸》与《论语》《孟子》合称“四书”。“四书”是儒家思想最重要的典籍，也是儒家学说的智慧结晶。

二、《中庸》一书的启示

很多人读《中庸》，常常误解“中庸”二字的本义，以为“中”就是“一分为二”，就是“无可无不可”，延伸出来，就发展成乡愿的心态，消极、逃避、没有主见、不敢负责任，凡事模棱两可，畏首畏尾，敷衍塞责，推、拖、拉，这当然是个人成功立业的绊脚石，也是社会进步的障碍。另外，也有一些人误会中庸的精神，以为中庸之道，是坚守原则，固执不化，不通情理，所谓：“国有道，不变塞焉，强哉矫！国无道，至死不变，强哉矫！”（《中庸》第七章）其实，诚如《中庸》第二章所谓：“君子之中庸也，君子而时中。”中庸的精神，既不是无可无不可的消极闭塞的心态，也不是顽冥不通的固执作为，而是与时俱进，因时制宜。

宇宙万事万物变动不羁，“常者，无常也；无常者，常道也”。如果有人问：“天下什么道理不变?”我们可以回答说：“天下没有一个道理不变，这个道理不变。”所以学习中庸的人，会学会通情达理。

生活不是只有一种方程式，我们常常被自己设定的规则卡住了。做人要有原则，但是做人不能只有原则，这是做人的大原则。一个个性豁达的人，明白人在天地间，实在没有非如何、非不如何的事。凡事偏了都不好，执着是痛苦的根源。我们看待事物，往往只见其一、不见其二，只见其利、不见其弊，只看到事物的表象，而没有看到事物的本体。《庄子·齐物论》：“道通于一。”庄子主张“无适焉，因是已。”“因”，就是“顺应”的意思，要顺应自然，不要强分彼此。孔子也主张“毋意，毋必，毋我，毋固”（《论语·子罕》）。孔子的意思，是告诫我们凡事不要妄加臆度，不要固执己见，不要太自我，不要太拘泥。我们往往因为心太刚强，所以跌得鼻青脸肿。心柔软了，人就可爱了。《中庸》第一章：“喜怒哀乐之未发，谓之中；发而皆中节，谓之和。中也者，天下之大本也；和也者，天下之达道也。致中和，天地位焉，万物育焉。”

学习中庸的精神，就是处理任何事情，贵在不偏不倚，无过无不及，追求一种平衡、和谐、稳定的状态。

凡是存在的，都会消失，只是迟早而已。一口气呼出去而吸不回来，就已经是下辈子了。人生百年，悠悠一瞬，每个人都有和亲友互相道别的时候。有生必有死，这是生命的无奈。另外，人生的际遇非常难料，有得意的时候，也有失意的时候，“人生不如意的事，十常八九”。在现实的人生，虽然未必如此悲观，但是如意的时候少，失意的时候多，这是不争的事实。面对人生的不如意，有些人是心灰意懒，一蹶不起，志气消沉颓废；有些人则能屡仆屡起，愈挫愈勇。《中庸》第二十章：“君子无入而自得。”又说：“君子居易以俟命。”君子能够以平常心，坦然面对人生的无奈，顺应自然的本性，不忧不惧，做一个智者、仁者、勇者。《中庸》第二十章：“天下之达道五，所以行之者三。曰：君臣也，父子也，夫妇也，昆弟也，朋友之交也，五者，天下之达道也。知、仁、勇三者，天下之达德也。”中国古代把所有的人际关系归纳为五伦，而以知、仁、勇三达德来处理一切人伦关系。孔子说：“知者不惑，仁者不忧，勇者不惧”（《论语·子罕》）。智者，烛见事理，明辨是非，故不惑。仁者，宽厚待人，乐于助人，故不忧。勇者，见义勇为，当仁不让，故不惧。

《中庸》第十四章："君子素其位而行，不愿乎其外。素富贵行乎富贵，素贫贱行乎贫贱，素夷狄行乎夷狄，素患难行乎患难，君子无入而不自得焉。"君子通情达理，无论处在什么环境，都能适应调和，乐在其中。有能力过富贵的生活，就过富贵的生活；只有能力过贫贱的生活，就过贫贱的生活；处在夷狄之邦，入境问俗，随缘自在，就过夷狄的生活。所谓"无入而不自得"，就是不论处在什么环境，都能悠然自得，自足自适。

自得，是无拘无束、安闲自在的意思。人生的自得，贵在不假外求。一个人对外物、对别人，要求愈少，便愈自在、愈自得。人生层层的束缚，有些是与生俱来的，有些则是自己给自己加上的。束缚愈多，痛苦便愈多。做人的快乐，在于求得自由自在。我们的言论、生活、举止，都能自由自在，爱怎么过日子就怎么过日子，当然就快乐似神仙。自得的人是自己懂得安排生活的人，是随缘自在、不拘无束的人，自得的人是通情达理的人，凡事不会太过或是不及。谨守中道，不偏不倚，他可以过得很奢华，也可以过得很俭朴，忙时赚钱，不忙时赚闲，动静得宜。

宋程颢《秋日偶成》诗云："闲来无事不从容，睡觉东窗日已红。万物静观皆自得，四时佳兴与人同。道通天地有形外，思入风云变态中。富贵不淫贫贱乐，男儿到此是豪雄。"在静观中万物皆自得，只要心情好，四时都是好时节。

宋无门慧开禅师诗云："春有百花秋有月，夏有凉风冬有雪。若无闲事挂心头，便是人间好时节。"一个人只要想得开、放得下，就没有挂碍难行的路，就能够怡然自得，快乐自在。

《中庸》第十四章又说："在上位不陵下，在下位不援上，正己而不求于人则无怨，上不怨天，下不尤人，故君子居易以俟命，小人行险以侥幸。子曰："射有似乎君子，失诸正鹄，反求诸其身。"人生难得，当然要多珍惜，努力表现。生命不只是一种存在，生命追求的是意义与价值。但是，谋事在人，成事在天，成功不只是靠努力，而且靠机运。有些人运气好，常有贵人相助、提拔，不必太多的努力，就能平步青云，名利双收；有些人运气不好，虽然非常用功，也许是走错方向，也许是老天作弄，总是做一行失败一行。天下事自有定数，人生不必太强求，只要尽心尽力，就无怨无悔。

人生最重要的是要能当家做主，做自己生命的主人。谁最大？不求人的人最大！一个人能够不求于天，不求于地，不求于人，才有尊严可言。一个通情达理的人，能够接纳人生的各种无奈，也能珍惜殊胜的因缘。人从出生到老死，都是一连串难得的经验。虽然我们未必能够事事顺心，心想事成，但是多半的时候，一分耕耘就有一分的收获。我们虽然不能决定生命的长度，却可以增加生命的深度与厚度。一个人能知福、惜福，就能得福、享福、造福。

快乐不是拥有很多，而是抱怨很少。现代的社会充斥着暴力、怨怒，缺少祥和、安定，主要是因为大家都是“不满族”。大概很少有人不挑剔自己的身高、体重、身材、长相、智商、财富、工作、事业、家庭、婚姻、感情。我们应该有勇气面对而且接受真实而不完美的自己，能够接受人生的不圆满，才能追求圆满的人生。正因为这个世界未曾圆满周全，所以才有值得我们努力奋斗的意义与价值。

“君子居易以俟命”。一个人最重要的是尽心尽力扮演自己的角色，而对无可奈何的任何打击与挫败，都要能够顺其自然，安之若素，勇于承担、接纳，而不是逃避、怯弱。“上不怨天，下不尤人。”放下得失祸福，积极活在当下。过去是杂念，未来是妄想，只有把握当下，才是人生的正解。

《中庸》第十五章：“君子之道，辟如行远必自迩，辟如登高必自卑。”中庸之道并不是消极、闭塞，不求上进，相反，中庸之道是积极、开明、上进。《中庸》一书是通情达理的传世经典，君子为人处世，循序渐进，稳健踏实，不躁进，不急于求成；个性通达的人不会贪求、奢求，不会希望不劳而获，一步登天。所以，一步一脚印，脚踏实地，由近而远，由低而高，平平实实，而且不做没有准备的事。《中庸》第二十章：“凡事预则立，不预则废。言前定则不跲，事前定则不困，行前定则不疚，道前定则不穷。”处理任何事情，必须预先做好各种准备，而不是抱持“到时候再说”的态度。不管是生涯规划、生活规划、工作规划，无不如此。我们做任何事情，事先若能有周详的计划，就能够有条不紊，从容不迫，而不会仓皇应付，不知所措。

三、《中庸》与处世待人

人生是一本读不完的书，活到老要学到老。人类是群居的动物，我们如何和别人相处，是一门很重要的学问。《中庸》一书教我们很多处世待人的道理。

（一）以诚律己

一个人立身处世，最重要的修养，就是“诚”。诚是统摄众德之源，所以，诚为真，诚为正，诚为勤，诚为朴，诚为尽己之性、尽人之性、尽物之性。许慎《说文解字》：“诚”，信也，从言成声。诚是诚信、真心、实在，不夸张、不虚伪。佛家不打诳语，就是讲话要真实无伪，不虚矫、不狂妄。

诚是统摄众德之源，所以，诚为真，诚为善，诚为美。诚是尽性的过程，诚是真实的表现。以诚待人，才能得到真诚的回报。每一个人都把最真诚的心流露出来，社会就会一片祥和安宁。

诚者，成也。俗话说：“有志者事竟成。”又说：“精诚所至，金石为开。”六月下雪，凿冰取鱼，虽然都是民间流传的故事，却说明诚的力量非常可观，足以感天动地。

“至诚不息”。诚是一股生生不息的力量，诚是一种本性，诚也是一种修养。人的一切作为，因为发乎全诚，所以能够力盖千钧，排山倒海，无往不成。

至诚无妄。至诚的人不讲虚妄，不会偏邪，做人做事顶天立地，实实在在，不虚矫，不委蛇，诚恳真切。唯天下至诚，为能经纶天下，充实而有光辉；不诚无物，不诚的人没有一样事情可以办得好。只有至诚的人，才能德配天地，博厚而高明，成己而成物。

至诚的人是至德的人，绝巧弃利，顺天而行。做人贵在诚实，诚实的人才能被信任，才会被付托重任。诚实是一个人立身处世的基础，是事业成功的重要条件。

《中庸》第二十章：“诚者，天之道也；诚之者，人之道也。诚者，不勉而中，不思而得。从容中道，圣人也！诚之者，择善而固执之者也。”

《中庸》第二十一章：“自诚明，谓之性；自明诚，谓之教。诚则明矣，明则诚矣。”

《中庸》第二十二章：“唯天下至诚，为能尽其性，能尽其性则能尽人之性，能尽人之性则能尽物之性，能尽物之性则可以赞天地之化育，则可以与天地参。”

《中庸》第二十五章：“诚者自成也，而道自道也。诚者，物之终始，不诚无物，是故君子诚之为贵。诚者，非自成己而已也，所以成物也。成己，仁也；成物，知也。性之德也，合外内之道也，故时措之宜也。”

《中庸》第二十六章：“故至诚无息。不息则久，久则征，征则悠远，悠远则博厚，博厚则高明。博厚所以载物也，高明所以覆物也，悠久所以成物也。博厚配地，悠久无疆。如此者，不见而章，不动而变，无为而成。”

《中庸》第三十二章：“唯天下至诚，为能经纶天下之大经，立天下之大本，知天地之化育。夫焉有所倚？肫肫其仁，渊渊其渊，浩浩其天。苟不固聪明圣知，达天德者，其孰能知之？”

（二）以恕待人

《中庸》第十三章："忠恕违道不远，施诸己而不愿，亦勿施于人。君子之道四，丘未能一焉。所求乎子以事父，未能也；所求乎臣以事君，未能也；所求乎弟以事兄，未能也；所求乎朋友先施之，未能也。"恕，如心也，将心比心的意思。《大学》："君子有絜矩之道也。所恶于上，毋以使下；所恶于下，毋以事上；所恶于前，毋以先后；所恶于后，毋以从前；所恶于右，毋以交于左；所恶于左，毋以交于右，此之谓絜矩之道。"《大学》所谓"絜矩之道"，就是恕道，就是审己以度人，凡事都要能设身处地，替别人着想。

恕道的意义，就是将心比心。其从积极方面来说，是"己立立人，己达达人"。自己能成功，也要帮助别人能成功；自己能发达，也要帮助别人能发达。其从消极方面来说，是"己所不欲，勿施于人"。自己所不喜欢的事，不要加诸别人身上。

（三）以中处事

《中庸》第一章："喜怒哀乐之未发，谓之中；发而皆中节，谓之和。中也者，天下之大本也；和也者，天下之达道也。致中和，天地位焉，万物育焉。"喜怒哀乐的感情，在心中发动前，叫作中；发动以后都合乎节度，叫作和。中是天下事物的本性，和是天下事物共遵的大道。能够达到中和的地步，天地便可要居正位，万物便可顺遂生长。

中道是行事的准则。什么是中？不是一分二为中，而是恰到好处为中。程颐说"不偏之谓中"，朱熹说"中者，不偏不倚，无过无不及之名"，都是正解。《中庸》第六章："舜好问而好察迩言，隐恶而扬善；执其两端，用其中于民，其斯以为舜乎！执两用中，不偏于左，不偏于右，不偏于上，不偏于下。"凡事都要能合于中正和平之道。

做人处事，是该怎么样才怎么样，不是想怎么样就怎么样。《中庸》第二章："仲尼曰：君子中庸，小人反中庸。君子之中庸也，君子而时中；小人之反中庸也，小人而无忌惮也。"君子立身处世，都能依乎中庸之道，德行修养不好的小人，则处处违反中庸之道，随心所欲，肆无忌惮。

（四）以爱待物

爱是信心，爱是力量，爱是人与人之间的坦诚相待，爱是生命迸发出来的熊熊烈火。因为有爱，人生才显得光彩亮丽。

许慎《说文解字》："爱，行惠也，从又声。"行惠于人曰爱，爱字从心，可见爱要从心出发，把爱心化成具体的行动，去帮助别人。我们对天地万物都要有爱心。

爱是人类最珍贵的品质，因为有爱，所以有夫妇、父子、兄弟等伦理关系；因为有爱，所以对国家、对社会、对朋友，甚至对不熟识的人，才能无怨无悔地奉献与牺牲。

爱是基本的人性。孟子说："恻隐之心，人皆有之。"又说："人皆有不忍人之心。""今人乍见孺子将入于井，皆有怵惕恻隐之心；非所以内交于孺子之父母也，非所以要誉于乡党，非恶其声而然也。""恻隐之心"就是慈悲心，就是爱心。佛家讲慈悲，慈是爱，悲是悯；爱是关怀，悯是同情。看见一个小孩要掉入井里，虽然不认识，也会尽力去救助，在救助的刹那，不是为了求名得利，只是心生不忍。"不忍人之心"，不只是不忍害人之心，也是不忍别人受害之心，这就是仁心、爱心。

爱与被爱是人生中最幸福的事。爱是心有所主，被爱是心有所属。一个人心里有所爱的人，人生有了目标，生命便充满活力、冲劲、热情、希望，再多的苦难、挑战，都甘之如饴。为了所爱的人，可以牺牲一切；为了所爱的人，可以放弃所有。

一个心里充满着被爱的人，人生变得亮丽起来，心中有了归属，就有了安全感。有人呵护、有人关心、有人细心照料、有人嘘寒问暖，就是很甜美很幸福的事。有了爱，就有了一切；有了爱，就天长地久。

我们要把失去的爱心找回来。爱是人性的一环，爱也是学习而得的能力，我们对于爱的表现，有时太多，有时太少，很难拿捏到恰到好处。

人在天地之间，虽然贵为万物之灵，也只是万物之一。人与其他万物，并没有特别值得骄傲尊贵的地方，人与其他万物都应该学习尊重，而且要有爱心，不可以任意欺凌、伤害。爱不分等级、不分对象。我们对于人要有爱心，对于万物也要有爱心。

（五）顺应天

所谓天，一般指自然造化，上天创造天地万物。诚如《老子》第十章所说："生之，畜之，生而不有，为了不恃，长而不宰，是谓玄德。"天地万物的创生，是自然而然的运作，而不是刻意勉强。"天无私覆，地无私载"，天道自然，不偏不私。天道值得我们学习的地方就是自然无为而无不为，大公无私，功成不居。

天在中国，除了指无意志的天，有时也指有意志的天。前者为自然天道，后者为鬼神苍天。我们对于天，不管是有意志的天，还是无意志的天，都要心存敬畏。因为任何的天灾地变，都是上天给人类的警讯。

一物有一物的理，一事有一事的理。我们待人处世，都要顺应自然的天道，顺天者存，逆天者亡。《中庸》第一章的“天命之谓性，率性之谓道”，就是要我们顺应自然。《诗经·大雅》：“鸢飞戾天，鱼跃于渊。”鸟在天上飞，鱼在水中游，这是自然的景象。我们面对任何的处境，都要能顺其自然，以顺应天。

四、结语

中庸之道，追求的是圆满和谐的人生境界。虽然孔子说“中庸其至矣乎！民鲜能久矣”（《中庸》第三章），但是“夫妇之愚，可以与知焉”，“夫妇之不肖，可以能行焉”（《中庸》第十二章）。我们每个人只要用心、只要努力，做到中庸的精神并不会太难。中庸之道是要落实在实际的生活里，从饮食起居、待人接物做起，平平实实，活在当下。（作者系台湾元培医事科技大学教授）

参考文献

朱熹. 四书集注［M］. 台北：台湾学海出版社，1988.
朱荣智. 孔孟伦理思想与四书教学［M］. 台北：台湾南岳出版社，1985.
王冬珍，等. 儒学与人生［M］. 台北：台湾三民书局，1993.
陈满铭. 中庸思想研究［M］. 台北：台湾文津出版社，1980.
朱荣智. 改变一生的孔子名言［M］. 台北：台湾德威文化公司，2008.

中华美德与精英道德养成

——以《朱子治家格言》为例

朱雪芳

中华美德（China's virtues）是中华民族优秀民族品质、优良民族精神、崇高民族气节、高尚民族情感、良好民族礼仪等美德的总和。精英（outstanding person），精华也，英杰也。古代的“士”（scholar）阶层，相当于现代对经济、文化、社会生活发展有一定控制权和影响力的人物。所谓精英，一般而言，都具有良好的思维方式，因而有超强的解决问题能力，勇于创新，敢于冒险，有较高的自我推动力和对别人的影响力，能有效恢复及整合个人情绪。进一步来说，精英具备良好的人际技巧，做事实事求是，善于把理论应用于实践中。换言之，精英具备理性分析（rational analysis）、感性直觉（sensuous intuition）能力，并且能使二者平衡发展。朱柏庐的《朱子治家格言》包含了中华美德的精华。作为家训，它使人陶冶仁爱勤俭的情操，从小树立敬天惜物的志向；它让人孝顺父母，敬老扶幼；它让人居安思危，处变不惊。

朱柏庐，名用纯（字致一，1627—1698 年），明代儒生，著名理学家、思想家、教育家。昆山玉山人。朱柏庐从小努力读书，因敬仰晋人王裒攀柏庐墓之义，故自号柏庐。清顺治二年（1645 年），父亲朱集璜在守昆山城抵御清军时遇难，他的心灵因此大受震动，从此决心效发父亲，坚持民族气节，决不屈膝事敌。清康熙十八年（1679 年），康熙召他应职，他坚辞不应博学鸿儒科。他之所以不愿从政，除了坚持民族气节，也出于他厌恶官场中的虚伪与阿谀，不愿意与官吏豪绅应酬，但对当时愿意和他交往的官吏、豪绅，则以礼自持。他生平精神宁谧，严于律己，居家至孝，上侍奉老母，下抚育弟妹，颠沛流离，备受艰辛。待局势稍定，返回故里，讲学授徒，潜心经学著述。他也曾用精楷手写了数十本教材用于教学，教授学生潜心治学。他以程、朱理学为本，提倡知行并进，躬行实践。他深感当时的教育方法使学生难以学到真实的学问，故写了《辍讲语》，反躬自责，语颇痛切。

朱柏庐生逢鼎革之际，国破家亡，无心仕途，遂居乡教授学生，潜心治学。他的著述甚多，主要著作有《删补易经蒙引》《四书讲义》《春秋五传酌解》《果衡录》《毋欺集》《朱子治家格言》等。其中以《朱子治家格言》流传最广。他在书中用字雅俗共赏，就日常生活、人情往来等方面如谈家常般娓娓道来，就像是慈父和儿女在谈心，既以理服人，又令人倍感亲切。《朱子治家格言》全文516字，30句，骈文体裁，对称押韵。《朱子治家格言》和《三字经》《百家姓》《千字文》一样，都是家喻户晓的启蒙读物。《朱子治家格言》内容包含中华传统美德如下：仁、义、礼、智、信、孝、悌、忠、廉、耻、勤、勇、敬、恕、谨、俭、忍、友、慈、和。在众多的德目培养中，体现了中华文化培养精英道德的全面性。

《朱子治家格言》（又名《朱子家训》）本是朱柏庐写给家人的家训，能够成为传世之作，一定有它的核心价值。它讲求道德修养、行为规范的准则，劝人勤俭治家，安分守己，宣扬伦理道德，为我们提供了人生处世的宝贵精神。朱柏庐的思想蕴含着深刻的中华美德特征。《朱子治家格言》教人以厚道待人，以礼仪处世，以勤俭持家，以诗书为高尚。朱柏庐临终前留给其弟子的遗嘱是“学问在性命，事业在忠孝”。

一、生活上：顺应自然、精神不朽

家庭是每一个人出生时面对和生活的环境，家人的培养对儿童的成长尤为重要。朱柏庐写家训的目的是教育子孙后代，告诫后人切忌暴殄天物，惰散浮跨，浪费铺张，刻薄成家，伦常乖舛；切记顺应天时，敬天惜物，勤俭持家，严于律己，宽以待人，施恩无念，受恩莫忘，读圣贤书，志在圣贤。家训既有聪明机智的教育，又有仁爱慈让的美德，表现出一套自我完善化的道德教程。

《朱子治家格言》第一句是“黎明即起，洒扫庭除，要内外整洁；既昏便息，关锁门户，必亲自检点”。第一段是全文的精义所在，从日常起居开始。首先，人们顺应自然，遵从每天日出而作、日入而息的生活方式。顺从自然规律，既环保又节能，正是现代精英分子们所鼓励的低碳生活方式。第二，清洁、卫生、整齐。无论是个人还是群体家庭，必须保持整洁。养成清洁、卫生、整齐的习惯，既显得精神奕奕，又有助于条理化，提高办事效率，提升自信心。

第三，有责任感，凡事亲力亲为，不能马虎。朱柏庐用朴实无华的语言告诉我们最基本的环保措施，顺天应时，端正人生态度，养成齐整的生活习惯，保持毅力。因此，他强调“守分安命，顺时听天”的内敛式生活。他认为“为人若此，庶乎近焉”。究竟“庶乎近焉”，是近什么？可以从最后一段找到答案。最后一段是“读书志在圣贤”。读书是效仿圣贤，成为圣贤，人生的目标，也就是以圣贤为职志。圣贤是古代的智慧与道德的结晶，有高尚的人格和完美的品德。这就是朱柏庐自我期许、自我勉励的终身努力，亦是对子孙后代的期许。

二、道德上：自觉自律、溥德厚生

朱柏庐不仅对自己实行道德自律，对别人也同样要求道德自律，二者的差异是“严于律己，宽以待人”。《朱子治家格言》指出“自奉必须俭约，宴客切勿留连”“勿贪意外之财，勿饮过量之酒”“施惠无念，受恩莫忘”等个人道德操守和行为规范。养成友善的人，成为社会的精英。若能自觉地持续不断地养成自己的习惯，有可能为人类社会提供强大的道德基础。能从每一天早上就开始持续有效地影响自己的生活、行为、态度等。能在坚持个人道德上自觉自律的同时积极参与社会公共事务、承担社会责任，在实践公民责任的过程中不遗余力地追求社会的民主与多元化，从而不断体现和保持感化社会的巨大活力。因为社会除了包含历史、文化、政治等方面的因素外，还包含道德因素。自觉自律的道德感与人民社会之间存在一个能够相互激励与促进的互动发展机制。这个机制不是宗教教条，而是内化为一种习以为常的习惯。自觉的道德行为“不勉而中”，不是勉强自己才能达到合理化，也不是需要外在的法律规章才能成为良好的公民，而是既超出法律又能实践法律，呈现出人类内心深处的道德自觉性。

三、情感上：敬天惜物、恤弱扶贫

朱柏庐对物质的态度是珍惜物品，不浪费。《朱子治家格言》有“一粥一饭，当思来之不易；半丝半缕，恒念物力维艰”。这是朱柏庐的经典名句，可谓妇孺皆知。很可惜，当代人大都与勤俭节约的优良传统背道而驰，为了经济效益，宣传大众消费主义，消费越多，折扣越多。无论城市或乡村，充满大量半新不旧的废品，这些事例在现代社会不胜枚举。生活在300多年前的朱柏庐早已洞识人性的特点，写下了“器具质而洁，瓦缶胜金玉；饮食约而精，园蔬愈珍馐。勿营华屋，勿谋良田”等劝勉佳句。除此之外，他也意识到人类伦常的失序，及早叮咛子孙后代，切记“祖宗虽远，祭祀不可不诚”“居身务期简朴；教子要有义方”“与肩挑贸易，勿占便宜；见穷苦亲邻，须加温恤。刻薄成家，理无久享；伦常乖舛，立见消亡。兄弟叔侄，需分多润寡，长幼内外，宜法肃辞严”。

四、谋略上：居安思危、稳健精详

朱柏庐思虑细密，居安思危。《朱子治家格言》中的“宜未雨而绸缪，毋临渴而掘井”，显示出他善于自我反思，而且省察力敏锐，作风稳健。他十分重视人文教育，“子孙虽愚，经书不可不读”，教育是每一个人都必须拥有的。受到良好的教育，就可提升洞察力，“轻听发言，安知非人之谮愬？当忍耐三思；因事相争，焉知非我之不是？须平心暗想”。他还认为要提升心灵的包容力和宽容态度，“凡事当留余地，得意不宜再往”。

《朱子治家格言》全文仅 516 字，都是以警句、箴言的形式讲述了大量为人处世、修身治家的道理。其中勤俭持家、不贪便宜、公平厚道、诚实待人、与人为善、力戒色欲和浮华、反对见利忘义、谄媚等观点至今仍有积极意义。从写作风格上看，《朱子治家格言》崇尚自然。在抉择上，以仁义为前提，当面对义利抉择上必以仁义为先。在创造领域上，朱柏庐的道德自觉性促使主体实践创造和实践活动，通过毅力，坚持到底，取得成功。在创造发明上，朱柏庐顺应天时，从不进行伤害大自然的活动，不破坏自然环境，在这个前提下谋取利益。它主张对自然孕育的物资珍而重之，呈现出人类内心深处的道德自觉性。

《朱子治家格言》是中华传统美德的智慧结晶。不过，由于《朱子治家格言》创作于古代，在今天看来存在着部分不合时宜的价值观，我们可以摈弃它。但其中“黎明即起，洒扫庭除”“一粥一饭当思来之不易，半丝半缕恒念物力维艰”等箴句则脍炙人口，至今仍被奉为名言。人民网上载有的党员干部“读书心得”——《朱子治家格言》读后感，归纳《朱子治家格言》为四点：① 端正态度，养成良好习惯。② 权衡利弊，积极发挥协调职能。③ 慎思明辨，当好参谋助手。④ 严于律己，加强作风建设。《朱子治家格言》自清代至今，几百年来传颂全国，影响极大。不仅中华民族代代相传，就连马来西亚、新加坡、泰国、韩国、日本等国家也对《朱子治家格言》十分推崇。

《朱子治家格言》具有不可磨灭的教化功能。一般人读之，会变得勤奋努力，仁义忠厚，和睦乡里，可成为小康之家。才德兼备之人读之，则会被赋予人生充沛的生命力，变得诚信守礼，进而成为精英，成就大业。有鉴于此，国人不可忽略的是，对《朱子治家格言》应予充分认识，进而应重视和发挥传统文化的优势，整理、研究和利用中国优秀传统文化，论述应赋予新的含义将其注入时代精神，达到古为今用的目的。（作者系湖南科技学院教授）

《论》《孟》启蒙读本（部分）

任文利

说　明

有关《论语》《孟子》的注解很多，我们的这个读本是一个“启蒙”读本。“蒙”不仅仅指童蒙，相对于历史文化留给我们的经典而言，我们都是蒙昧者，无论是教育者——包括作者本人，还是受教育者——也包括作者本人。

因此，这个读本所针对的读者群体首先是从事儿童启蒙教育的教育工作者，包括老师与为人父母者，而文中的“讲解”部分，也主要是与从事教育者交流的心得。

当然，儿童也是我们这个读本的直接受众。本读本的“原文”“诵读”部分，是提供给他们阅读的。“原文”是指我们从《论语》《孟子》选择的内容，然后按情感教育的不同方面分门别类。“诵读”是我们从后来人的诗歌、短文与语录中精心挑选的与《论语》《孟子》原文相关联的一些精彩文字，既有深刻的义理内涵，也是很美的文字。儿童阅读的主要方法，就是朗读——大声、出声地去读。能否达到背诵的程度，视个人具体情况而定。

“大意”部分是对《论语》《孟子》原文的大致翻译。翻译不求严格地对译，只是按照现代人说话的习惯，把原文的意思、语气尽可能按我们的理解清楚地表达出来。它的阅读对象主要是教育者与略通文意的儿童。

至于具体的教学方法，教育者可视具体情况而定。我们下面选择明代大儒王阳明先生有关童蒙教育的两篇文章，略作疏解，以为参考。

《训蒙大意示教读刘伯颂等》：

古之教者，教以人伦。后世记诵词章之习起，而先王之教亡。今教童子，惟当以孝弟忠信礼义廉耻为专务。其栽培涵养之方，则宜诱之歌诗以发其志意，导之习礼以肃其威仪，讽之读书以开其知觉。今人往往以歌诗习礼为不切时务，此皆末俗庸鄙之见，乌足以知古人立教之意哉！

大抵童子之情，乐嬉游而惮拘检，如草木之始萌芽，舒畅之则条达，摧挠之则衰痿。今教童子，必使其趋向鼓舞，中心喜悦，则其进自不能已。譬之时雨春风，沾被卉木，莫不萌动发越，自然日长月化；若冰霜剥落，则生意萧索，日就枯槁矣。

故凡诱之歌诗者，非但发其志意而已，亦以泄其跳号呼啸于泳歌，宣其幽抑结滞于音节也；导之习礼者，非但肃其威仪而已，亦所以周旋揖让而动荡其血脉，拜起屈伸而固束其筋骸也；讽之读书者，非但开其知觉而已，亦所以沈潜反复而存其心，抑扬讽诵以宣其志也。凡此皆所以顺导其志意，调理其性情，潜消其鄙吝，默化其粗顽，日使之渐于礼义而不苦其难，入于中和而不知其故。是盖先王立教之微意也。

若近世之训蒙稚者，日惟督以句读课仿，责其检束，而不知导之以礼，求其聪明，而不知养之以善；鞭挞绳缚，若持拘囚。彼视学舍如囹狱而不肯入，视师长如寇仇而不欲见，窥避掩覆以遂其嬉游，设诈饰诡以肆其顽鄙，偷薄庸劣，日趋下流。是盖驱之于恶而求其为善也，何可得乎？

凡吾所以教，其意实在于此。恐时俗不察，视以为迂，且吾亦将去，故特叮咛以告。尔诸教读，其务体吾意，永以为训；毋辄因时俗之言，改废其绳墨，庶成蒙以养正之功矣。念之念之！

这篇文章是专门讲述蒙学教育的。开宗明义，王阳明蒙学教育的宗旨在于“教以人伦”“惟当以孝弟忠信礼义廉耻为专务”，这是儒家的“成德之教”“成人之教”。如宋儒陆九渊所说的“不识一字，也要堂堂正正做一个人”，这与以知识教育为宗旨的“记诵词章”之学有所不同。然而，以今日“成德”“成人”教育而言，从教者难免会有王阳明讲到的如此经验：“彼视学舍如囹狱而不肯入，视师长如寇仇而不欲见，窥避掩覆以遂其嬉游，设诈饰诡以肆其顽鄙，偷薄庸劣，日趋下流。”如何会出现这样的情况呢？原因在于方法不得当。因此，《训蒙大意》主要是谈养蒙的方法，王阳明称之为“栽培涵养”之方。“栽培涵养”侧重的是顺势的疏导，而非刻板的灌输、苛责，这无疑更符合儿童的心理特点。

儿童的心理特点是怎样的呢？王阳明说：“大抵童子之情，乐嬉游而惮拘检”，儿童心理这种“乐嬉游而惮拘检”的特点，是教育者首先应该了解的。就好像草木刚开始萌芽，需要营造一个良好的环境使其嫩枝嫩叶可以舒畅地生长，而非采取种种手段摧挠而使之枯竭。这里，王阳明要求教育者要如“时雨春风”滋润童蒙，使他在不知不觉中日消月化，自然而然地成长。至于具体的教育手段，王阳明则列举了三种：“诱之歌诗”“导之习礼”与“讽之读书”。

王阳明把“诱之歌诗”列在儿童教育手段的首位，并将其作用概括如下：“非但发其志意而已，亦以泄其跳号呼啸于泳歌，宣其幽抑结滞于音节也。”“诗言志”，抒发意志、情志是“歌诗”的一般功能，在儿童教育中也同样有意义。不仅如此，歌诗在儿童教育中还有特殊的意义——“泄其跳号呼啸”“宣其幽抑结滞”。一方面，它是一个合理地释放儿童“乐嬉游”的天性的手段；另一方面，它也是宣泄心中的抑郁、压力的重要途径。关于这一点，在学校知识教育给予儿童更多负担的今天，无疑更加重要。在本读本的“诵读”部分，我们选择了一些诗歌，可以作为“歌诗”之用。

居于第二位的是“导之习礼”，其作用如下：“非但肃其威仪而已，亦所以周旋揖让而动荡其血脉，拜起屈伸而固束其筋骸也。”“肃其威仪”是“礼”的一般功能，施之儿童教育，则是使儿童在生活中树立起一种敬意。当然，这种敬意如果只能使儿童感到拘谨的话，其效果可能会适得其反。观王阳明此处言“动荡其血脉”“固束其筋骸”，礼又有一种类似于舞蹈、体操的功效——“周旋揖让”体现的是“礼”中类似于舞蹈的美，“拜起屈伸”体现的是“礼”中类似于体操的动。能如此习礼，对于儿童的身心健康均有裨益。

“讽之读书”在儿童教育中仅居末位，其作用是：“非但开其知觉而已，亦所以沈潜反复而存其心，抑扬讽诵以宣其志也。”需要说明的一点是，“读书”对于儿童教育来说在很大程度上是指“诵读”，即反复地出声朗读。在沈潜反复与抑扬顿挫中，存其心、宣其志，在潜移默化中完成知识能力的培养，以“开其知觉”。前面我们讲到了，本读本的“原文”“诵读”部分是直接提供给儿童阅读、诵读的。诗歌以外的古文虽然不是韵文，但同样有抑扬顿挫的音节。学习古文的一个简单的方法就是形成语感，朗读、诵读是形成语感的重要手段。至于对文字的理解，朗读、诵读多了，自然也就水到渠成。

王阳明的另一篇文字《教约》，对于儿童歌诗、习礼与读书的细节有详细说明，现将相关部分节选于下：

凡歌诗，须要整容定气，清朗其声音，均审其节调；毋躁而急，毋荡而嚣。毋馁而慑。久则精神宣畅，心气和平矣。每学量童生多寡，分为四班，每日轮一班歌诗；其余皆就席，敛容肃听。每五日则总四班递歌于本学。每朔望，集各学会歌于书院。

凡习礼，须要澄心肃虑，审其仪节，度其容止；毋忽而惰，毋沮而怍，毋径而野；从容而不失之迂缓，修谨不失之拘局。久则体貌习熟，德性坚定矣。童生班次，皆如歌诗。每间一日，则轮一班习礼。其余皆就席，敛容肃观。习礼之日，免其课仿。每十日则总四班递习于本学。每朔望，则集各学会习于书院。

凡授书不在徒多，但贵精熟。量其资禀，能二百字者，止可授以一百字。常使精神力量有余，则无厌苦之患，而有自得之美。讽诵之际，务令专心一志，口诵心惟，字字句句绸绎反复，抑扬其音节，宽虚其心意。久则义理浃洽，聪明日开矣。

“歌诗”前要使儿童“整容定气”“清朗其声音”。节奏的轻重缓急要适中，意在达到“精神宣畅，心气和平”的目的。具体方法如以今日的学校教育比量之，则“歌诗”的规程大致如下：以每班为单位，分为四个小组。每天有一个小组歌诗，其余三个小组作为听众观摩。每月全校（或全年级）集中两次，集中歌诗、观摩。

“读书”则在精不在多，也要视学生的资质区别对待。如有能力读二百字者，只能让他们读一百字。原则上要使儿童感觉精力上应对自如，不至于产生厌烦感，这样才能有一种自得之乐。读书时应专心致志，口到心到。

当然，在实践中的具体问题，则要靠教育者自身的努力摸索了。

一、天地自然与情感教育

【按语】

在儒家思想中，天地自然是生命的源泉，也是一切价值的根源。因此，先理解、体会天地自然。

例 1

【原文】

子曰：“予欲无言。”子贡曰：“子如不言，则小子何述焉？”子曰：“天何

言哉。四时行焉，百物生焉。天何言哉！”（《论语·阳货》）

【大意】

有一天，孔子感叹道：“我不想再说什么了。”

他的学生子贡听到了，困惑地问道：“老师您如果什么也不说的话，那学生们又怎能遵循于您的教诲呢？”

孔子说：“你看天说什么了吗？但春夏秋冬四时流转，万物生机勃发。在这样一个过程中，天又何曾说了什么呢？”

【讲解】

在这一段老师和学生的问答中，我们应该体会到的是天地自然之中的生机盎然。“天”在古人的语言中和“天地”一样，主要是指代大自然。在古人眼中，大自然是充满生命意义的，所以说“天地之大德曰生”。这是讲天地自然最伟大的德性就是“生”——“创生”。自然界的山水、草木、鸟兽虫鱼乃至于我们人本身，无不是生命、生机的体现。

自然界有春、夏、秋、冬四季。春天是生意萌发的季节，夏天是生意茂盛的季节，秋天是生意收获、收敛的季节，冬天是生意收藏的季节。秋天与冬天的收敛、收藏并不是说生命、生意完全消失了，而只是说生命、生意暂时隐藏起来，而在这隐藏之中，未尝不积聚着全新的力量，以孕育出新的生命。像诗人雪莱所吟唱的：“冬天来了，春天还会远吗？”其实，冬天本来就孕育着春天里的生命。所以在早春时节，我们看到冬天里的枯木萌发出一丝嫩绿时，丝毫不会感觉惊讶，因为生意本来就藏在枯木之中。

天地自然的确不曾说什么，但四时更替、万物生长，又何尝不是天地自然的无声话语呢？这与老子所讲的“天地不仁，以万物为刍狗”有很大的不同。四时更替、万物生长，所体现的恰恰是天地的一种仁爱之心。所以程颢说“天地之常，以其心普万物而无心”。儒家所说的仁爱之心，从根本上讲是与天地自然中的生命意味息息相关的。

【诵读】

仁　说

朱　熹

天地以生物为心者也。而人物之生，又各得夫天地之心以为心者也。故语心之德，虽其总摄贯通无所不备，然一言以蔽之，则曰仁而已矣。请试详之。

盖天地之心，其德有四，曰元、亨、利、贞，而元无不统。其运行焉，则为春、夏、秋、冬之序，而春生之气无不通。故人之心，其德亦有四，曰仁、义、礼、智，而仁无不包。其发用焉，则为爱、恭、宜、别之情，而恻隐之心无所不贯。

故论天地之心，则曰干元坤元，则四德之体用，不待悉数而足。论人心之妙用，则曰仁人心也，则四德之体用，亦不待遍举而该。盖仁之为道，乃天地生物之心，即物而在。情之未发，而此体已具；情之既发，而其用不穷。诚能体而存之，则众善之源、百行之本，莫不在是，此孔门之教所以必使学者汲汲于求仁也。

秋日偶成二首　之二

程　颢

闲来无事不从容，睡觉东窗日已红。
万物静观皆自得，四时佳兴与人同。
道通天地有形外，思入风云变态中。
富贵不淫贫贱乐，男儿到此是豪雄。

例 2

【原文】

子曰：“天生德于予，桓魋其如予何?”（《论语·述而》）

【大意】

孔子说：“天赐给了我德性，桓魋他能把我怎么样呢?”

【讲解】

桓魋曾经想要加害孔子，孔子因此有这样的感叹。“天生德于予”，看似只是孔子在说自己，其实这个我（“予”）是有普遍性的。只要每个人都能保有天所赋予的德，别人是不能把我们怎么样的。所以说：“天作孽，犹可违；自作孽，不可活。”

【诵读】

西　　铭

张　载

干称父，坤称母，予兹藐焉，乃混然中处。故天地之塞吾其体，天地之帅吾其性，民吾同胞，物吾与也。大君者，吾父母宗子；其大臣，宗子之家相也。尊高年，所以长其长；慈孤弱，所以幼吾幼。圣其合德，贤其秀也。凡天下疲癃残疾、惸独鳏寡，皆吾兄弟之颠连而无告者也。于时保之，子之翼也；乐且不忧，纯乎孝者也。违曰悖德，害仁曰贼；济恶者不才，其践形，唯肖者也。知化则善述其事，穷神则善继其志。不愧屋漏为无忝，存心养性为匪懈。恶旨酒，崇伯子之顾养；育英才，颍封人之锡类。不弛劳而底豫，舜其功也；无所逃而待烹，申生其恭也。体其受而归全者，参乎！勇于从而顺令者，伯奇也。富贵福泽，将厚吾之生也；贫贱忧戚，庸玉女于成也。存，吾顺事，没，吾宁也。

例 3

【原文】

子曰："大哉！尧之为君也。巍巍乎！唯天为大，唯尧则之。荡荡乎！民无能名焉。巍巍乎！其有成功也，焕乎！其有文章。"（《论语·泰伯》）

【大意】

孔子赞叹道："高大啊，作为圣王的尧！巍巍然唯独天为高大，唯独尧能以天为法。尧广大深远的样子，人们找不到合适的语言来形容他。所能称道的只是他巍巍的功绩、光辉盛大的礼乐制度。"

【讲解】

尧是传说中的古代圣王，这一段是孔子赞叹尧的话。赞叹的话语虽然有很多，但核心的意思就是一个字——"大"。"大"也是用来形容天的。天之所以为大，就在于它对于万物的一视同仁，对万物的包容。"天无私覆，地无私载"，所以称其为大。尧以天为则、为法，所以也称其为大。孔子这样讲，并不是仅仅为了赞叹尧之大，而是激励每个人都应该以天为则、为法，成就人格之大。就像孔子的学生颜回所说的："舜何人也，予何人也？有为者亦若是！"（《孟子·滕文公上》）

【诵读】

天行健，君子以自强不息。

地势坤，君子以厚德载物。（《周易·象传》）

二、山水之乐

【按语】

大自然的山山水水是开启蒙昧的最好老师，融入自然的山水中，可以陶冶人的情操、情趣，因以叙山水之乐。

例 1

【原文】

子曰："知者乐水，仁者乐山；知者动，仁者静；知者乐，仁者寿。"（《论语·雍也）

【大意】

关于拥有智慧与仁爱这两种美德的人，也就是智者与仁者，孔子是这样描述他们的："智者以水为乐，仁者以山为乐；智者灵动，仁者静默；智者快乐，仁者长寿。"

【讲解】

这里我们应该用心体会的是"知者乐水，仁者乐山"两句。"知"即智慧，"仁"即仁爱，这是两种美德。这两种美德不仅仅是人所拥有的，大自然的山水又何尝不具有这样的美德呢？水之激荡、奔流，从涓涓细流融入大江、大海，无论地势险峻或平缓，都可以随遇而安，这不是一种灵动的智慧吗？大山的安静笃实，包容孕育着种种生灵，体现的不正是赤子的仁爱之心吗？山与水也因此是"快乐"的，而这种快乐，只有拥有智慧与仁爱的人才能够真正地体会到。

【诵读】

《饮酒二十首》之五

陶渊明

结庐在人境，而无车马喧。
问君何能尔，心远地自偏。
采菊东篱下，悠然见南山。
山气日夕佳，飞鸟相与还。
此中有真意，欲辨已忘言。

例 2

【原文】

子在川上曰："逝者如斯夫，不舍昼夜。"(《论语 · 子罕》)

【大意】

孔子在大河上望着不息的川流感叹道："往来不息的一切就像这川流啊，昼夜不停地奔腾向前！"

【讲解】

理解这句话的关键在于"不舍昼夜"，这里体现了一种刚健、进取的精神。否则，"逝者如斯夫"就只是像词人、诗人所吟唱的"问君能有几多愁，恰似一江春水向东流""滔滔河水日夜流"一样满是伤逝、伤感了。如果说孔子对于"逝者"有几分凭吊的话，其中体现的则是一种宇宙的悲情，同时蕴含着宇宙生生不息的生机的跃动、刚健。日月往来，寒暑交替，旧的生命逝去，新的生命诞生，宇宙自然的一切就像不息的川流，在迎来送往中保持着生命的跳动。

例 3

【原文】

徐子曰："仲尼亟称于水曰：'水哉！水哉！'何取于水也？"孟子曰："源泉混混，不舍昼夜，盈科而后进，放乎四海，有本者如是。是之取尔。苟为无本，七八月之间雨集，沟浍皆盈，其涸可立而待也。故声闻过情，君子耻之。"(《孟子 · 离娄下》)

【大意】

一位姓徐的先生向孟子请教："孔子看到水就经常情不自禁地发出'水啊水啊'的赞叹，他为什么这样称道水呢？"孟子说："孔子所称道的水一定是有源头的江河之水，正因为有充足的源泉，它才可以昼夜不停地奔流向前，即便有低洼的地方，也可以将它注满后继续前进，直至抵达汪洋大海。有根源的事物也像江河水一样，所以孔子称道它。如果没有源头，就像七八月份的雨水，小沟小渠看似一时都注满了，但距离干涸的日子并不遥远了。这就像一个人，表面看上去风风光光，获得了很多赞誉，但实际上他没有什么能够配得上这样的赞誉，那是很可耻的。"

【讲解】

这段话是孟子对于孔子为什么屡屡称赞水的一种解释。我们可以与前一节所说的内容联系起来看。当然，两者之间又有所不同。孟子主要是从大江、大河之水有充足的源头这一点出发，强调人也应该像江河水一样，有自己安身立命的本源、根本。这就是“有本”所强调的，就人而言，就是他必须拥有内在的德性。否则，无论表面上如何风光，也不过是俗语所说的“墙上芦苇，头重脚轻根底浅；山中竹笋，嘴尖皮厚腹中空”。

【诵读】

观书有感

朱　熹

半亩方塘一鉴开，天光云影共徘徊。
问渠哪得清如许，为有源头活水来。

例 4

【原文】

孟子曰：“孔子，登东山而小鲁，登泰山而小天下。故观于海者难为水，游于圣人之门者难为言。观水有术，必观其澜。日月有明，容光必照焉。流水之为物也，不盈科不行；君子之志于道也，不成章不达。”（《孟子·尽心上》）

【大意】

孟子说：“孔子登上东山而感叹鲁国之小，登上泰山而感叹天下之小。所以说如果你看过大海之后再看别的水就索然无味了，如果你曾游学于圣人之门、聆听圣人的教诲的话，再发表什么看法的时候就不会那么轻率了。观水是有方法的，那就是一定要观察水的波澜壮阔处。这就像太阳和月亮的光辉，哪怕是一条小缝隙，也一定能够照耀到。而流水呢，它也一定会灌注满低洼之地后而继续前行。有志于道的君子也是这样，不经过一定的积累而蔚然成章，是不可能通达于道的。”

【讲解】

如果说前一节讲到的是从有本、有源头来观水的话，本节孟子从孔子登山的故事而引发的“曾经沧海难为水”的感慨，所强调的则是一种开放的眼界与一种厚重的积累，就像泰山与大海水所具有的品德一样。今天我们经常用到的成语“高瞻远瞩”“厚积薄发”，表达的就是这样的道理。

下面的一则“诵读”节取自《庄子》里的一则寓言，略有删节。成语“望洋兴叹”就来源于这则寓言。

【诵读】

秋水时至，百川灌河。泾流之大，两涘渚崖之间，不辨牛马。于是焉河伯欣然自喜，以天下之美为尽在己。顺流而东行，至于北海，东面而视，不见水端，于是焉河伯始旋其面目，望洋向若而叹曰：“野语有之曰：‘闻道百，以为莫己若者’。我之谓也。……今我睹子之难穷也，吾非至于子之门则殆矣，吾长见笑于大方之家。”

北海若曰：“井蛙不可以语于海者，拘于虚也；夏虫不可以语于冰者，笃于时也；曲士不可以语于道者，束于教也。今尔出于崖涘，观于大海，乃知尔丑，尔将可与语大理矣。”（《庄子·秋水》）

例 5

【原文】

孟子曰：“天下之言性也，则故而已矣，故者以利为本。所恶于智者，为其凿也。如智者若禹之行水也，则无恶于智矣。禹之行水也，行其所无事也。如智者亦行其所无事，则智亦大矣。天之高也，星辰之远也，苟求其故，千岁之日至，可坐而致也。”（《孟子·离娄下》）

【大意】

孟子说：“一般人们谈论事物的本性，都从事物已经表现出来的状态加以判断，这就是‘故’。故能够体现出事物自然发展的态势。我之所以厌恶自作聪明的人，是因为他们太主观臆断、太穿凿了。如果善于利用自己聪明才智的人像大禹治水那样，那么这聪明才智就不会让人厌恶了。大禹治水，只是按照水的自然发展态势因势利导，使它不至于泛滥成灾。他并没有将自己的意志强加于水。如果有聪明智慧的人也能够这样，那么他的智慧就很大了。天是那么高，星辰是那么远，如果因其已然之迹加以推断，千年以后的冬至日，我们坐在这里也可以推断出来。”

【讲解】

用现代人的眼光来看，孟子这一段话很像是在讲如何认识自然规律。然而，孟子在这里恰恰反对人们过度使用自己的智慧。世间万事万物都有它自然的本性，如水，总是因地势的高下而激荡奔流。如果水的流势被阻挡，那么它就可能突破障碍，泛滥为害。禹的父亲鲧曾治理洪水，他尝试用堵的办法来防洪，但是失败了。禹吸取他父亲的教训，改用疏导的办法，因势利导，使水可以畅行无阻，又不至于泛滥为害。因此孟子认为，大禹治水，只是遵循水的本性而加以疏导，所以是“行其所无事”，好像并没有刻意去做什么一样。在现代社会，科技越来越发达，人们的“智”也越来越显得强势，越来越能够改变、干预自然的本性、自然的进程。但是，这里需不需要对人们的“智”保持一定的警惕性，使它停留在一定的限度内呢？这无疑是一个值得深思的问题。

例 6

【原文】

子路、曾皙、冉有、公西华侍坐，子曰：“以吾一日长乎尔，毋吾以也。居则曰：‘不吾知也！’如或知尔，则何以哉？”

子路率尔对曰：“千乘之国，摄乎大国之间，加之以师旅，因之以饥馑，由也为之，比及三年，可使有勇，且知方也。”

夫子哂之：“求，尔何如？”

对曰：“方六七十，如五六十，求也为之，比及三年，可使足民。如其礼乐，以俟君子。”

“赤，尔何如？”

对曰：“非曰能之，愿学焉。宗庙之事，如会同，端章甫，愿为小相焉。”

“点，尔何如？”

鼓瑟希，铿尔，舍瑟而作，对曰：“异乎三子者之撰。”

子曰：“何伤乎？亦各言其志也。”

曰：“暮春者，春服既成，冠者五六人，童子六七人，浴乎沂，风乎舞雩，咏而归。”

夫子喟然叹曰：“吾与点也。”

三子者出，曾皙后，曾皙曰：“夫三子者之言何如？”

子曰：“亦各言其志也已矣。”

曰：“夫子何哂由也？”

曰：“为国以礼。其言不让，是故哂之。”

“唯求则非邦也与？”

“安见方六七十如五六十而非邦也者？”

“唯赤则非邦也与？”

“宗庙会同，非诸侯而何？赤也为之小，孰能为之大！”（《论语·先进》）

【大意】

孔子的学生子路、曾皙、冉有与公西华围坐在老师身边。孔子对学生们说："因为我比你们年纪稍长，你们就不敢畅所欲言了，不要这样啊！你们平时常说：'没有人了解我们，没有人知人善任啊！'如果有一天有人了解你们且知人善任，你们将凭借什么来施展你们的才华呢？"

子路立即轻率地回答道："如果有一个中等规模的国家，夹在几个大国之间，经常被大国军队入侵，国内又常发生自然灾害，这样的国家让我来治理，那么三年以后，我可以使这里的人民勇敢起来，而且知道按照法律、礼仪的要求去做事。"

孔子不由得一笑，转而问冉有："你又怎么样呢？"

冉有回答道："一个小的国家，如果让我来治理的话，那么三年以后，我可以使这里的人民丰衣足食。但是要想达到礼乐之治，还需要更有能力的君子来做。"

孔子又问公西华："你呢？"

公西华回答道："我不敢说自己有什么能力，但愿意努力去学。有关国家礼仪的事情，我愿意尝试帮着去完成。"

孔子又问曾皙："你怎么样呢？"

曾皙渐渐停止了鼓瑟，铿的一声，把瑟推到一边站起来说："我和他们三个所设想的不同。"

孔子说："没有关系，只不过是各自谈谈你们的志向罢了。"

曾皙接着说："晚春时节，穿上春天的衣服，几个大人，几个小孩，一起到沂水边洗浴，在舞雩台边乘凉，而后唱着歌回家去。"

孔子不禁长叹："我赞同曾皙的想法！"

子路、冉有、公西华先离开了，曾皙还没有走，他问老师道："他们三个人讲得怎么样？"

孔子说："也不过是各人谈一谈个人的志向罢了。"

曾皙又问："老师您为什么笑子路呢？"

孔子说："治理一个国家应该依靠于礼，但他自己所说的话首先就没有做到礼让，所以会笑他。"

曾皙又问："冉有难道不是也要治理一个国家吗？"

孔子答道："他说的虽然只是一个小国，那也是一个国家呀。"

曾皙又问："那么公西华是否也在谈论治理一个国家呢？"

孔子答道："他所谈到的种种礼仪，都是有关于国家的礼仪。如果说公西华只能小有作为的话，那还有谁能够大有作为呢？"

【讲解】

这段对话提供给我们这样一个场景，就是孔门老师和学生之间是如何讨论问题的。作为老师的孔子可以说是循循善诱，而四个弟子各具特色的回答也体现了每个人不同的个性。

老师和学生之间的对话是围绕"志向"的问题展开的，曾皙以外的其他三个人均从治理国家的角度谈到了各人的志向与抱负。孔子除了对子路的轻率作答应以哂笑外，对另外三个学生的回答都有不同程度的认可。当然，如"吾与点也"（"点"是曾皙之字）所表现的，孔子最认可的还是曾皙的回答，而"吾与点也"也成为后来读《论语》的人们经常讨论的热点话题。

同样有意思的是曾皙在回答老师的问题之前的一系列动作，"鼓瑟希，铿尔，舍瑟而作"，有人因此认为曾皙是一个"狂者"。其实，从这里也可以看到孔门师徒之间讨论问题时的轻松环境与氛围。

当然，问题的关键还是：孔子为什么特别赞许曾皙的回答？曾皙回答的内容就是一个游春的场景。晚春时节，万物欣欣向荣之际，穿上轻快的春服，大人和孩子们一起到河边洗濯、嬉戏，在祭台边沐浴习习春风，然后唱着歌回来了。这样一个其乐融融的游春场景，看似与"为邦"（治理国家）没有任何关联，但它不仅体现了人与人之间（大人孩子）的和谐相处，也体现了人与自然之间的和谐相处。关于这一点，相信每个人都会有自己的体会。

关于孔门老师和学生之间谈论"志向"的问题，《论语》中还有一段记载，我们将它附录在这里作为参考。在这段话中孔子也像学生们一样谈论了自己的志向："老者安之，朋友信之，少者怀之。"意思是使老年人安逸，使朋友信任，使小孩子得到关怀，体现的是人与人之间的和谐。

【参考】

颜渊季路侍，子曰："盍各言尔志？"

子路曰："愿车马，衣轻裘，与朋友共，敝之而无憾。"

颜渊曰："愿无伐善，无施劳。"

子路曰："愿闻子之志。"

子曰："老者安之，朋友信之，少者怀之。"（《论语·公冶长》）

【大意】

颜渊和子路陪伴在老师身边，孔子说："为什么不各自谈一谈你们的志向呢？"

子路说："我愿意驾着马车，穿着轻快的衣服，和朋友共同分享，即便是用坏了也没有什么遗憾的。"

颜渊说："我愿意不炫耀自身的好处，不斤斤计较于个人的功劳。"

子路又对老师说："我还想听一听您的志向。"

孔子说："我希望能够使老年人安逸，使朋友信任，使小孩子得到关怀。"

【诵读】

曾　点

朱　熹

春服初成丽景迟，步随流水玩晴漪。
微吟缓节归来晚，一任清风拂面吹。

浴　沂

朱　熹

只就吾身分上思，相呼童子浴沂归。
更无一点闲思想，正是助忘俱勿时。

偶　成

程　颢

云淡风轻近午天，望花随柳过前川。
时人不识余心乐，将谓偷闲学少年。

三、草木鸟兽

【按语】

草木鸟兽，和人一样，都是大自然创造的生命。同时，草木鸟兽不仅有生命，而且也同样是有"德"的。因以识草木鸟兽。

例 1

【原文】

岁寒，然后知松柏之后凋也。(《论语·子罕》)

【大意】

天气寒冷的时候，才能够真正见识松柏不随其他草木凋零时的坚韧。

【讲解】

这是至今人们依然经常使用的成语。松柏是有“德”的，它们的德，在气候越恶劣的时候，表现得越是刚毅，越是强烈。人遭遇艰难困苦的境遇时，他所拥有的德是否也更应该表现出来呢?

例 2

【原文】

子曰：“骥，不称其力，称其德也。”(《论语·宪问》)

【大意】

孔子说：“一匹好马，不是因为它有力气才值得称道，而是因为它有德。”

【讲解】

和前面讲到的松柏一样，马不单单有力气，也是有德的。荀子说：“骐骥一跃，不能十步；驽马十驾，功在不舍。”(《荀子·劝学》)这是说千里马如果没有恒心、恒德，仅凭它的力气，也不能走很远。而一匹劣马，如果有锲而不舍的恒心、恒德，却可以走得很远。就像龟兔赛跑的故事一样。

例 3

【原文】

子谓仲弓曰：“犁牛之子骍（xīng）且角，虽欲勿用，山川其舍诸?”(《论语·雍也》)

【大意】

孔子这样说他的学生仲弓：“杂色的牛所生的孩子如果毛色通红，两角周正，即便人们不愿意用它来向山川之神表达虔敬，山川之神难道会舍弃它吗?”

【讲解】

孔子的学生仲弓，家庭出身不好。他的父亲卑贱而且行为不端，但仲弓是孔子学生里德行比较好的。这说明人只要自强、自立，就没有谁可以抛弃他、伤害他。

例 4

【原文】

色斯举矣，翔而后集。曰："山梁雌雉，时哉时哉！"子路共之，三嗅而作。(《论语·乡党》)

【大意】

人的脸色一有所动，停在山梁上的野鸡就盘旋着飞上天空，然后又落了下来。孔子说："山梁上的野鸡起起落落，能做到恰到好处啊！"子路听老师这样说，不禁向野鸡拱了拱手。野鸡拍了几下翅膀又飞走了。

【讲解】

这段话的解释历来很多，也非常费解。不过可以确定的是，孔子因鸟的起起落落，而赞叹它们举止得时、得体。"时"是一种很高的赞誉，就是说做得恰到好处。

《大学》里记载了孔子评价《诗经》中"缗蛮黄鸟，止于丘隅"诗句的话："于止，知其所止，可以人而不如鸟乎！"大意是说，鸟尚且知道它们所应该停留、栖息的地方，难道人就不能像鸟一样做事吗？这和《论语》的这段记载有比较相似的地方。

例 5

【原文】

子钓而不纲，弋不射宿。(《论语·述而》)

【大意】

孔子捕鱼时不会截断河流而一网打尽，捕鸟时不会射晚上归巢的鸟。

【讲解】

需要说明的一点是，这里的捕鱼、捕鸟不是一种游戏，而是人的生活需要。人们可以为了生活捕鱼、捕鸟，但绝不能赶尽杀绝。

例 6

【原文】

不违农时，谷不可胜食也。数罟不入洿池，鱼鳖不可胜食也。斧斤以时入山林，材木不可胜用也。谷与鱼鳖不可胜食，材木不可胜用，是使民养生丧死无憾也。养生丧死无憾，王道之始也。(《孟子·梁惠王上》)

【大意】

耕作不违背农时，粮食就足够人们吃了。不用编织得比较密的网捕捞水中的鱼鳖，鱼鳖也足够人们享用了。伐木时要等树木成材后再加以砍伐，这样木料就足够人们支配了。只有在这样的条件下，人们的生活才不至于有什么欠缺，王道就是从这一步开始的。

【讲解】

在古代社会，鱼鳖、树木是人们直接从自然获取的主要生活资源。这种向自然的索取应该是比较有限的。但是，即便是在这样的情况下，这种索取还是应该有严格的限制的，这种限制也是应该由制度规定的。

如捕鱼的网，网眼一定不要太密、太小，以免捕捞到还没有长成的小鱼。不仅如此，没有长到一定尺寸的鱼鳖，也是严格禁止在市场上买卖的，更不允许人们食用。砍伐山里的树木也不是没有时节的限制。除了秋天草木凋零的季节，其他时候是有山禁的，禁止人们入山砍伐。尤其是在草木生长的春天，是绝对不允许砍伐的。同样，没有长成的树木，也是不允许在市场上买卖的。

在今天的社会，随着科学与经济的发展，人们在生产、生活中对于自然资源的索取已经到了无以复加的地步，如果再不有所禁忌，后果是难以想象的。

例7

【原文】

孟子曰："牛山之木尝美矣。以其郊于大国也，斧斤伐之，可以为美乎？是其日夜之所息，雨露之所润，非无萌蘖之生焉，牛羊又从而牧之，是以若彼濯濯也。人见其濯濯也，以为未尝有材焉，此岂山之性也哉？"(《孟子·告子上》)

【大意】

孟子说："牛山上的树木曾经非常茂盛。可是它处在大城市的郊区，经常被刀斧所砍伐，它还能那么茂盛吗？尽管它日夜不停地生长、生息，雨露滋润不断，并不是没有新的嫩芽长出来，但随后放养的牛羊又把它们吃掉了，所以牛山就像如今人们所看到的那样光秃秃的了。人看到它光秃秃的样子，就以为它未曾树木繁茂过，这难道是山的本性如此吗？"

【讲解】

这段话是孟子借以说明人如果不注重自我修养的话，也会像牛山之木一样，变得丧失自己的本性而面目全非。

这是一个比喻，借山之性来比喻人之性。这个比喻反过来说也是一样的。大山的本性本来是草木茂盛的，如果它不能得到合理的呵护，那么会像人一样，最终丧失它的本性，变得面目全非。以草木自身而言，获得雨露的滋润，日夜不停地生息、生长是它自然的情态，但因为人的砍伐、放牧，最终破坏了自然界生命的生长进程，是很值得人深思、警醒的。（作者系北京青年政治学院东方道德研究所研究员）

参考文献

［1］周敦颐. 周敦颐集［M］. 北京：中华书局，1990.
［2］张载. 张载集［M］. 北京：中华书局，1978.
［3］程颢，程颐. 二程集［M］. 北京：中华书局，1981.
［4］朱熹. 四书章句集注［M］. 北京：中华书局，1983.
［5］朱熹. 四书或问［M］. 上海：上海古籍出版社，安徽教育出版社，2001.
［6］朱熹. 朱子语类［M］. 北京：中华书局，1986.
［7］朱熹. 朱熹集［M］. 成都：四川教育出版社，1996.
［8］陆九渊. 陆象山全集［M］. 四部丛刊本. 上海：上海书店，1989.
［9］王阳明. 王阳明全集［M］. 上海：上海古籍出版社，1992.
［10］王艮. 王心斋全集［M］. 影印日本嘉永元年（1846）和刻本. 台北：中文出版社，广文书局，1961.
［11］颜钧. 颜钧集［M］. 北京：中国社会科学出版社，1996.
［12］杨伯峻. 论语译注［M］. 北京：中华书局，1980.
［13］杨伯峻. 孟子译注［M］. 北京：中华书局，2005.
［14］蒙培元. 蒙培元讲孔子［M］. 北京：北京大学出版社，2006.
［15］蒙培元. 蒙培元讲孟子［M］. 北京：北京大学出版社，2005.

试析梁启超《新民说》中的公德私德思想

王　颖

公德和私德的关系问题，是伦理学中的基本问题，也是今天公德建设中需要深刻阐述的问题。梁启超作为我国最早使用这对概念的思想家，其相关论述给人们理解公德、私德观念带来了深刻影响。20 世纪初，梁启超在进行新民品格的构建时，划分了公德和私德的范畴。受传统公私思维定式以及当时文化潮流的影响，人们很容易就字面本身解读出一种价值倾向：公德应被肯定和褒扬，私德则应被批判和唾弃。这种主观臆读不仅在很大程度上模糊了梁启超思想的本来面目，而且在其蕴涵的价值指向方面也给后人的道德践履带来严重偏颇和困扰：似乎公德的养成具有高尚性和进步性，私德的修养则带有功利性和落后性。为澄清认识，帮助人们获得关于公德、私德内涵以及二者关系更为准确的理解，同时也为今天的公德建设提供宝贵的理论借鉴，本文拟对梁启超的这一思想进行剖析和梳理。

一、公德和私德不是一对矛盾范畴

尽管在《新民说》中，梁启超以公德和私德为主题分别撰文论述，侧重于不同主题的表达，但在论述过程中，公德和私德却并非截然对立，而往往是彼此印证、互相比照而存在，进而清晰地反映出梁启超关于二者关系的理解和定位。

（1）公德和私德共有一个本体和根基。在《论公德》篇开始处，梁启超强调："道德之本体一而已，但其发表于外，则公私之名立焉"（《论公德》）。道德的本体只有一个，而公德、私德不过是其外在的表现形式。这说明，公德和私德不是毫不相干的两个领域，而是存在着根基上的共同性。正是这一共同性，为其在后文论述二者关系奠定了逻辑基础。

（2）公德和私德共同构成完整的道德人格。在梁启超看来，所谓私德，乃“人人独善其身者”；所谓公德，乃“人人相善其群者”（《论公德》）。“独善其身”，是指要做好自家的修养功夫，是强调个体道德的完善性，并不涉及个人的私利；“相善其群”则是指要做对群体有益的事，突出了群体道德的完善性。私德和公德的关照范围虽然有异，但并不意味着价值指向上的尊卑。对于个体而言，只有同时具备公德和私德，才算是拥有了完整的道德品格。“全体者，合公私而兼善之者也”（《论公德》）。梁启超认为，私德对公德具有前提和基础的意义，其作用不可轻忽。“无私德则不能立。合无量数卑污虚伪残忍愚懦之人，无以为国也”（《论公德》）。这就充分肯定了私德的重要性和必要性。但是，个体又绝不能止步于此，不能仅把良好的个人品格当作德性的终极目的，还必须养成公德的品格。因为仅有独善其身的私德，还不能必然决定人们进行相善其群的选择，也就无法结成和巩固强大的群体。“无公德则不能团。虽有无量数束身自好、廉谨良愿之人，仍无以为国也”（《论公德》）。在此意义上，梁启超明确指出公德和私德“皆人生所不可缺之具也”（《论公德》），对二者的重要性进行了肯定。

二、举公德而避私德的原因

既然公德和私德都如此重要，为什么梁启超会一再强调“公德乃当今之急务”，从而让人觉得仿佛其更重视公德的宣传和教育呢？

（1）近代国情需要。众所周知，近代中国第一时代主题是救亡图存。近代进步知识分子关注的核心焦点是中国如何才能成为一个强盛的国家，从而有能力改变落后挨打的被动局面。受斯宾塞社会有机体学说的影响，近代知识分子认为，群体由个体构成，但这种构成并非是个体间的简单叠加或各自独立的聚集。个体之间必须具有内在的坚固的有机联系，由此发育成凝聚力强大的群体、国家。唯有这样的国家才能具备与其他国家、民族相抗衡的竞争力。“群学公例，必内固者乃能外竞”（《论私德》）。“我之所恃以克敌者何在？在能团结一坚固有力之机体而已”（《论私德》）。

那么，是什么元素使这些分散的个体牢固地联结在一起的呢？在梁启超看来，“苟欲得之，舍道德奚以哉”（《论私德》）。公德可以起到这样的联结作用。“公德者何？人群之所以为群，国家之所以为国，赖此德焉以成立者也。

人也者，善群（聚合成群）之动物也（此西儒亚里士多德之言）。人而不群，禽兽奚择？而非徒空言高论曰‘群（聚集）之群之’，而遂能有功者也。必有一物焉贯注而联络之，然后群之实乃举。若此者谓之公德”（《论公德》）。公德何以具有如此强大的功能？这是因为公德作为“一团体中人公共之德性”“个人对于本团体公共观念所发之德性”（《论私德》），其本质就是相善其群，其行为旨归即为利群。“公德之大目的，即在利群”（《论公德》）。在梁启超的思想中，“群”的最高表现形式即为国家，故利群思想的最高目标即维护国家权益。公德这一利群的本质特征，决定了公德在促进、养成民族繁荣、国家强盛方面的突出作用。但与之形成强烈对照的是，当时我国国民的公德意识极为薄弱。梁启超痛书：“我国民所最缺者，公德其一端也”（《论公德》）。“我国民中无一人视国事如己事者”，如此状况正是由于公德大义尚未被发扬光大。所以，从当时的具体形势出发，梁启超大声疾呼公德乃当时第一急务。

（2）私德已经较为发达。与公德的缺乏相比，私德无论在理论的阐述与继承上，还是在实际的践履中都比较发达。这是梁启超肯定私德的重要性，却并未大加渲染的原因之一。

就理论言之，中国的道德发展极早，其内容较偏于私德，在公德方面鲜有论及。“试观《论语》《孟子》诸书，吾国民之木铎，而道德所从出者也。其中所教，私德居十之九，而公德不及其一焉”（《论公德》）。正由于私德的教化、浸润较久，人们对私德的理解领悟较深。同时，先圣昔贤对于私德的阐述也已经非常丰富圆满，“抑且先圣昔贤言之既已圆满纤悉”（《论私德》）。所以，就不需要自己再多逞口舌了。

就实践言之，私德的修养和践履早已成为中国德育的重点。“吾中国数千年来，束身寡过主义，实为德育之中心点”（《论公德》）。本来私德和公德，是并行不悖的两种道德形式，但由于某些提倡者的偏颇，导致一些人误以为私德更加重要，因而在实践中更加重视，由此又在某种程度上导致了私德的发达和公德的匮乏。

（3）对束身寡过主义者严厉批判。私德是私人生活中的道德规范。作为个体，能有意识地加强和完善自身的品格修养，固然是一件好事。但如果仅限于私德，也极容易使个体行为滑向束身寡过主义者的误区，特别是在公德大义尚未发明，人们还未具备充分的公德意识时。梁启超对此批判道：束身寡过主义，作为德育的中心点，范围日缩日小，其间有言论行事，出此范围外，“欲为本群本国之公利公益有所尽力者，彼曲士贱儒辄援‘不在其位不谋其政’等偏义，以非笑之，挤排之。谬种流传，习非胜是，而国民益不复知公德为何物”（《论公德》）。“不在其位不谋其政”既成为束身寡过主义者公然漠视公利公益的“合理性”借口，又成为打击蔑视他者积极行为的有力工具。久之，本就不发达的公德观念必然在人们心中日渐衰微，乃至离场。不仅如此，束身寡过主义者的行为还会直接造成群体利益的严重受损。

通常情况是，群体中的个体均享有群体所提供的权利及好处，同时向群体尽其义务和责任。但束身寡过主义者却囿于只关注自身的狭隘观念，从而只享有前者，却回避了后者。表面上看，这些人并没有做出刻意危害群体的行为，但在客观效果上已对群体造成严重的危害。这是由于，他们不断地从群体中拿走利益，但并未给群体制造或增加相应的或者是更多的利益。长此以往，在只有消耗而无增补的情况下，必然造成群体的利益亏空。“群有以益我，而我先以益群，是我逋群之负而不偿也。……使一群之人，皆相率而逋焉，彼一群之血本，能有几何？而此无穷之债客，日夜蠹蚀之而瓜分之，有消耗，无增补，何可长也？然其群必为逋负者所拽倒。”（《论公德》）梁启超将此类人称为“群之蠹”，并直言当时中国日渐衰落，就是由于此种蠹虫太多。更可怕的是，人人都不觉得此种行为可耻，需要规避，“人人视其所负于群者如无有焉”（《论公德》）。因而，国家的民众越多，国家的拖累就越多，以致国家的衰败成为必然。可见，束身寡过主义者危害极大。

针对束身寡过主义者以为自己虽无益于群亦无害于群的辩解，梁启超旗帜鲜明地断言“无益即有害”。他反复申明，所谓道德，实际上是要利群、固群、善群和进群的。“道德之立，所以利群也……以能固其群、善其群、进其群者为归。”（《论公德》）尽管道德的外在形式不同，但其根本精神是一致的，就是都要有利于群体的公益。“其道德之外形相反如此，至其精神则一也。一者，何也？曰为一群之公益而已。”“然则道德之精神，未有不自一群之利益而生者。”（《论公德》）在此基础上，梁启超把是否有益于群体作为评价其行为善恶的最高标准。“有益于群者为善，无益于群者为恶（无益而有害者为大恶，无害亦无益者为小恶）”（《论公德》），从根本上否定了束身寡过主义者。

三、公德和私德的内在延展关系

梁启超说：公德与私德，岂尝有一界线区划之为异物？“私德与公德，非对待之名词，而相属之名词也。”（《论私德》）这说明，私德和公德不仅存在着重合的内容，而且具备由此达彼的可能。

（1）公德和私德都应以有益于公共利益为目的。为澄清人们可能因为公私两个名词而带来的误解，梁启超首先从道德的起源说起。他的观点是：道德无论公私，都要以有益于公安公益为目的。

“德之所由起，起于人与人之有交涉。而对于少数之交涉与对于多数之交涉，对于私人之交涉与对于公人之交涉，其客体虽异，其主体则同。故无论泰东泰西之所谓道德，皆谓其有赞于公安公益者云尔，其所谓不德，皆谓其有戕于公安公益者云尔。”（《论私德》）

道德的产生，起于人与人之间的交往关系。而人与人的交往关系又包括多种类型：对于个体来说，既有其与少数人之间的交往，也有其与多数人之间的交往，既有其对个人的交往，也有其对公家的交往。在这些交往关系中，虽然交往的客体不同，但交往的主体都是一个。所以无论中国还是西方，所谓道德，都是指有利于公安公益，而不道德，则是指有害于公安公益。无论是公德还是私德，都服从于这一根本标准。换言之，此处道德上的公私名称，并不暗含着价值上的相左方向。梁启超就此说道：“公云私云，不过假立之一名词，以为体验践履之法门”（《论私德》）。这实际上是告诫人们不要受公私名词的误导，以为公德就是有益于他人和群体，具有利他性和利群性；私德就可以只专注于个人利益，甚至于害人损公，偏向于利己性。所谓公私之名，不过是为人们践履道德而设置的不同路径而已。

（2）私德是培养公德的基础和起点。梁启超从两个角度论述了这一观点。第一，对于个体自身而言，只有具备了良好的私德，才可能成就高尚的公德。反言之，一个人如果没有先修养好自己的德行，没有拥有良好的个人品格，也就不可能拥有高尚的公德。“就泛义言之，则德一而已，无所谓公私，就析义言之，则容有私德醇美，而公德尚多未完者，断无私德浊下，而公德可以袭取者。”具体说来，“一私人对于一私人之交涉而不忠，而欲其忠于团体，无有是处”（《论私德》）。如果一个人对于另一个人交往时不忠信，想要他对团体忠诚，也根本无法实现。可见，在德性修养的发展链条中，私德是初级阶段，公德则是高级阶段。

第二，对于个体与群体而言，如果群体中的每个个体不具备高尚的私德，那么当这些个体结成群体，并不会自动具备高尚的公德。“大聚群盲不能成一离娄，聚群聋不能成一师旷，聚群怯不能成一乌获。故一私人而无所私有之德性，则群此百千万亿之私人，而必不能成公有之德性，其理至易明矣。”（《论私德》）

显然，这一思想既受到近代广为流传的社会有机体学说的影响（梁启超引用斯宾塞之言曰“凡群者皆一之积也。所以为群之德，自其一之德而已定”）（《论私德》），又吸收了中国传统文化的思想。梁启超引用孟子的话说，‘古之人所以大过人者无他焉，善推其所为而已矣’，进而指出“公德者私德之推也，知私德而不知公德，所缺者只在一推；蔑私德而谬托公德，则并所以推之具而不存也。故养成私德，而德育之事思过半焉矣”（《论私德》）。在梁启超看来，由私德而至公德，二者之间并不存在难以逾越的鸿沟，而只在“一推”。只要推而充之，良好的私德便会跃进至高尚的公德。由此可以看出，梁启超极为重视私德的培养。“是故欲铸国民，必以培养个人之私德为第一义；欲从事于铸国民者，必以自培养其个人之私德为第一义。”（《论私德》）这样，梁启超从提倡培养公德开始，最终的落脚点却放在私德的培养上。

四、培养私德的资源仍要来自中国传统旧道德

梁启超在提到泰东泰西道德时，又提到了一对新名词，即新道德、旧道德。为区别两种道德形态，他称泰西道德（西方道德）为新道德，泰东道德（中国传统道德）为旧道德。不过，这种新旧的区分，与前文所论的公私一样，并不具有价值指向的意义。“苟欲言道德也，则其本原出于良心之自由，无古无今无中无外，无不同一，是无有新旧之可云也。”（《论私德》）

（1）新道德的输入与新德育的实现需要一个过程。在作《论公德》时，梁启超曾希望发明一种新道德以补助旧道德，但经过一段时间的深思后，他认为彼时的想法终不可行。“此直理想之言，而决非今日可以见诸实际者也。”（《论私德》）

第一，道德是社会实践的结果。道德作为一种社会意识形态，无法从书本上直接习得。“道德者行也，而非言也。”从书本上了解到的只是道德的理论形态，而非道德本身。“即尽读苏格拉底、柏拉图、康德、黑格尔之书，谓其有‘新道德学’也则可，谓其有‘新道德’也则不可。”（《论私德》）道德不能盲目模仿。社会性质及其构成要素必然深刻影响着道德的性质、特征和内涵，因而将一社会之道德移植到另一社会，必然困难重重。“苟欲行道德也，则因于社会性质之不同，而各有所受。”（《论私德》）道德作为一个国家民族文化的重要组成部分，其产生、发展和完善都与这一国家民族的经济、政治和历史文化传统密切相关。因此，一个国家民族的道德如被随意移植到另一国家民族，则极有可能因为经济、政治和历史文化传统等诸多因素的差异而无法发挥其原有

作用，甚至无法存活。

第二，缺乏道德实施的保障机制。“窃尝举泰西道德之原质而析分之，则见其得自宗教之制裁者若干焉，得自法律之制裁者若干焉，得自社会名誉之制裁者若干焉。”泰西道德得以实现，是由于有宗教制约、法律制约以及社会名誉制约这三者共同构成的多维系统的保障体系，然而当时的中国却并不具备这些条件，而若待这些条件一一完备，必然需要一个漫长的过程。

第三，传统旧道德仍占据主流位置。“然则今日所恃以维持吾社会于一线者何在乎？亦曰吾祖宗遗传固有之旧道德而已。”（《论私德》）显然，在当时的社会环境中，启蒙思想家们所提出的新道德观念处于初生状态，尚不能立足，更遑论深入人心。真正左右人们行为意志并发挥重要作用的仍是延续几千年的传统道德观念。

正是出于上述考虑，梁启超对新道德之输入深感绝望。由此，他又把目光聚焦于固有之旧道德，认为要培养国民的公德，较为现实的路径是从传统旧道德的土壤中吸收养分。梁启超认为，以儒家为主体的中国传统文化虽然存在种种缺陷，但绝不能因此而否认其中的精华。在儒家的伦理思想中，至少有三点是值得吸取的：一是正本，要求人们树立高尚的道德观念。二是慎独，要求人们严格自律修身。三是谨小，要求人们大节不亏，小节亦不放松。

（2）对德育的界说进行分析，反对“智育的德育”。要培养国民的新道德，就要对德育的内涵有严谨而合理的认识。为此，梁启超对当时的德育观进行了研究。他认为，当时的德育，仅是从理论认知层面去了解道德术语、道德理论，属于一种研究性的德育。道德理论的研究固然重要，但对于德育而言，最终目标是在行为的践履上如何由知而行。故梁启超认为，仅止于学理层面的德育研究只是一种学科的研究，还不是真正的完整的德育，而是“智育的德育”。如果把德育理解为“智育的德育”，那么由于德育的本义真义并未发明，因而此种误读必然会成为实践真正德育的障碍。“若是乎则智育将为德育之蠹，而名德育而实智育者，益且为德育之障也。以智育蠹德育，而天下将病智育，以‘智育的德育’障德育，而天下将并病德育。”（《论私德》）如此理解和推行的结果，就是使智育和德育都偏离了其本来的轨迹，各自受害，并遭到人们的诟病。因此，如何界定德育，如何理解德育的本义，对于有志救世的仁人志士，就是一项极为认真严肃的任务，一定要深思熟虑。

20 世纪初，在中国近代启蒙思潮中，梁启超站在救亡图存的高度，对近代资产阶级理想人格——新民应具备的公德品格进行了深刻的阐述，对公德和私德的关系进行了多方位的议论。正如张岱年在《中国启蒙思想文库》的《总序》中所说："中国启蒙运动的重要和伟大并不在于它是否取得了如何了不起的成就和胜利，而在于它曾给人们心灵上所带来的强烈而持久的震撼；不在于它自身理论的如何完美，而在于它曾给予并继续给予人们的启示和思索。许多启蒙思想家们苦苦追问和求索的问题……即使在今天仍具有强烈的现实意义。"① 梁启超的公德、私德思想尽管具有时代的、阶级的局限性，但其中的一些理论观点，如公德的"利群"本质、爱国爱群是评价道德的最高标准、公德以私德为起点的修养路径、束身寡过主义者的危害、公德培育过程中传统道德资源的利用，以及德育目标实现与德育本义研究的重要关联，等等，无疑对当代的公德建设具有极为宝贵的启示与借鉴意义。这些命题仍然是值得我们继续深长思之的理论任务。（作者系北京青年政治学院东方道德研究所副研究员）

参考文献

[1] 梁启超. 论公德. 新民说 [M]. 沈阳：辽宁人民出版社，1994.

[2] 梁启超. 论私德. 新民说 [M]. 沈阳：辽宁人民出版社，1994.

（本文系北京社科基金项目"转型期北京社会公德建设的困境及对策研究"[项目批号：12ZXC013] 阶段性成果）

① 张岱年. 总序. 中国启蒙思想文库 [M]. 沈阳：辽宁人民出版社，1994.

中国传统道德与现代社会

承接中华美德　延续精神命脉

王殿卿

2014年11月11日晚上，习近平主席在中南海同美国总统奥巴马举行会晤时指出，要了解今天的中国、预测明天的中国，必须了解中国的过去，了解中国的文化。当代中国人的思维，中国政府的治国方略，浸透着中国传统文化的基因。

2014年9月24日，习近平在《在纪念孔子诞辰2 565周年国际学术研讨会暨国际儒学联合会第五届会员大会开幕会上的讲话》中指出："不忘历史才能开辟未来，善于继承才能善于创新。优秀传统文化是一个国家、一个民族传承和发展的根本，如果丢掉了，就割断了精神命脉。"

这些重要讲话，对于我们研究儒家伦理和中华民族基本道德规范、共同价值观，培育和践行社会主义核心价值观，承接中华美德，延续中华民族精神命脉，向新一代传递中华文化基因，具有极其重要的指导意义。

一、概念与辨析

价值观，是近代以来从西方引进的新概念。它是西方文化的灵魂，是单向文化输出与文化取代的核心内容。在中国的史书上，难以找到具有同样内涵的词汇。若从规范社会道德秩序、推动社会发展的功能上讲，却有"基本道德规范"之说。习近平2013年冬天在山东讲话时指出，"基本道德规范，是支撑一个社会发展的基本道德力量。有了基本道德规范和基本道德秩序，大家都好遵循。重视基本道德规范和基本道德秩序，是中华民族的一个重要传统"。这一基本道德规范，就是我们的先人在历史实践中形成、培育和不断发展的一整套传统美德规范，可称之为基本道德规范体系。正如习近平2014年在"五四"北大讲话中所讲，"中华文明绵延数千年，有其独特的价值体系。中华优秀传统文化已经成为中华民族的基因，植根在中国人内心，潜移默化影响着中国人的思想方式和行为方式”。这种“独特的价值体系”，是中华文化的核心与灵魂。它使得中国成为中国，使得中国人成为中国人。可以说，它是当今海内外所有中国人的“共同价值观”。因此，当今在中国大陆上，培育和发展社会主义核心价值观，也“必须从中汲取丰富营养，否则就不会有生命力和影响力”。因此，有必要总结和研究我国历史上中华美德规范体系的形成与发展，以便为建构当代中华民族的“共同价值观”、培育和发展社会主义核心价值观汲取营养，寻求智慧。

二、形成与发展

在中国历史上，中华民族基本道德规范体系的形成与发展，贯穿整个历史过程，是一个不断发育与成长、充实与调整、与时俱进的过程。历朝历代的仁人志士，都在自觉不自觉地依据社会结构的发展变化，面对当时社会生活的需要，不断进行充实与调整；都在自己所处的历史时代做出了积极的贡献。研究这一历史过程，就是研究中华民族核心道德体系或独特价值体系的发展史。切忌用习惯的“封建礼教”思维去“批判”，要有鉴别地加以对待，有扬弃地予以继承。

孝，产生于4 000年前尧舜时代，是一种血缘与亲情的文明。只要这种血缘与亲情的关系存在，孝道就会存在。随着时代的发展而变化，它为建构中国所独有的道德体系、基本道德规范奠定了根基。

礼，经历西周（前11世纪—前771年）千余年的形成与建设，成为一种社会秩序与制度文明。在春秋（前770—前476年）近300年的时间里，先有管仲的“四维”——礼、义、廉、耻，后有孔子“三达德”——智、仁、勇，逐步建构了中华民族第一套以礼为中心的价值体系。管仲（前719—前645年）断定“四维”这一核心价值体系与国家“兴亡”有关系；孔子（前551—前479年）面对“礼崩乐坏”，提出“克己复礼”，并提出智、仁、勇、礼、忠、信、孝、悌等一系列核心道德。在战国（前475—前221年）254年的时间里，孟子（前372—前289年）提出仁、义、礼、智“四德”，是在孔子“三达德”之基础上增加一个“义”。这在战国时代有其特殊的缘由与意义。

从春秋到战国548年的历史时空中，面对“礼崩乐坏”，争霸战乱，先后出现了从“四维”到“四德”，一改“单一”道德价值，呈现出一个多元价值合成的价值新体系，为以后2 000余年，中华民族逐步生成“格、致、诚、正、修、齐、治、平”的价值体系画定了“蓝图”。

汉代（西汉，前206—24年；东汉，25—220年）前后400余年间，提出了“三纲五常”。这“五常”——仁、义、礼、智、信，仅在孟子“四德”基础上增加一个“信”，进一步整合完善了一个新的价值体系。这使独尊儒术得以具体落实，成为百姓日用生活指南，并一直沿用至五代十国（907—960年），直接影响中华民族1 166年，可见其历史的生命力，以及对于中华民族的发展进步做出的历史性贡献。“三纲”即君为臣纲、父为子纲、夫为妻纲。它既有当时的合理性，亦有其历史的局限性，不宜仅仅用“落后”“反动”的“意识形态”来定性。而今若能加以“现代性转化，创新性发展”，仍能有其现代意义。其间，唐代（618—907年）有289年的历史空间，突出关注“孝”与“廉”这两个核心价值，与盛唐的社会制度及其面对的社会现实需要不无关系。

宋代（北宋，960—1127年；南宋，1127—1279年）前后300余年间，在汉唐价值体系的基础上，面对社会新矛盾与国家的安危，建构了新“八德”，即孝、悌、忠、信、礼、义、廉、耻。前“四德”源于《论语》，后“四德”来自管仲的“四维”。它以家庭伦理“十字架”孝、悌为根基，以社会伦理“四德”——忠、信、礼、义为支撑，以道德“心理”廉与耻为生成道德人格的内在动力，建构起一套全新的价值体系，成为宋、元、明、清近千年社会道德教化之纲。忠孝、悌礼、信义、廉耻，成为流动在每一个中国人体内的道德血液。

民国之初，孙中山先生提出“八德”——忠、孝、仁、爱、信、义、和、平。这是民国期间建构的价值体系。它与宋代“八德”——孝、悌、忠、信、礼、义、廉、耻的区别在于三个方面。首先，把“忠”提到首位，并非是愚忠愚孝，忠于皇帝，而是要忠于国家与人民。这在当时已经推翻帝制建立了共和，面对世界列强，仍然处在殖民地半殖民地的国情，有其特殊的时代意义。其次，提出“仁、爱、和、平”，这些固然都是中国的传统文化价值，但又有与西方文明相融之意，也是对国内与世界“和平”的梦想。再次，保留了忠、孝、信、义，用仁、爱、和、平替换了悌、礼、廉、耻。然而，在中国这个数千年的传统社会，若不讲“礼”，必生乱象；一旦不讲“廉耻”，也必然贪腐丛生。于是，在20世纪30年代的“新生活运动”中，又增加了“四维”——礼、义、廉、耻。国民党败退台湾之后，一直坚持“四维八德”，前后已有100余年。

而今，台湾的蓝绿之斗，表面是统独之争，其背后则是东西方两种文化价值观的博弈，是自由、平等、民主、人权与四维八德之间你死我活的厮杀。台湾人就在此种厮杀之中，或清醒，或糊涂，彼此伤害。台湾百余年历史，经历过“皇民化”“中国化”“去中国化”三个历史阶段，需要在比较得失的基础上做出正确的选择。1999 年，已故国学大师钱穆先生的夫人钱胡美琦教授，在北京针对台湾选举的“乱象”说：“民主，要毁掉台湾。”

三、思考与启示

对于中华民族基本道德规范体系形成与发展的回顾，可以再简化如下：

4 000 年前舜帝的孝；

3 000 年前西周的礼、乐；

春秋时管子的“四维”：礼、义、廉、耻；

孔子的“三达德”：智、仁、勇；

战国时孟子的“四德”：仁、义、礼、智；

2 000 年前“两汉”的“五常”：仁、义、礼、智、信；

1 000 年前宋代的“八德”：孝、悌、忠、信、礼、义、廉、耻；

100 年前民国初期的“八德”：忠、孝、仁、爱、信、义、和、平。

如此，可一目了然地看到：

（1）中华民族基本道德规范体系是一个由简到繁的发展过程，并且在内容与结构上，根据时代要求不断调整，有增有减。

（2）仁、义、礼、智、信、忠、孝、诚、廉、耻等核心道德，都是儒学的核心价值，从处理“修齐治平”等各种人际关系的长期实践中，总结、提炼、概括而成，具有一以贯之的高度恒定性，成为中国人血液中流淌的文化基因。

（3）每个核心道德（德目或价值）都不是凝固不变的概念或教条，而是随着时代发展与变化，与时俱进，推陈出新，充满生机与活力。依照现代话语，每个核心道德（德目）都是核心价值，是儒家伦理的核心价值、中国人的核心价值。正是由这些核心价值在不同的历史时期编织成的有时代特色的“价值体系”，形成了中国所独有的“共同价值观”。

（4）中华民族基本道德规范体系，是一代代中国人长期创造的精神财富、文明成果。既随着时间推移和时代变迁而不断与时俱进，又有其自身的连续性和稳定性，有其鲜明的民族特色、永不褪色的时代价值，是从来没有被割断的精神命脉。

（5）中国人看待世界、社会、人生独特的价值体系和精神世界，是百姓日用而不觉的价值观，是浸透在当代中国人的思维、中国政府的治国方略之中的中国传统文化基因。

（6）正如习近平在《在纪念孔子诞辰 2 565 周年国际学术研讨会暨国际儒学联合会第五届会员大会开幕会上的讲话》中指出的："包括儒家思想在内的中国传统思想文化中的优秀成分，对中华文明形成并延续发展几千年而从未中断，对形成和维护中国团结统一的政治局面，对形成和巩固中国多民族和合一体的大家庭，对形成和丰富中华民族精神，对激励中华儿女维护民族独立、反抗外来侵略，对推动中国社会发展进步、促进中国社会利益和社会关系平衡，都发挥了十分重要的作用。"

四、转化与发展

对待中华民族的优秀传统文化，尤其是以中华美德为核心的基本道德规范体系，要重点做好创造性转化和创新性发展，这是习近平一再强调的根本原则。

（一）新中国成立 65 年来，党和政府不断提出具有社会规范意义的共同价值观

初期有"五爱"：爱祖国、爱人民、爱劳动、爱科学、爱护公共财物。

"文革"之后，有"坚持四项基本原则""五讲四美三热爱"。

1993 年春，时任国家主席江泽民提出 64 个字的创业精神："解放思想，实事求是；积极探索，勇于创新；艰苦奋斗，知难而进；学习外国，自强不息；谦虚谨慎，不骄不躁；同心同德，顾全大局；勤俭节约，清正廉洁；励精图治，无私奉献。"

2001 年，中央推出《公民道德建设实施纲要》，提出了"爱国守法、明礼诚信、团结友善、勤俭自强、敬业奉献"20 个字的基本道德规范。

2006 年，时任国家主席胡锦涛提出社会主义"荣辱观"："以热爱祖国为荣、以危害祖国为耻，以服务人民为荣、以背离人民为耻，以崇尚科学为荣、以愚昧无知为耻，以辛勤劳动为荣、以好逸恶劳为耻，以团结互助为荣、以损人利己为耻，以诚实守信为荣、以见利忘义为耻，以遵纪守法为荣、以违法乱纪为耻，以艰苦奋斗为荣、以骄奢淫逸为耻。"

2007 年，中共十七大提出建设社会主义核心价值体系："要巩固马克思主义指导地位，坚持不懈地用马克思主义中国化最新成果武装全党、教育人民，用中国特色社会主义共同理想凝聚力量，用以爱国主义为核心的民族精神和以改革创新为核心的时代精神鼓舞斗志，用社会主义荣辱观引领风尚，巩固全党

全国各族人民团结奋斗的共同思想基础。”

2012 年，中共十八大又提出 24 个字的社会主义核心价值观：“富强、民主、文明、和谐，自由、平等、公正、法治，爱国、敬业、诚信、友善”。

65 年的不断探索与实践表明，每个历史时期提出的价值体系，都是由当时所面临的社会问题与需要决定，具有明显的实用性与时空的局限性。而总的历史走向，是从巩固新政的意识形态，向基本道德价值体系转变。因而，深查其意，中华美德渗透其间，仁、义、礼、智、信、忠、孝、诚、廉、耻等都有体现，而且日益凸显。社会主义“核心价值体系”与“社会主义核心价值观”，也越来越强调其道德之德的价值。这就为落实中华美德的现代性转化与创新性发展提供了时空与可能。

（二）2014 年 2 月 24 日，习近平在中共中央政治局第十三次集体学习时的讲话中指出，“要认真汲取中华优秀传统文化的思想精华和道德精髓，大力弘扬以爱国主义为核心的民族精神和以改革创新为核心的时代精神，深入挖掘和阐发中华优秀传统文化讲仁爱、重民本、守诚信、崇正义、尚和合、求大同的时代价值，使中华优秀传统文化成为涵养社会主义核心价值观的重要源泉”

其中，“讲仁爱、重民本、守诚信、崇正义、尚和合、求大同”，被海外华人称为“习六条”，受到广泛的关注与认同。

有学者认为，仁爱、民本、诚信、正义、和合、大同，可以成为“新六德”，成为 21 世纪海内外中华儿女的“共同价值观”。为培育和发展社会主义核心价值观，奠定坚实的文化与群众基础，新六德亦可以作为东方文明新的核心价值观，成为建构 21 世纪人类文明新秩序的一种精神动力。

（三）培育和发展社会主义核心价值观，要以基本道德规范——中华美德教育作为基础，要特别重视从娃娃抓起，尤其学校中的中华美德教育

有一项由北京东方道德研究所承担的，全国哲学社会科学教育科学、教育部、北京市哲学社会科学重点项目“学校中华美德教育实验研究”，从 1994 年至今，已经在 9 个省市的千余所学校、百余万学生中，连续滚动研究实验 20 年，效果良好，积累了经验。

前十年选定了 8 个德目：忠、孝、诚、信、礼、义、廉、耻。

为了使当代青少年接纳中华传统美德，参与教育试验的专家与广大教师团队对每个德目的历史“本义”与当代的“新义”，以及如何能够让当代青少年理解与吸纳进行了梳理。1999 年，他们给参加教育实验的教师编写并由红旗出版社出版了教学参考书《大众道德》丛书，每个德目一本书，书的副标题体现对传统美德的现代转化：

忠——尽己报国的责任

孝——生生不息的爱心

诚——求真务实的品质

信——立身兴业的基点

礼——人际文明的规范

义——人间正道的向导

廉——清白正气的根基

耻——人之为人的底线

2004年之后的十年，增加了“勤”与“宽”，变成“十德”：孝、礼、勤、诚、耻、忠、信、义、宽、廉。这是基于新一代中国人需要有勤奋、勤劳、勤俭和严己宽人的品质而增加的。

依据学生道德成长、人格形成的规律，按照不同学段设置不同的教育内容。

小学阶段，进行前“五德”教育，重在学生品德习惯的养成；中学阶段，进行后“五德”教育，意在学生道德理性与公民道德的培养。一个学生若能在中小学阶段修炼如此“十德”，就为成为堂堂正正的中国人、接纳和践行社会主义核心价值观奠定了坚实的基础。

此项教育实验，为我们中国学校的德育确立了德目体系。有了相对稳定的德目，才能培育出有相对稳定思想品德的新人。学校德育若没有“德目”，就如同“断了线的风筝”，随风飘荡，难以落实“素质教育”。此项20年连续滚动教育实验的成果，将为21世纪中国教育落实“立德树人”、培育和发展社会主义核心价值观提供一些前期可行性的参考。（作者系北京青年政治学院东方道德研究所原所长、教授）

现代儒商与企业创新

葛荣晋

什么是现代儒商？现代儒商在企业创新中发挥什么作用？这是需要认真探讨的理论问题，具有重要的现实意义。

现代儒商理想人格是中国古代儒家的“智、仁、勇”三位一体的君子人格论与现代市场经济及其管理之道的完美结合，是“智商”“德商”“胆商”和“情商”四位一体的创新型理想人格。

“创新”是企业发展的灵魂，是企业成败的关键。中国企业家在现代市场经济中，不是企业昨天的保卫者，而是企业今天的开拓者，更是企业明天的创新者。那么，什么是“企业创新”呢？“企业创新”这一概念，最早是由美籍奥地利经济学家熊彼特教授在其《经济发展理论》（1912 年）一书中提出来的。按照他在该书中的诠释，“创新”应包括以下五种要素：① 引入一种新的产品或提供一种产品的新质量；② 采用一种新的生产方法或工艺；③ 开辟一个新的市场；④ 获得一种原料或半成品的新的供给来源；⑤ 实行一种新的企业组织形式。“企业创新”是多层次的，内涵极为丰富。

企业家和科技人员要想在企业的产品、工艺、原料、市场营销和管理模式上实施全方位的创新，就必须在儒商人格上努力把自己塑造成“创新型人才”，转换思想观念，全面提高与培养创新素质。没有创新精神和创新能力的现代儒商，侈谈什么企业创新。现代儒商理想人格是企业家和科技人员所期盼的，也是他们一生孜孜以求的最高人生境界。所以，现代儒商理想人格是企业全面创新的支撑。

一、“智商”是企业创新的基石

所谓“智商”，是企业家与科技人员智力商数的简称，表现为一个人对知识的掌握程度，反映人的观察力、记忆力、思维力、想象力、创造力以及分析问题和解决问题的能力。“智商”既有书本知识，也有实践能力，两者缺一不可。

（一）书本知识

21 世纪，人类已经进入了“知识经济”的新时代，知识呈现出三种明显的发展趋势：一是书本知识爆炸现象的加剧；二是知识老化速度的加快；三是科学综合化、一体化的加强。面对知识的快速更新，企业家和科学技术人员如不能与时俱进，站在人类知识的最前沿，不断地增加自己的新知识，淘汰自己的旧知识，更新自己不合理的知识结构，就有可能被社会无情地抛弃，更谈不上跻身于国际科技发展前沿、参与国际市场竞争。

在知识激增、瞬息万变的“知识经济”时代，知识就是力量，知识决定高度，知识是权力的基础，也是财富的源泉。人的“智商”越高，在市场经济中的发展空间也就越大。

在求知方法上，要求现代儒商不仅善于向世界上一切先进国家学习它们的宝贵知识和历史经验，还要善于脚踏实地向社会和自然这本无字大书学习，使自己既具有渊博的现代科学技术和人文知识，又具备合理化的现代知识结构，努力把自己塑造成知识型的企业家和科学技术人员。

在知识结构上，要求现代儒商不仅精通自己的专业知识，具有丰富新知识的深度，成为“专才”，而且尽可能地掌握与本专业有关的其他知识，具有知识的广度，把自己培养成“通才”。只有这种深度“专才”与广度“通才”相结合的知识结构，才有助于增强他们的综合思维能力和创新能力。否则，在现代企业发展中，只能败事而不会成事。

（二）实践能力

所谓实践能力，主要是指企业家和科技人员应具备的十项能力：思维决定能力、洞察预测能力、分析判断能力、决策规划能力、组织管理能力、协调关系能力、劝说理解能力、调动积极性能力、创新转换能力、解决实际问题能力。多元能力之间虽是相辅相成的，但解决实际问题能力是最为重要的。只有坚持多元能力观，克服理论脱离实践的现象，方可塑造创新型的现代儒商。

在构建“学习型社会”中，要求现代儒商不仅具有在学校里获得的第一次专业知识和社会实践能力，而且进一步牢固地树立终身受教育、终身爱学习的新理念，做到活到老学到老，不断地充实自己的创新知识和提高实践能力，具有终身学习和灵活驾驭知识的社会适应能力。

终身受教育、终身爱学习虽是一项艰苦的脑力劳动，但它是一种人生境界的升华。明代有一位政治家和诗人，在他的书房里有一首诗：“眼前直下三千字，胸次全无一点尘。”现代也有一位名人，在他的书房内挂有一副对联云：“抛他难抛身外物，读我平生未读书。”当你在静静的书房里，两耳不闻窗外事，一心只读圣贤书，以你的丰富人生阅历去解读书中所阐述的哲学智慧和人生理念并有所悟的时候，你会顿时将自己一生所追求的钱、权、名、色等“身外物”全都抛到九霄云外，完全摆脱了令人痛苦的世俗的“功利境界”而升华成君子的“道德境界”。

这里所说的“胸次全无一点尘”的人生境界，也就是冯友兰先生所追求的“道德境界”。这是一个快乐和谐的人生境界。不管是读圣贤书，还是读自然这本无字书，都是一种精神享受，都是一种心灵升华。少一点应酬，多一点读书。不管有多忙，每天至少要保证一小时的读书时间，努力打造丰富多彩、心灵快乐的知识人生，从而为自己走向成功之路奠定牢固基础。

二、“德商”是企业创新的保证

现代儒商不仅要具备“智商”要素，还必须具备高尚的“德商”要素，进一步由知识型企业家转变成道德型企业家，努力打造品德高尚、作风正派的道德人生。这里所谓的“德商”，是指人的德行水平或道德品质，主要包括人的道德、品行、人格和作风等。

“德商”对于企业来说，具有控制企业发展方向的关键作用。企业家和科技人员都掌握着一定的权力和资源。“绝对的权力导致绝对的腐败。”他们在面临金钱、权力、荣誉和美色的诱惑时，能否有定力，能否抵御住这些诱惑，除了外在的“法”和“礼”制约外，真正能够长久起作用的还是其内心的道德防线。古希腊著名哲学家亚里士多德曾说过：“人在最完善的时候是动物的佼佼者，当他与法律和正义隔绝之后，便是动物中最坏的东西。”现代一位科学家也讲过类似的话：“如果没有道德和人格的支撑，那么科技越发达，人的文化层次越高，对人类社会造成的危害就很可能越大。”因此，“德商”在企业创新中控制和规范着企业家和科技人员的言行，使他们不偏离企业发展的正确轨道，使他们成为有益于企业发展和推动社会进步的现代儒商。

现代儒商的“德商”要素，内容十分丰富。针对当前市场经济中道德严重缺失的现状，我认为主要应当继承和弘扬“仁爱”“诚信”和“宽容”三种美德。

只有大力营造宽松、友爱、和谐的创业环境和社会环境，才能有利于企业“创新型人才”的成长。而要创造这样的环境氛围，就必须从道德层面大力培养企业家和科技人员的“仁爱”精神。仁爱精神是构建和谐人文环境的黏合剂。

所谓“仁爱”精神，就是要求每个人心中不仅有自己，还要装有他人，在处理人际关系时要关爱他人、尊重他人，做到与他人友善相处，而不损害他人的利益。只有按照“仁者爱人”原则待人接物，克服极端利己主义，才能达到“在邦无怨，在家无怨”的和谐境界。

现代儒商要想构建和谐的人际关系，还必须牢固地树立“感恩”意识。所谓“感恩”，即“感恩戴德”之意，是指对他人在自己成长中曾给予过的帮助、友情、恩惠的一种感激和报答的心理要求。生活在群体里的人，总要受到来自他人的许多恩泽，有父母的养育，有师长的教诲，有亲友的关爱，有他人的服务，也有陷于困境时好心人的救助，还有自然赐予人类的恩泽等。只有学会感恩，才能做到自己与他人、人类与自然和谐相处。感恩是一种力量，是一种社会责任，也是一种高尚的人生境界。什么都可以忘记，就是不能忘记有恩于你的人。有恩于自己而不知恩图报的人，就是一种忘恩负义、禽兽不如的小人。这种识恩、知恩、感恩、报恩的意识，是现代儒商人格不可或缺的重要道德元素，是现代儒商走向成功之路的精神力量。

诚信是现代儒商的修身之本，也是现代儒商营造“互信”人文环境的道德保证。

现代儒商要想构建“互信”的人文环境，必须坚持“不食其言”“与其不信，不如勿诺”（石成金：《金言》）的原则。

诚信是人与动物相区别的重要标志。在世界上，只有人类具有这一高尚品格，其他动物是不讲诚信的。诚信是一种宝贵的无形资产，是构建自己与他人、个人与社会和谐关系的道德准则，是社会秩序正常运行和塑造企业形象的道德保证。因此，现代儒商必须加强诚信品德教育，在企业管理和市场经营中，以诚实守信为荣，把诚信意识变成自觉的行为规范，诚信做人，诚信做事，把诚信视为现代文明之基，使诚信成为走向成功之路的“通行证”。

具有合作智慧的团队精神是现代儒商的重要人格要素。现代儒商必须具有宽容美德。为人处世应胸襟宽广、豁达大度、无私无欲，就好像空旷的山谷一样，既能包容难容之事，又能包容难容之人，具有宽容大度的美德。切不可心胸狭窄、待人尖酸刻薄、排斥他人、孤芳自赏。地位越高，心胸越要大度，真正做到“宰相肚里能撑船”。在《警世通言·拗相公饮恨半山堂》中，有一则故事：宋代名相王安石挂冠而归南京时，不用官船，微服归行。他的一名亲吏江居禀道：“相公白龙鱼服（比喻权贵人物化装微行），隐姓潜名。倘或途中小辈不识高低，有毁谤相公者，何以处之?”荆公道：“常言‘宰相腹中撑得船过’，从来人言不足恤，言我善者，不足为喜；道吾恶者，不足为怒。只当耳边风过去便了。”这说明，宽容已成为一种传统美德，为后人所传颂、所奉行。

实践证明，宽则得人，宽则得福，宽则得乐。宽容美德是打造团队精神的重要道德保证。“有容乃大”是一条企业创新的人生智慧。

三、“胆商”是企业创新的魄力

所谓“胆商”（CQ），是现代儒商胆量、胆识、胆略智力商数的简称。它体现了现代儒商的决断、果敢、冒险、竞争精神，是勇于冒险、敢于决断、善于竞争、善处危机的素质和气魄。

现代儒商在企业经营管理中，是迎接挑战还是寻求安稳呢?具有胆量和敢冒险的人总是直面困难和挑战，在风险中寻求企业的发展机遇。当现代儒商在充满风险的市场中对重大问题作出决策时，必须具有高瞻远瞩、把握大局的超人胆识，敢于在风险中成为第一个吃螃蟹的人；在企业面临危机的时刻，他要有临危不惧的非凡魄力，实施危机管理，把企业从死亡线上拯救出来。企业家面对现代市场经济的竞争性和风险性，必须具备这种“竞争意识”和“风险意识”。“胆商”是现代儒商走向企业创新之路的驱动力、加速力和提升力。

在《商道》一书中，韩国商人林尚沃有非凡魄力和勇气。在面对中国商人的强烈反对时，他敢于将高丽人参从每斤[①] 25 两[②]银子提高到 40 两，而后又在一片反对声中把每斤人参的价格提高到 45 两银子。在中国药材商的极度愤怒和抗议中，林尚沃断然命令属下焚烧全部人参。在这种危机情况下，中国商人为了买到高丽人参，不仅接受了每斤白银 45 两的高价，而且还补偿了已被烧掉人参的全部损失。两军相逢，勇者胜。林尚沃以他非凡的胆识和勇气赢得了丰厚的利润。

现代儒商应具有“胆商”，在企业创新上，要有一种怀疑意识和批判精神，不迷信，不盲从，不畏惧权威，不安于现状。反对墨守成规和人云亦云，勇于

---

① 1 斤=500 克。

② 1 两=50 克。

挑战旧传统、旧思想，敢于独立思考，敢于标新立异，具有灵动的奇异思维方式，才能有所创新、有所作为。

具有“胆商”的现代儒商，总有一种追求真理的好奇心，有一种开拓进取和不惧困难的执着精神。宋代诗人苏东坡说过：“古之成大事者，不惟有超世之才，亦必有坚韧不拔之志。”这种“咬定青山不放松”的执着精神，是一种人生的自信。一旦选定创新目标，就要坚定不移地走下去，不被困难和压力所击倒，不为失败和孤独所左右，不为牺牲所罢休，勇往直前，具有坚韧不拔的创新意志和惊人的风险意识。创新是一个探索未知领域和对已知领域进行破旧立新的过程。在披荆斩棘的创新路上，随时都有可能遇到重重困难、挫折甚至失败。因此，现代儒商要具备非凡的胆识和坚韧不拔的毅力，以及承受挫折和失败的良好心理素质。这样，才能不断地战胜企业创新中的种种困难，最终实现理想的创新效果。

山西的“走西口”，山东的“闯关东”，广东、福建的“下南洋”，都充分展示了“晋商”“鲁商”“粤商”“闽商”的胆识和胆量。这种不畏艰辛、不惧生死、敢于冒险的执着精神，是“晋商”“鲁商”“粤商”“闽商”在创新路上的强大推动力。

四、“情商”是企业创新的动力

所谓“情商”（EQ），是情感智力商数的简称，是测定和描述人的情绪、情感的一种指标。“情商”是1995年美国哈佛大学心理学教授丹尼尔·戈尔曼在《情绪商数》一书中提出的。丹尼尔·戈尔曼证明，“情商”（EQ）是“人类最重要的生存能力，人生成就的20%归之于IQ，而80%则归之于其他因素，尤其是EQ的影响”。

情绪是一种无形资产，构成了人类五彩缤纷的情感世界。由现实生活而激发出的喜、怒、哀、乐、爱、恶、欲等情绪，决定人的行为指向和行为强度的力量。人在处于积极、快乐的情绪状态时，倾向于注意事物美好的一面，积极向上，乐于助人，情绪高昂；处于消极、痛苦的情绪状态时，则倾向于注意事物丑恶的一面，产生悲观意识，易于发怒，失去理想。因此，在现代企业创新中，现代儒商不仅要善于控制自己的消极、不良情绪，而且要能用自己快乐的、积极的情绪去理解和感染企业员工，体察他们的欢乐忧愁，使管理者与企业员工之间产生一种亲切感和凝聚力，从而有效地激发他们的工作热情，进而推动企业向前发展。

在多元化价值观的企业里，情绪管理就是一种黏合剂。通过情感这一黏合剂，将企业员工的不同价值观与企业整体的价值观高度统一起来，将大家聚合起来，成为亲密无间的大家庭，为一个共同奋斗目标而努力。由此可见，没有情感渗透的企业，是没有创造力和竞争力的企业。我们必须清醒地认识到“情绪管理”对于企业具有举足轻重的作用。

因此，在企业管理中，要求现代儒商必须实施“情绪管理”。现代儒商在“情绪管理”中，既要善于认识和控制自己的不良情绪，又要理解和管好他人的情绪。只有管好人的情绪，实施有效的“感情投资”，才能把人的情绪这一无形资产转化为企业创新的强大动力。这是21世纪现代儒商的一种高超的管理艺术。

现代儒商大力培养自己的创新情感，激发自己的创新激情。所谓激情，就是指人的积极向上、快乐健康的情绪。面对机遇，敢为天下先；面对新问题，敢于探索；面对落后，敢于奋起；面对竞争，敢于挑战。富有丰富多彩情感的现代儒商，往往因兴趣和爱好而充满激情，因激情而享受人生快乐。没有激情，就没有创新的灵感和冲动，就谈不上什么创新，更谈不上什么成功。激情犹如吹动船帆的风，没有风帆，船就不能行驶；激情犹如火炬，兴趣和爱好犹如点燃火炬的火种，有了火种，才能充分激发人的创新潜力。只有富于激情的人，才能办事认真负责，才会乐观向上、充满热情；具有强烈的社会责任心，才有可能达到创新的卓越境界。有人用“激情”两个字概括美国著名企业家鲍尔默的管理风格。鲍尔默说：“我认为激情对开辟事业是一种非常重要的素质。我的管理就是让我周围的人都有激情。激情不是瞬间的一个状态，而是一种文化。”2006年，广西壮族自治区党委在选拔干部、配班子时，大力选拔“有激情，想干事，干实事，会干事，干成事”的优秀干部。在这里，“一情”是“四事”的基石，没有激情，就谈不上“四事”。这种“一情四事”的做法，也为企业培养和选拔“创新型人才”提供了学习榜样。可见，“情商”是企业创新不可或缺的重要动力。(作者系中国人民大学哲学院教授)

儒家智德与人之发展

涂可国

且不说儒家是否主张愚民[①]，有一点可以肯定，就是同道家、法家轻智乃至反智不同[②]，儒家历来重智。先秦儒家特别重视“智”的问题，《论语》有100多处谈及“智”（含知）。《论语》《孟子》等儒家经典文本里，“知”经常同“智”通用[③]，如孔子所言“知者不惑，仁者不忧，勇者不惧”（《论语·子罕》）。不过，并非所有“智”皆作“知”，二者不能完全等同。知仅为智的基础，主要指知识、文化水平，而智则不仅指人具有丰富的聪明才识[④]，还指有较强的各种能力，如上述“知者不惑” （《论语·宪问》）。本文将把儒家的“知”和“智”一起来加以探讨。

毫无疑问，儒家并没有把智与德完全等同起来，而是注意到了二者的联系与区别、统一与对立。儒家把智与德作了一定区别。宋代张载明确提出了“德性所知”与“见闻之知”两类范畴（《张载集·正蒙·大心》），从而在儒学发展史上第一次把事实认识和价值认识、道德知识和非道德知识区分开来。实际上，早在先秦时期，儒家就从仁智关系的层面看到了智与德的细微差别。《周易·系辞上》说：“仁者见之谓之仁，智者见之谓之智。”孔子不仅对照性地揭示了仁与智的区别，如“智者乐水，仁者乐山；智者动，仁者静；智者乐，仁

---

① 对孔子“民可使由之，不可使知之”一语是否表达了愚民政策至今仍争论不休。

② 佛家梵、藏倡“四智”或“四智心品”，意即菩提的四种德能、佛的四种智慧，即大圆镜智、平等性智、妙观察智和成所作智。

③ 《论语·公冶长》中孔子曰：“宁武子，邦有道则知，邦无道则愚；其知可及也，其愚不可及也。”显然，这里的“知”是聪明的意思，与“装傻”相对应，相当于“智”。

④ 古文汉字“智”由矢、口、日组成，矢即箭，日即太阳，本义为口中言语如箭出口，而说太阳，也就是知太阳；广义为明万物阴阳之本、之变。

者寿”（《论语·雍也》），还提出了“仁且智”的人格理想和道德要求。他指出：“知及之，仁不能守之，虽得之，必失之。知及之，仁能守之，不庄以莅之，则民不敬。知及之，仁能守之，庄以莅之，动之不以礼，未善也”（《论语·卫灵公》）。尽管孔子在这里并不是像有些人所指责的那样旨在宣扬反科学、反知识，而只是强调无论是君主还是民众都应当兼具知与仁、知识与道德（仁爱、庄敬、礼善）两种修为。根据本文主旨，我在此想指出的是，由于“仁”在儒学思想体系中处于核心位置，属于“全德之称”，最能体现儒家对道德价值的追求，故此可以得知孔子在这里从一定意义上把智与德作了某种分别。孟子引述子贡的话说：“学不厌，智也；教不倦，仁也。仁且智，夫子既圣矣！”（《孟子·公孙丑上》）子贡推崇先师孔子为“仁且智”的圣人，表明孟子和子贡实际上将仁与智看成两种相对独立的品格。

基于泛伦理主义的思想特质和旨趣，儒家在肯定才性之智、非道德知识和事实认识的同时，在绝大多数场合，更为强调道德之知（仁知）、非道德知识和价值认识，并且赋予“智”以更多伦理含义和道德特性，使“智”从属于“善”，从而更为重视智德。下面我结合人的发展，就儒家智德思想的特性、功能、内容、方法、功夫和路径等问题展开论述，以期进一步推进儒家道德认识论和价值论研究，为当代人之发展提供精神资源。

一、德性之知

儒家大致从“智者应有仁”“崇尚德知”“仁者可以有愚”三个方面凸显了德性之知。

1. 智者应有仁

在“智、仁、勇”这三种人格因素中，勇和仁均属于道德范畴，而“智”在儒学思想中固然具有非道德智慧的意蕴，但在儒家那里大多并不是一个独立不倚的纯粹理智范畴，而是一种从属于德性的、相当于康德所言的实践理性的道德理智范畴。简言之，“智”也是一种德性伦理。

俗话说得好，“近朱者赤，近墨者黑”。孔子以反问的方式强调只有与仁德相处才是好的，才能获得聪明智慧：“里仁为美。择不处仁，焉得知？”（《论语·里仁》）这里孔子从教育环境学的角度揭示了一种做人处事智慧。孔子在分析“仁者”和“知者”两种人对待仁道、仁德的态度时，认为仁者安于仁道，而知者（聪明人）认为有利于自己才去行仁（也许可以理解为知者有助于仁德的培育和践行）——“仁者安仁，知者利仁”（《论语·卫灵公》），这也说明孔子将仁视为智的来源、标准和归依。此外，孔子还把诚实、谦虚看作“知”：“知之为知之，不知为不知，是知也”（《论语·为政》），从而把“善”归之于“真”，归之于“智”。

在孟子所创建的“四德四端”说中，虽不能绝对说孟子把“智”完全归结为伦理智慧，但他确实侧重于把“智”定位于“求善”。一是“智”被孟子改铸成一个道德理性概念，被规定为判断善恶的道德是非之心——“仁之实，事亲是也；义之实，从兄是也；智之实，知斯二者弗去是也”（《孟子·离娄上》）。这里，孟子把善与真、伦理学和认识论统一起来。二是孟子认为人先天具有恻隐、羞恶、辞让、是非四种“善端”，必须致力于“求”，因为“求则得之，舍则失之”。三是孟子强调人生来具有良知、良能——“人之所不学而能者，其良能也；所不虑而知者，其良知也”（《孟子·尽心上》），而这种所谓的“良知良能”主要表现为道德化的智能：“孩提之童，无不知爱其亲者；及其长也，无不知敬其兄也”（《孟子·尽心上》）。四是孟子在一定意义上创构了“仁智”概念。孟子在引述孔子“里仁为美。择不处仁，焉得知？”（《论语·里仁》）一段话之后，指出：“夫仁，天之尊爵也，人之安宅也。莫之御而不仁，是不智也。不仁不智、无礼无义，人役也。人役而耻为役，由弓人而耻为弓，矢人而耻为矢也。如耻之，莫如为仁。仁者如射：射者正己而后发；发而不中，不怨胜己者，反求诸己而已矣。”（《孟子·公孙丑上》）

孟子尚仁，不仅把“仁”置于“天之尊爵”“人之安宅”之类的道德根本地位，还指明，如果不仁不智、无礼无义，就会被奴役，要是感到羞耻，则最好是实行仁德。而且他还讲，没有什么阻挡却不去行仁，这是缺乏智慧的表现，从而从反面提出了“仁智”“德智”问题。

西汉大儒董仲舒对智者应有仁作了深刻而又精彩的概括。他同样强调“仁且智”，注重仁智的结合、合一。他说：“仁而不智，则爱而不别也；智而不仁，则知而不为也。故仁者所以爱人类也，智者所以除其害者”（《春秋繁露·必仁且智》）。在董子看来，“仁而不智”必然导致“爱而不别”，“智而不仁”则使人“知而不为”，这不仅说明人要仁智结合、仁智兼具（仁智和而不同），也表明要有仁智、有道德智慧（仁智和而同一），如此才能趋善避恶、趋利避害。

2. 崇尚德知

扬雄在《法言》中指出天下有禽门、人门和圣门，而要成为圣人，就需“尚智”，从而建构起尚智主义的知识论传统。

程朱理学虽然接受了张载“闻见之知”和“德性之知”两种说法，可他们也是重后者轻前者。在他们看来，人心具万理，人心即天理，“人心莫不有知，惟蔽于人欲，则亡天理也”（《二程集·河南程氏遗书》卷十一），因而，只要尽心内省即可知天理。同时，程朱均认为德性之知不假耳闻，“耳目能视听而不能远者”（《二程集·河南程氏遗书》卷十一），“闻见之知”只能就一事论一事，无法知天理，惟有“德性之知”才是“论圣人之事”。

王阳明把孟子的“良知”说进一步作了伦理化的改造，不仅否认良知应有闻见，还把致良知当成圣人之学，认为“心之良知是谓圣。圣人之学，惟是致此良知而已”（《王阳明全集》卷八《文录五·书魏师孟卷》）。

由此可知，历代儒家把智（知）主要规定为对仁义道德进行辨别、判断和择取的才智和能力，并加以推崇。

3. 仁者可以有愚

尚智重知一般并无错，人们也愿做一个富有聪明和智慧的人。但如果“择不处仁”，也就是知在实际运用过程之中不用仁义加以节制，就会招致失败，带来恶果。因此，智本身并不纯粹是善的，要趋善避恶就必须与“仁”结合起来。

“智”与“愚”是相对应的，而“愚”既可以是愚钝、愚蠢、愚昧之“愚”，也可以是大智若愚之“愚”。在特定场合，表现出“无知”反而是仁所需。因此，孔子儒学把木讷、不佞视为仁德。仁且智固然应受推崇，但有时愚者只要能行仁也是可以接受的。现实生活中，愚且仁的人不仅存在而且是正当的。正因如此，孔子才在《论语·子路》中说“刚、毅、木、讷近仁”，才在《论语·阳货》中讲“巧言令色，鲜矣仁”。当然，讷言木讷不过意味着某种反应缓慢、不善言谈的性格特质，并不是严格意义上的“愚”。孔子从本质上把“愚”当作弊端看待而要求人既好仁又好学——“好仁不好学，其蔽也愚”，并在《论语·雍也》中说“君子可逝也，不可陷也；可欺世，不可罔也”。一个人作为仁者可以不必文化水平高、聪明伶俐，但必须具备道德智慧。同时，仁者与智者可以在性格、爱好上有所不同——《论语·雍也》讲：“知者乐水，仁者乐山；知者动，仁者静；知者乐，仁者寿。”但从根本上讲，孔子儒学是主张仁智合一的。

二、知识之明

为了获取知识之明，为了培养智德品性，为了获得道德智慧，儒家从对象性内容所指的角度强调要做到“七知”，即知人、知天、知己、知“道”、知命、知礼和知言。

1. 要学会知人

在儒家看来，为人处世、社会交往，必须学会知人，掌握识人工夫，以便了解互动客体。别人不了解我，虽然会影响我与他之间的正常交往，但这毕竟不是我完全左右得了的。况且，知人是己知的条件，了解别人是别人了解自己的前提，做到了知人有助于别人知我。与其求人不如求己。作为具有相对独立的社会主体，其所能做的，从内在方面来说是注意修己、克己、为己，从外在方面来说是知人、识人、辨人。只有这样，才能知己知彼，才能和睦相处，才能更好地协调人际关系。正是出于这一人生智慧，孔子才提出，对于别人不理解、不赞成、不支持甚至招致误会、曲解和诽谤，我也不生气、不抱怨、不恼怒，即“人不知而不愠，不亦君子乎?”（《论语·学而》）；才指明了不患不己知、患不知人的为人之道，即“不患人之不己知，患不知人也”（《论语·学而》）——我不担心别人不了解自己，只忧虑自己不了解别人。《中庸》还把“知人”当作修身事亲的前提条件：“故君子不可以不修身。思修身，不可以不事亲；思事亲，不可以不知人。”做一个真正的君子就必须注意修身养性，要修养好心性就必须在侍奉双亲的实践过程中加以磨炼，而事亲又要了解人性，体认父母双亲的秉性、习性、嗜好、追求，等等。

2. 要学会知天

尽管荀子并不否定“天人合一”，但他更凸显“天人相分”，因而他重视知人轻视知天。在《荀子·天论》中，立足于天道自然主义，荀子认为“唯圣人为不求知天”，并认为宇宙的天、地、人各有自己的职责，与其“思天”不如“制天”。另外，荀子还批评“庄子蔽于天而不知人”①。不过，由于天毕竟是人生存的大环境，它自有其运行规律（“天行有常”），天人要和谐，就必须了解天的本性。同时天是人与人交往、沟通、相处的中介与资源，要处理好己他关系、己群关系，不能不了解天的特性和规律。尤其是儒家天人合一的宇宙精神彰显了天人相通、天人相类、天人合德、天人一体、天人合心的理念，它把天、地、人“三才”看成一个整体系统，强调天道与人道、自然与人为的息息相通、和谐统一。因此，绝大多数儒家学者还是力主知天。孟子提出尽心、知

① 《荀子·解蔽》：“墨子蔽于用而不知文，宋子蔽于欲而不知得，慎子蔽于法而不知贤，申子蔽于势而不知智，惠子蔽于辞而不知实，庄子蔽于天而不知人。”

性、知天的“天人合一”理路——“尽其心者，知其性也；知其性，则知天矣”（《孟子·尽心上》），不仅肯定了天是知的对象之一，还指明了通过尽心、知性的思路达到知天的目的。《中庸》从反向维度讲到“故君子不可以不修身。思修身，不可以不事亲；思事亲，不可以不知人”之后，进一步阐发了“知天”，认为把握人性的途径之一则是了解上天、认识自然，知晓天性、天命：“思知人，不可以不知天”。这一修身—事亲—知人—知天的义理结构充分显示了“知天”作为工具理性的基础地位。

3. 要学会知己

知己即为自知，它是指个人对自我的内在认识。作为主体对自身的内在认识的自知，知己既不同于那种作为名词性、人格性的彼此之间相知、相识、相亲以致相爱的朋友——“知己”，又不同于他人对自己的认知、了解和赞誉——“己知”。孔子既强调不能苛责于人、不怨天尤人，别人不了解自己不愠怒——“人不知而不愠，不亦君子乎”（《论语·学而》），也强调要不在意他人的赞誉——“不患人之不己知”（《论语·学而》），“不患无位，患所以立；不患莫己知，求为可知也”（《论语·里仁》）。在表示不看重别人的看法、赞誉的同时，儒家从多种角度倡导人要知己，致力于自我认知。具体地说，就是要不断地进行自我反思、自我省悟。曾子说：“吾日三省吾身，为人谋而不忠乎？与朋友交而不信乎？传不习乎？”（《论语·学而》）每天多次反思自己在人际交往中是否忠诚、守信，这种对自己有可能出现的过失和不足不断地反省，虽不同于基督教原罪说的自我忏悔，仍不失为自我成长与完善、联结和沟通不同主体间的交友处世之道。

4. 要学会知“道”

儒家之“道”虽然与道家之“道”一样含义广泛并有所交叉，但核心和重心不同。如果说道家重天道自然的话，那么儒家则重人道伦理。儒家重道尚道，从“君子谋道不谋食。耕也，馁在其中矣；学也，禄在其中矣。从“君子忧道不忧贫”（《论语·卫灵公》）出发，儒家道学提倡知“道”、闻“道”、体“道”。孔子认为只要亲近道、听闻道，死而无憾：“朝闻道，夕死可矣”（《论语·里仁》）。《中庸》认为知、仁、勇三者是天下达道或达德，并指出认识这“三达德”是把握内圣外王的基础：“知斯三者，则知所以修身；知所以修身，则知所以治人；知所以治人，则知所以治天下国家矣。”同先秦诸子一样，荀子也重“道”。在《荀子·解蔽》和《荀子·性恶》等文献中，他就“道”作了大量阐释，提出了知道解蔽、心壹于道等思想。荀子之所以要求人学会“知道”，是因为在他看来，“心不知道，则不可道而可非道。人孰欲得恣而守其所不可，以禁其所可？以其不可道之心取人，则必合于不道人，而不知合于道人。以其不可道之心与不可道之人论道人，乱之本也。夫何以知？曰：心知道，然后可道。可道，然后能守道以禁非道。以其可道之心取人，则合于道人，而不合于不道之人矣。以其可道之心与道人论非道，治之要也”（《荀子·解蔽》）。

由此可见，“知道”不仅是治人、治心、治政的关键，也是获得人生智慧的途径。荀子不仅要求人“知道”，还要求人体道、行道，做到无为行道、无强行道。这就是“知道察，知道行，体道者也”（《荀子·解蔽》），“君子务修其内而让之于外，务积德于身而处之以遵道”（《荀子·儒效》）。作为一个君子，内必须注重自身品德的修养和积淀，外必须依道而行和谦让待人。

5. 要学会知命

儒家的天命、知命、畏命等思想已经在一定程度上摆脱了原始神秘主义的束缚，而没有陷入宿命论之泥坑，具有人文主义特质。它旨在告诉人们要学会体认、敬畏、顺应和把握自然情势和社会境遇。孔子指出，人要立身处世，必须做到“三知”。他说：“不知命，无以为君子也；不知礼，无以立也；不知言，无以知人也”（《论语·尧曰》）。每一个人都有“命”，它在很大程度上决定着人的生老病死、富贵穷达。人固然不能做宿命论者，不能消极待命认命，要学会与命运抗争，但个人的任何作为都不能不顾外在情势和客观规律而一味违命。命有小大、逆顺、邪正之分，成人的前提则是知命。这些命包括自然规律、生存境遇、社会条件、时代趋势等。

6. 要学会知礼

礼是用来调节人的行为、维持社会秩序的规范体系。一旦违礼、背礼，就会导致人的行为失范、失序，导致角色紊乱，与他人难以很好相处。为此，以孔子为代表的儒家礼学不仅为个人的日常生活提出了知礼、学礼、依礼、尊礼、循礼而行的种种要求，还从“不知礼，无以立”（《论语·尧曰》）、“礼为大”（《礼记·哀公问》）、“道德仁义，非礼不成”（《礼记·曲礼》）等重礼思想出发，提出了各种各样的礼规、礼节、礼数、礼容、礼仪等具体行为要求，为统治者制订了各种礼治方略、建制。正因为礼之内容宏富、作用巨大、形式多样，儒家才提出“兴于诗，立于礼”（《论语·泰伯》）、“以礼存心”（《孟子·离娄下》）、为国以礼，孔子才提出“四勿”——“非礼勿视，非礼勿听，非礼勿言，非礼勿动”（《论语·颜渊》），历代儒家才要求人们要学会知礼。要知道，知识是行动的先导，是社会实践合理性的前提。人的视、听、言、动等社会化行为要符合礼仪规范，就必须知礼、识礼。为此，孔子教育儿子孔鲤说“不学诗，无以言”（《论语·季氏》）、“不学礼，无以立”（《论语·季氏》），指出一个人立身处世离不开学礼、知礼、懂礼。

7. 要学会知言

言为心声。一个人的言语是其思想观念的表达，语言或说话反映一个人的性格、气质和修养。因此，要知人善任，就必须学会知言。在儒家思想中，之所以要知言，一则是因为不知言难以知人。如上所述，孔子明确说“不知命，无以为君子也。不知礼，无以立也。不知言，无以知人也”（《论语·尧曰》），这告诉我们真正了解一个人，就要善于分辨他的话语及其深意。二则是因为一个真正的智者既不失人也不失言。孔子说：“可与言而不与之言，失人；不可与言而与之言，失言。知者不失人，亦不失言”（《论语·卫灵公》）。具有大智慧的人善于把握说话的分寸、尺度和场合，知道自己言语行为可与言、不可与言的效果，因而既不会因为言语得罪他人、失去朋友，也不会说错话。三则是因为依言可以辨人。孔子曰“有德者必有言，有言者不必有德。仁者必有勇，勇者不必有仁”（《论语·宪问》）。《中庸》说：“知、仁、勇三者，天下之达德也。”由于仁乃“全德”之谓，故而仁者（有德者）高于、涵盖智者、勇者。孔子所说的“言”含义广泛，既指普通言语，也指思想学说。无论理论上还是实践上，有德之人必有善言、仁言、实言，而无德之人必有奸言、佞言、巧言。通过知言、识言，可以判断出一个人思想水平之高低、道德修养之优劣、行为品性之善恶。

正是基于上述理由，孔子表示要慎言。他提出了“仁者，其言也讱”（《论语·颜渊》）、“侍于君子有三愆：言未及之而言谓之躁，言及之而不言谓之隐，未见颜色而言谓之瞽”（《论语·季氏》）、“君子不以言举人，不以人废言”（《论语·卫灵公》）、“君子耻其言而过其行”（《论语·宪问》）、“言寡尤，行寡悔”（《论语·为政》）、“敏于事而慎于言”（《论语·学而》）、“讷于言而敏于行”（《论语·里仁》）等许多慎言慎行论断。同时孔子也表示要知言。他认为，了解一个人，就必须既听言又观行：“始吾于人也，听其言而信其行；今吾于人也，听其言而观其行”（《论语·公冶长》）。尽管孔子更为注重实际行动和言行一致，但他并未否定听言、知言是知人、识人的功夫和门径。要知道，善于察言观色、看人择言是重要的生存智慧和处世哲学。

三、学思并重

善于学习、勤于思考是获取知识、汲取智慧、培养操守的有效途径，也是锻炼个人能力的重要基础，是修已、成己的重要方法，因而得到了儒家的高度重视。儒家特别重视学知。孔子提出了生知与学知的问题：“生而知之者，上也；学而知之者，次也；困而学之，又其次也；困而不学，民斯为下矣”（《论语·季氏》）。他还说：“惟上知与下愚不移”（《论语·阳货》）。这里，孔子把人的才智分为生知、学知、困而学、困而不学四个层次，难免有先验主义之嫌。不过，孔子更为强调学而知之。他觉得自己并非天知，而是“学而知之者”。他明确地讲“吾十有五而志于学”（《论语·为政》）、“我非生而知之者，好古，敏以求之者也”（《论语·述而》）。不仅如此，儒家还从多个方面阐发了学思并重的求智之道。

1. *学习之重*

孔子弟子子夏明确讲“君子学以致其道”（《论语·子张》）。学习是致道、明道的良途。子夏还进一步提出了加强个人修养的学思方法，这就是“博学而笃志，切问而近思，仁在其中矣”（《论语·子张》）。很显然，子夏把学、问、思规定为求仁、近仁的不二法门。

谁也不会否认，学是智的唯一门径，两者可谓体与用的关系。如前所言，在孔子那里，仁与智虽然相对分离、各有差别，但是，孔子把智看作达到仁的手段与途径。同时孔子还指明人必须好学，否则就是“好仁不好学，其蔽也愚；好知不好学，其蔽也荡；好信不好学，其蔽也贼；好直不好学，其蔽也绞；好勇不好学，其蔽也乱；好刚不好学，其蔽也狂”（《论语·阳货》）。

正是认识到“学”的重要性，荀子总是劝人为学。他如此说：“今人之性，固无礼义，故强学而求有之也；性不知礼义，故思虑而求知之也”（《荀子·性恶》），借助于学习，人就可知礼义以至变得有礼义。荀子从“化性起伪”维度强调人要加强学习，并专门写了《劝学篇》，要求人要“学不可已”“博学而日参省己身”，还以其学知思想批评了孔孟的“生而知之”论和“良知”论。

从孟子、张载到程朱，虽然他们更为凸现“圣人之学”“天德良知”“内省之学”，但并未完全否弃“闻见之知”。二程还一再宣扬“涵养须用敬，进学则在致知”。朱熹提出了持志、致精、读书、穷理的“为学之道”（《朱文公文集》卷十四《行宫便殿奏札三》）。儒家认为人的格物致知、为学进学可以达到求善、成仁、修身养性并实现天理。致知求学乃为了完成道德职责这一儒家理念而提出的，它可以用张载一段话来概括，就是“读书少则无由考校得义精，盖书以维持此心，一时放下则一时德性有懈，读书则此心常在，不读书则终看义理不见”（《张载集·经学理窟·义理》）。用南宋著名教育家吕祖谦的话来说，就是“为学须识义、利、逊、悌、廉、耻六个字，于此守之不失而为善人”（《杂说》）。

2. 学习之方

儒家揭示了为学之方的多样性。孔子反复申说人要致力于多方面学习：“多闻阙疑，慎言其余，则寡尤；多见阙殆，慎行其余，则寡悔”（《论语·为政》）。“盖有不知而作之者，我无是也。多闻，择其善者而从之；多见而识之；知之次也”（《论语·述而》）。可见，孔子主张人要多闻多见。同时他强调既要做到“学而时习之”（《论语·学而》）、“学而不厌”（《论语·述而》）、“敏而好学，不耻下问”（《论语·公冶长》）、“入太庙，每事问”（《论语·八佾》）等，又要善于掌握“闻一以知十”（《论语·公冶长》）、“下学而上达”（《论语·宪问》）等为学之道。《中庸》提出了博学、审问、慎思、明辨、笃行，除慎思、笃行外，博学、审问、明辨均为学习的方法。《大学》在内圣修养功夫上提出修身、正心、诚意必须做到致知格物。儒学发展史上，格物致知作为修己功夫引起了广泛反响和激烈的争论。朱熹从理一元论出发，认为学者功夫应是向外的“格物穷理”，而陆王心学则从“心外无物”“心外无理”出发，认为“格物之功只是身上做”。现在看来，不论是内学还是外学，偏重于哪一方面都会陷入片面的“支离”或“易简”。它们都不失为成己、修己不可或缺的两种功夫，应把两者有机结合起来。

3. 博学以文

儒家还揭示了学习内容的丰富性。孔子讲：“博学以文，约之以礼”（《论语·雍也》）。“文”是什么？孔子没有明说，但其内容应该是十分广泛的。孔子曾提出教以文、行、忠、信。这表明他把文从忠、信等道德中抽离了出来。但他毕竟重德与重道，因此他讲的“闻道”说明人不光要学文，亦要学道、知道。荀子强调学礼：“学恶乎始？恶乎终？曰：其数则始乎诵经，终乎读礼；其义则始乎为士，终乎为圣人”（《荀子·劝学》）。这段话，荀子既为我们讲述了学习的路径、目的，也为我们阐明了学习的对象就是礼，从而与他隆礼义的基本思想相适应。更进一步，荀子还把学礼当作道德自我完善的根本，认为“学至乎礼而止矣，夫是之谓道德之极”（《荀子·劝学》）。

4. 学思并重

除了“学”，儒家也强调“思”，提倡学思并重，并作了多种阐发。仅就先秦儒家来讲，《中庸》提出了慎思、明辨的观念，孟子强调发挥心官之思，认为“思诚者，人之道”（《孟子·离娄上》）、思则得之。当然最重要的是孔子所阐发的学思并重思想。孔子认为学与思二者不可偏废，因为“学而不思则罔，思而不学则殆”（《论语·为政》）。只注重学习而不思考，就会无所得；单纯思考而不去学习，则会疑惑以致危险。正因如此，孔子才主张学思结合，二者并重，一方面力倡志学、多闻、每事问，另一方面则强调要多思，尤其是要对自己的言行举止作自我检讨、自我省思，进而提出了“九思”：“视思明，听思聪，色思温，貌思恭，言思忠，事思敬，疑思问，忿思难，见得思义”（《论语·季氏》）。

5. 学至于行

人光有学之志还不足以使修己功夫达到理想效果，还必须践行，必须见诸实际行动。这就是学至于行。因为实践出真知、实践出才干，人必须在实践过程中展现个人的理想与抱负，必须在社会人生实践中提高自己的知识水平和实践能力，这是历代儒家倡导的一种笃行的实践主义精神。

在儒家思想体系中，虽然存在知先行后与知后行先之争，存在知难行易与知易行难之辨，也出现过王学末流“袖手空谈心性”问题，但从总体上还是体现出如同张岱年先生在《中国哲学大纲》中所言明的合知行特色，以及重行的实践理性精神。《中庸》在谈及“择善而固执”时提出“博学之，审问之，慎思之，明辨之，笃行之”。这并不像陆九渊所解读的那样是讲“知先行后”，更没有主次轻重之分，而只是思想内容的叙述顺序。实际上，知行是相互为用、相互循环的。《中庸》的笃行观念正是源自孔子的力行哲学。在《论语》中，孔子认为判断一个人的道德修性的最好办法是“听其言而观其行”（《论语·公冶长》）。他还勉励弟子当一个“躬行君子”（《论语·述而》）。《中庸》记载孔子更是明言“力行近乎仁”。荀子鲜明地提出了“学至于行之而止”的知行观。他说：“不闻不若闻之，闻之不若见之，见之不若知之，知之不若行之，学至于行之而止矣。行之，明也。明之为圣人。圣人也者，本仁义，当是非，齐言行，不失毫厘，无它道焉，已乎行之矣。故闻之而不见，虽博必谬；见之而不知，虽识必妄；知之而不行，虽敦必困”（《荀子·儒效》），意思是说，闻、见、知、行是修养“本仁义、当是非、齐言行”这类圣人品质的四个不可缺少的环节和途径，而行则是学习、修养道德的最终归宿或目的。

在朱熹看来，学者的功夫“唯在居敬、穷理”（《朱子语类》卷九《学三·论知行》），而穷理又离不开为学、读书。他还指出“为学之序，学（博学）、问（审问）、思（慎思）、辨（明辨）四者，所以穷理也”（《朱文公文集》卷十四《白洞书院揭示》）及“为学之道，莫先于穷理；穷理之要，必在于读书”（《朱文公文集》卷十四《行宫便殿奏折》）、“义理不明，如何践履”（《朱子语类》卷九《学三·论知行》）。这里，朱熹显示出某种知先行后、重知轻行的思想倾向。不过，朱熹毕竟认识到了知行相互促进的义理关系，进而大力倡导先秦孔子的力行学说，认为人的自我修养要明了纲常伦理就应“力行”。他说：“夫学问岂此他求，不过欲明此理，而行之耳”（《朱文公文集》卷五十四）“故圣贤教人，必以穷理为先，而力行以终之”（《朱文公文集》卷五十四）。儒家重行力行的修己观念在王廷相“事机之妙得于行”、颜元“犯手实做事”以及孙中山先生“行其所不知以致其所知”等思想认识中得到了进一步伸展，并在“实践是检验真理的唯一标准”大讨论中得以升华，从而为个人在实践中锻炼自我、提高自我创造了良好的思想文化环境。

四、人之发展

儒家智德思想对当代人的发展能够产生积极影响。

1. 培育智德

儒家既注意到了智与德的差异性，比如张载创造性地提出了“德性所知”与“见闻之知”两类范畴，又阐发了智与德的同一性——不仅有时把智本身看作一种特殊的德性形态，还赋予智以伦理含义。这对于当代培育人的智德极富启发意义。

虽然苏格拉底“知识即美德”从一般意义上有夸大知识之善之嫌，但是从特殊意义上说，拥有知善知恶的道德化知识毕竟是人行善的基础。而且，犹如培根所言“知识就是力量”。自古以来，知识改变了世界，知识改变了人类，知识改变了环境，知识以及在此基础上生成的智慧促进人类创造了巨大的物质财富和精神财富。这不仅是最大的善，也为人类之善和个人之善奠定了良好基础。诚然，知不是善，智也不是善，如果运用不当，特别是被坏人所用，知与智可能造成更大的恶。但是，只要加以道德化的限制和运用，无论是知识还是智慧，都会带来伦理之善。据此，应当像儒家那样把“知”与“智”当作道德品性在全社会加以倡导、加以培养，以提高人的智德水平。

当然，我们也应该从儒家“知、仁、勇”三达的思想中汲取营养，着力提升人的仁、义、礼、信、勇等各种道德品质。许多人之所以会犯道德过失，除了无知无识外，还在于缺乏趋善避恶的道德品性。为此，应高度重视培养人的道德智慧。当前，社会上一些人身上出现的种种不道德现象也从反面说明了加强社会主体道德品质修养、建构优秀人格的必要性。虽然目前社会道德状况主流是积极健康向上的，但不容忽视的是，由于我国正处于“社会转型期”，适应新的政治经济基础的道德体系并没有及时建立起来，所以某些人的行为出现了道德失范。特别是由忽视了道德基础素质建设导致了“主体性迷失”，一些人、一些地方及一些领域出现了过度物质化、功利化、金钱化、个人化倾向。更令人气愤的是，少数人理想淡漠、良知麻木、道德沦丧、道德素质极为低下，有的人甚至见死不救、残害忠良。整个社会的物质化、世俗化、平面化，也滋生了一大批被物欲所异化的“单面人”。

殊不知，现代社会作为有机联结的社会，不仅需要人具备高素质，也呼唤着素质全面。也就是说社会主义新人必须是全面发展的人、大写的人，而不是畸形的人。有的人只注意提高自己的知识技能，而忽视品德修养，结果使自己胸无大志、信念缺失、道德败坏、纪律松弛、文化品位低下，从而沦为知识的巨人、思想的矮子和道德的侏儒。在社会主义初级阶段促进人的全面发展，固然不能要求所有人都像儒学所倡导的那样具有“圣贤气象”，成为道德完人。但是，如果缺乏起码的道德修养，恐怕也不能算是“全面发展”。光有才能和知识而人品低劣，并不能获得人生的真正成功，有时甚至会堕落为社会的败类。我们每个人都应该具备最基本的道德文明素质。

当前，人的全面发展固然要注重人多方面潜能的开发及社会关系的广泛建立，但也要借鉴传统儒学的德性和德化理论，努力造就社会主义一代新人。这一道德新人，至少应有两重规定：

一是基本素质。它是作为一个人，不论古今中外，都应该具备的品格。孟子认为“人异于禽兽者几希”①，而仁义理智正是人为数不多的类特质；人生来就有恻隐之心、羞恶之心、恭敬之心及是非之心这四种“善端”。剔除孟子“四端说”的先验论成分，从中可以推演出人首先应具有一种以他人苦乐而感到苦乐的同情之心，这乃人扬善抑恶的心理基质。除此之外，要做一个道德之人，就要具备较崇高的正义感、良知感、荣誉感，具备忠孝、诚实、正直、公

① 《孟子·离娄下》：“人之所以异于禽兽者几希，庶民去之，君子存之。舜明于庶物，察于人伦，由仁义行，非行仁义也。”

平、节俭、仁厚、勇敢、刚健等道德品性。

二是特殊道德素质。我们每个人不是纯粹的、抽象的生物个体，而是历史的、社会的现实人。特定的历史文化背景锻造了我们的道德个性，也向我们提出了特殊的道德“命令”。就我国社会发展所要求的社会主义道德新人而言，应具备适应社会主义初期阶段及市场经济发展需要的道德素质，这些道德素质不仅包括开拓进取、永不知足、敢于竞争、自主自立等不同于自然型经济道德人格的买卖型人格（弗洛姆语），也包括为传统伦理文化所凸显但又必须赋予新时代内涵的协调性道德素质。

2. 提升智识

儒学在处理人格要素关系问题上偏重于道德，在一定程度上不利于培养德、智、体、美全面发展的“新民”。儒学把“智”“美”“志”等完全纳入“德”的范畴之中，把“德”抬高到不适当的地位，有时忽视了前三者与“德”的差异乃至冲突，抹煞前三者的相对独立性，显然会限制人的聪明才智和审美能力的独立发展。提高整个中华民族的素质，是近代以来致力于追求中国现代化的仁人志士所期望的。早在 1895 年，维新派思想家严复就提出“鼓民力”“开民智”“新民德”的主张。尔后，梁启超在《新民说》中将严复“民力、民智、民德”统称为“民质”，并通过中西文化的比较而说明培育“新民”的重要性。虽然维新派人士所倡导的“新人”“新民”去除了儒家道德思想和人格学说中的消极杂质，摒弃奴性人格，弘扬独立人格和自由个性，但并不绝对排除儒学中重视民智、民德的普遍性有益成分。

为了提升人的智识水平，应从以下三方面入手。

（1）注重培育非道德知识。儒家把“智”纳入“知、仁、勇”三达德框架之中，有助于人们重视知识的修炼，但儒家对经验性知识重视相对来说不够。一如我国台湾思想史家韦政通所言，以儒家伦理为主体的中国传统道德思想往往重先验、重直觉、重体悟、重冥想、重感情，而较为轻视经验知识，今后应注意知识与道德的结合，运用科学和知识对道德进行研究①。实际上，知识与道德、智慧与伦理、民智与民德相辅相成、相互为用，道德践履需要知识做支撑，假如没有一定的专业知识和道德知识，空有舍己救人、见义勇为的道德志向和动机，也难以完成成人之美、与人为善的道德义务。抢救落水者必须熟悉水性，救助倒地重病患者必须具备一定的医疗知识。因此，为了提高道德实践

① 韦政通. 儒家与现代中国［M］. 上海：上海人民出版社，1990：56-64.

的有效性，就应加强通识教育，培育人们多方面的专业知识或经验性知识。

（2）致力提高道德知识。儒家对德性之知的重视虽然不利于造就人为知识而知识、为学术而学术的求真精神，但是，道德知识同样是人必备的基本品质，它是人进行正确的善恶判断、明辨是非的前提，是知人善任、选贤用能的基石。智者不惑的意义不在于聪明明智，而在于它可以像孟子所说的那样知道仁义的价值所在。古今中外许多人之所以会犯道德过失，有时并不是他们缺乏向善之心，而在于缺乏知善知恶的道德判断能力。为此，既应引导公民知天、知命，有丰富非道德性的自然知识，并转识成智，又应高度重视培养人的道德知识和智慧，鼓励公民知人、知天、知己、知“道”、知礼和知言，强化其道德人文知识修养，从而实现科学实用知识与人文道德知识的有机融合。

（3）推动好学。儒家学而不厌、诲人不倦、博学于文、笃信好学、下学上达、学思并重、博学笃志、切问近思、学至于行等尚知重学思想内容丰富，其劝学态度和方法既实在又实用，是我国形成尚学、重教传统的重要文化原因。大力弘扬这一重学优良传统，有助于培养人的好学品性，有助于培养人的才智能力，有助于改变当前一部分人的厌学态度和读书无用观念，促进学习型社会建设，推动人在德智方面的全面发展。儒家的为学之道也启发我们务必端正学习的态度目的和价值取向，做到学以致用、学以致德。在社会实际生活中，致知求学的目的无非是提高人的才智或文化水平以及人的各种能力修养，然而，有的人是有才无德，有的则是有德无才。康德把发展才智视为人对自己的道德义务。儒家同样把尚知重学当作人安身立命的求道功夫看待。这一方面表现在儒家把智直接当成人的道德品格，例如孔子提出了“智、仁、勇”三德，孟子创发了“仁、义、礼、智”四德；另一方面还体现在历代儒家认为人的格物致知、为学进学的主要目的是求善、成仁、修身养性、实现天理。上引孔子对子路所讲的不好学就会带来愚、荡、贼、绞、乱、狂等流蔽，即说明学知是为了防止发生各种道德偏差。

3. 提高智能

我虽然对“能力本位论”持保留态度，但在竞争日益激烈的现代社会，能力毕竟是制胜的关键。“智”不仅指较高的知识水平，还指人较好地获取知识的能力、使用知识的能力，以及其他认知能力和实践能力。“智”融化、体现在各种能力之中。曹刚指出，道德能力是一个很重要的概念，罗尔斯就把道德能力作为考察和建构现代社会的逻辑起点和价值支点，以此为基础寻求自由和平等的结合方式，安排社会的基本结构。在这里，道德能力不只是一个道德心理学的概念，更是一个道德哲学的概念，其内涵可以概括为三个层面，即合理的价值观、正义感和仁爱心、自主意识和责任感①。显而易见，这一表述忽视了道德实践能力。从道德哲学来讲，智能可以分为道德智能和非道德智能两种②。道德智能即人认知（理解、分析）和践履道德义务的能力或素质，是由道德认识能力、道德判断能力、道德选择能力、道德践履能力和道德创造能力等要素构成的有机系统。它不仅是确立道德责任的根据（康德认为人的道德义务必须同人的能力相适应，正因如此，我们才不提倡未成年人见义勇为），也是保障道德实践效果，使人真正利人、助人的重要主体条件。

推动社会道德发展、解决社会道德危机，必须提高人的道德“智商”和“能商”。而道德能力或道德智能的形成和发展，既是主体将外在道德知识、道德观念转化为内在道德品质的结果，又是外在社会教化，使主体形成良好道德精神品格和稳定道德行为趋向的结晶。因而，道德智能的提升、道德能力的培养，要坚持外在教育引导与个人自我教育相结合，认知活动与实践活动相结合。

依据上述儒家智德思想，要提高人的道德智能水平，不但要致力于提高广大公民的道德学习自觉性、能动性和自主性，培养人们的道德学习兴趣，提升道德学习能力，而且要坚持学以致用、学至于行，在实践中砥砺意志、获取智慧、锻炼能力。如果说《中庸》所讲的“博学之，审问之，慎思之，明辨之”说明各种认知活动可以提高人的道德理知智能的话，那么其中的“笃行之”和孔子的“躬行君子”“力行近乎仁”就揭示了奉行“力行”哲学可以提高人的道德实践智能。只要坚持颜元所倡导的“犯手实做事”，就能够达到孙中山先生所力主的“行其所不知以致其所知”目的。因此，我们每个人都应在广阔的实践中，锻炼自我道德智能，提高自我道德智能。（作者系山东社会科学院文化研究所所长、研究员）

（本文系2014年度国家社科基金一般项目“中西伦理学比较视域中的儒家责任伦理思想研究”［项目批号：14BZX046］的阶段性成果）

① 曹刚．论道德能力［J］．哲学动态，2006（7）．

② 作为智谋与才能的“智能”概念，最早见于《管子·君臣上》：“是故有道之君，正其德以莅民，而不言智能聪明。”

传统美德的时代价值

肖群忠

中国社会经过30多年的改革开放和建设，经济与社会发展取得了令世人瞩目的成就，中华民族出现了伟大复兴的曙光，随之而起的是对民族文化的自信心大大增强。近20年来，民间的国学热、传统文化热持续不断。在这种背景下，在不到一年的时间里，习近平总书记发表了4次重要讲话，对传承、弘扬优秀传统文化并进行创造性转化、创新性发展提出了很多重要论述。这就把一个问题摆在了我们的面前，即在五四时期受到某些激进知识分子激烈批判的传统文化与传统道德，何以在将近百年之后，再次受到中国官方和民间的重视？传统文化及其核心传统美德究竟还有没有时代价值？

在这个问题上，习近平总书记已经高度肯定了优秀传统文化的时代价值，笔者高度认同习近平总书记的相关论述，认为优秀传统文化及其核心传统美德对于民族复兴、国家强大、人民幸福、社会和谐、民众素质提高都有重要的时代价值。

为了使这一问题的讨论更加充分，有必要更加全面地论述传统道德与传统文化的关系、传统美德的主要内容及其历史演变、传统美德的价值取向或基本特点。据此，才能更为深透地理解传统美德的当代价值。

作为问题的重要背景，也许有必要系统地重温一下习近平总书记近一年来的4次系统重要论述：

（1）2013年11月底，习近平总书记考察了曲阜孔府和孔子研究院，向全社会传递了重视民族传统文化与优良道德的信息。他说：“国无德不兴，人无德不立。”必须加强全社会的思想道德建设，“引导人们向往和追求讲道德、尊道德、守道德的生活，形成向上的力量，向善的力量”。“只要中华民族一代接着一代追求美好崇高的道德境界，我们的民族就永远充满希望”。这是习近平同志第一次向全社会发出重视传统优秀文化及传统美德的号召。

（2）2014 年 2 月 24 日，习近平总书记在政治局专题学习会上指出：“培育和弘扬社会主义核心价值观必须立足中华优秀传统文化。中华传统美德是中华文化精髓，蕴含着丰富的思想道德资源。不忘本来才能开辟未来，善于继承才能更好创新。”“要认真汲取中华优秀传统文化的思想精华和道德精髓，大力弘扬以爱国主义为核心的民族精神和以改革创新为核心的时代精神，深入挖掘和阐发中华优秀传统文化讲仁爱、重民本、守诚信、崇正义、尚和合、求大同的时代价值，使中华优秀传统文化成为涵养社会主义核心价值观的重要源泉。”这次讲话指出了培育当代社会主义核心价值观必须立足于优秀传统文化，并明确指出了当前应该着力弘扬的 6 个重要价值理念与德性。

（3）2014 年 5 月 4 日，习近平在与北京大学师生座谈会上的讲话中又明确提出：“中华文明绵延数千年，有其独特的价值体系。中华优秀传统文化已经成为中华民族的基因，植根在中国人内心，潜移默化影响着中国人的思想方式和行为方式。今天，我们提倡和弘扬社会主义核心价值观，必须从中汲取丰富营养，否则就不会有生命力和影响力。比如，中华文化强调‘民惟邦本’‘天人合一’‘和而不同’，强调‘天行健，君子以自强不息’‘大道之行也，天下为公’；强调‘天下兴亡，匹夫有责’，主张以德治国、以文化人；强调‘君子喻于义’‘君子坦荡荡’‘君子义以为质’；强调‘言必信，行必果’‘人而无信，不知其可也’；强调‘德不孤，必有邻’‘仁者爱人’‘与人为善’‘己所不欲，勿施于人’‘出入相友，守望相助’‘老吾老以及人之老，幼吾幼以及人之幼’‘扶贫济困’‘不患寡而患不均’，等等。像这样的思想和理念，不论过去还是现在，都有其鲜明的民族特色，都有其永不褪色的时代价值。”这次讲话以名言格句的列举方式高度肯定了中华优秀文化和传统美德的时代价值。

（4）2014 年 9 月 24 日，习近平总书记在纪念孔子诞辰 2 565 周年国际学术研讨会暨国际儒学联合会第五届会员大会开幕会上的讲话中再次系统、全面地阐发了中华优秀传统文化与传统美德的时代价值：“中国优秀传统文化中蕴藏着解决当代人类面临的难题的重要启示，比如，关于道法自然、天人合一的思想，关于天下为公、大同世界的思想，关于自强不息、厚德载物的思想，关于以民为本、安民富民乐民的思想，关于为政以德、政者正也的思想，关于苟日新日日新又日新、革故鼎新、与时俱进的思想，关于脚踏实地、实事求是的思想，关于经世致用、知行合一、躬行实践的思想，关于集思广益、博施众利、群策群力的思想，关于仁者爱人、以德立人的思想，关于以诚待人、讲信修睦的思想，关于清廉从政、勤勉奉公的思想，关于俭约自守、力戒奢华的思想，关于中和、泰和、求同存异、和而不同、和谐相处的思想，关于安不忘危、存不忘亡、治不忘乱、居安思危的思想，等等。中国优秀传统文化的丰富哲学思想、人文精神、教化思想、道德理念等，可以为人们认识和改造世界提供有益启迪，可以为治国理政提供有益启示，也可以为道德建设提供有益启发。”这次讲话则从理论上全面系统论述了传统优秀文化与传统美德的时代价值。

这些论述，是国家最高领导人在新中国成立后对传统文化及其传统美德的时代价值的最高肯定。实现中华优秀文化及其核心传统美德的创造性转化、创新性发展，必须以认识其价值为理论前提。重新审视传统美德的当代价值，在我们看来，可以从它对国家和民族、对社会和人际、对民众个体三个维度来进行分析探讨。据此，我们认为传统美德的当代价值主要是：

一、传统美德是实现中华民族伟大复兴中国梦的精神动力

“国无德不兴”，表明道德不仅是一种国家治理、社会秩序整合的工具，而且是国家兴旺、人民幸福的动力和目的，是我们强大的精神动力和软实力。中华民族长期以来具有重视道德的文化传统。“天行健，君子以自强不息；地势坤，君子以厚德载物”，是我们民族精神的集中概括。“礼义之邦”是文明大国的光辉形象，君子圣贤是国人的人格追求，礼让和谐是我们的社会气象。“这些最基本的文化基因，是中华民族和中国人民在修齐治平、尊时守位、知常达变、开物成务、建功立业过程中形成的有别于其他民族的独特标识。中国人民的理想和奋斗，是始终深深植根于中国优秀传统文化沃土之中的，同时又是随着历史和时代的前进而不断与日俱新、与时俱进的。”（习近平：在纪念孔子诞辰 2 565 周年国际学术研讨会既国际儒学联合会第五届会员大会开幕会上的讲话，见《光明日报》2014 年 9 月 25 日第 2 版）那么，在当代，优秀传统文化和传统美德何以成为实现中华民族伟大复兴中国梦的精神动力呢？

首先，小康、大同理想是当代中国梦的文化根基。换句话说，当代中国梦是古人小康、大同理想的当代发展。习近平总书记明确指出：“中国人民正在为实现‘两个一百年’奋斗目标而努力，其中全面建成小康社会中的‘小康’这个概念，就出自《礼记·礼运》，是中华民族自古以来追求的理想社会状态。使用‘小康’这个概念来确立中国的发展目标，既符合中国发展实际，也容易得到最广大人民的理解和支持”（习近平：在纪念孔子诞辰 2 565 周年国际学术研讨会既国际儒学联合会第五届会员大会开幕会上的讲话，见《光明日报》

2014 年 9 月 25 日第 2 版)。习近平总书记在上任伊始，就提出了“中国梦”这个中华民族伟大复兴的民族、国家和人民的理想。他在最近的两次国际演讲中，再次向世人明确宣示了中国梦的内涵：“中国已经确定了未来发展目标，这就是到 2020 年国内生产总值和城乡居民人均收入比 2010 年翻一番、全面建成小康社会，到本世纪中叶建成富强民主文明和谐的社会主义现代化国家。我们形象地把这个目标概括为实现中华民族伟大复兴的中国梦”（在德国科尔伯基金会的演讲，2014 年 3 月 28 日，柏林)、“实现中华民族伟大复兴的中国梦，就是要实现国家富强、民族振兴、人民幸福，既深深体现了今天中国人的理想，也深深反映了中国人自古以来不懈追求进步的光荣传统”（在联合国教科文组织总部的演讲，2014 年 3 月 27 日，巴黎)。这两次演讲准确地阐释了中国梦的内涵，并指出中国梦不仅是现代中国人的理想，也是中国古人的不懈追求。这种不懈追求的理想，就是古人长期以来追求的“大同”理想，即“求大同”。而且，在笔者看来，中国梦是当代中国最有感召力、凝聚力，最简约、最概括的与当代中国国家和人民愿望相一致的核心价值观。按照习近平总书记的上述论述，中国梦的理想也一定是植根于中华优秀文化的深刻土壤中的。现代中国梦与古人大同理想一定有某种一致性。因此，宣传大同理念，将增强人民群众对中国梦的价值认同和凝聚力。“大同”这个古老的社会文化信念比任何一种社会远景都更有群众基础，是一个更易于被接受和认可的精神号召。之所以“复兴”，也是由于中华民族的伟大兴盛古来有之，延续着的正是这条割不断的文明的血脉，流淌着的正是对“大同”的理想孜孜以求的民族精神。另外，大同理想有助于塑造中国梦的协和万邦、和谐世界的和平主义国际形象。中华民族的伟大复兴，不是以欺凌别国和争夺别国资源为目的，更不是要在国际舞台上称王称霸，而是以独立平等的姿态，广泛地协作，互通有无，以达成文明的对话，促进文明的交流。和谐世界观念的提出，体现出我们将会运用和平、和谐、和睦、和合等这些中国传统的价值理念，寻求世界范围内的共识与协作。正如习近平总书记最近在德国的演讲中所阐述的那样：“中国人历来讲求‘己所不欲，勿施于人’。中国需要和平，就像人需要空气一样，就像万物生长需要阳光一样。只有坚持走和平发展道路，只有同世界各国一道维护世界和平，中国才能实现自己的目标，才能为世界做出更大贡献”（在德国科尔伯基金会的演讲，2014 年 3 月 28 日，柏林)。实现民族伟大复兴的中国梦在某种意义上就是东方雄狮睡醒了，但这是一个和平、可爱的狮子。

其次，心忧天下、精忠报国的责任担当意识将成为实现民族伟大复兴的坚强动力。如前所述，传统忠德，最初不仅仅是指忠于君主的臣德，还是一种尽心竭力、尽己利人利公的做人做事态度。公而忘私，上思利民，心忧天下，以天下为己任，与民同乐，兴国利民，忠，不仅是从事政治管理的职业人处理上下关系的伦理义务，也是我们每个普通人对国家、对社群、对团体的伦理责任。

公而忘私，这是忠最初的含义。《左传·僖公九年》：“公家之利知无不为，忠也。”正是在这个意义上，“天下为公”才成为中华民族的道德精神。它弘扬大义为先的精神，不以私利而弃义，不以私利损害公利。范仲淹的“先天下之忧而忧，后天下之乐而乐”“居庙堂之高则忧其民，处江湖之远则忧其君”，顾炎武的“国家兴亡，匹夫有责”等箴言之所以为历代所崇尚珍视，就在于它们体现了人们对于忠这种核心价值的珍视。

“苟利国家生死以，岂因祸福避趋之”。正是忠这种传统道德鼓舞人们为祖国的兴旺发达而艰苦奋斗，矢志不渝。张骞为了国家和民族出使西域13年，历尽千辛万苦，为汉朝开辟通往中亚的交通要道，开辟了著名的“丝绸之路”，为促进东西经济文化的广泛交流做出了贡献。霍去病征西、苏武牧羊、昭君出塞这些为人们耳熟能详的故事，都是为了汉朝的国家富强、社会稳定与民族团结。诸葛亮鞠躬尽瘁、花木兰从军、岳飞精忠报国，都是为了国家与朝廷而尽忠。

我国是一个多民族、幅员辽阔的国家。国家统一、民族团结一直是我们追求的目标。戚继光抗击倭寇，郑成功收复台湾，文天祥浩气长存，都是忠于国家和民族的典范。宋朝爱国诗人陆游，临死也念念不忘国家统一之事，临终做《示儿》诗：“死去元知万事空，但悲不见九州同。王师北定中原日，家祭无忘告乃翁。”这些彪炳千秋的动人故事都是对儒家忠行的践行，是我国爱国主义精神的集中体现，是我们可贵的精神财富。

孙中山先生曾说：“我们现在说到忠于君，固然是不可为；说忠于国是可不可呢？忠于事又是可不可呢？我们做一件事，总要始终不渝，做到成功，如果做不成功，就是把生命牺牲，亦所不惜，这便是忠”（《孙中山全集》卷9《三民主义·民族主义》）。今天弘扬儒家之忠德，其要义之一就是要我们每一个人自觉地为国出力、爱国报国。同时，也要热爱我们的民族文化、社群社区、团体职场，为它们的兴旺发达尽心竭力，做一个忠于祖国、忠于民族、忠于人民的现代公民。显然，传统忠德、义德的责任担当意识是实现民族伟大复兴的强大动力和凝聚力。

最后，敬于职事的临事态度将把民族复兴的理想落到实处。古人言忠德，不仅指忠于团体和一定的人群，还指忠于事。在这个意义上，往往忠敬连用，或者说忠德中也包含忠诚于事业，以敬临事的敬业精神。为人谋而忠心耿耿，总是要通过做事体现出来，即执事以敬。

汉许慎《说文解字》以“敬”解“忠”。孔子把为国立功、恭敬职事视为“忠”，并用《诗经》中的诗句阐释“忠”，说道：“《诗》曰：‘永言配命，自求多福’，忠也。”其大意是：承顺天命永不违背，就会获得莫大的福禄。显然，孔子在这里，是把兢兢业业、恪尽职守作为了“忠”的内涵。

“执事敬”是中华民族的优良道德传统。其作为一种临事执业的态度、精神、行为规范，包含如下几层含义：第一，执事主一专一。宋儒陈淳在其《北溪字义·敬》中说：“程子谓‘主一之谓敬，无适之谓一’。”可见，敬，首先是指对某种职业和事业要一心一意，全心全意去做，不可三心二意、见异思迁。第二，敬有对待事情严肃认真的意思。西周金文中，王或者诸侯在册封官职之后，经常告诫被封者“敬夙夜勿废朕命”，显然是要求被授职的人严肃认真地对待君主的任命。现代学者冯友兰也说：“粗浅一点说，敬即是上海话的‘当心’。我们当心去做，把那一件事当成一件事去做，认真做，即是‘执事敬’。”第三，敬还有勤勉努力的意思。《周礼》郑注：“敬，不懈于位也。”说的就是努力。“敬者何？不怠慢、不放荡之谓也。”（朱子语）

在中国古代，敬业是一广泛的社会道德。如在政治领域，敬业、不懈于职，不仅是对臣下道德的要求，对于皇帝也如是。作为皇帝，要以敬慎态度对待王事，要主一专心，不能懈怠玩忽于佛道、游猎等，要勤奋、谨慎地处理政事。在经济领域，更要有尊重职业对象的概念，遵循生意不成仁义在，君子爱财、取之有道，公平交易、童叟无欺的经营道德规范等。在文化、生活领域，尤其是师德与医德，典型地体现了中国古代敬业的优良传统。如师德上的诲人不倦、躬亲实践、言传身教等，医德上的以医达仁、救死扶伤、精益求精、认真负责等。

民族的伟大复兴、强国梦，人民的幸福生活，只有通过实实在在的做事，才能实现经济社会全面发展。因此，我们一定要继承发扬传统美德中的执事以敬的优秀传统，与时俱进，转化超越，使中华民族在新的条件下更加勤劳、敬业。只有如此，才能以每个人的实际行动推动民族复兴的中国梦的实现。

全民都能自强不息、厚德载物，义以为上、公而忘私，乐于奉献、勇于承担，才能形成一种巨大的精神力量，推动国家振兴、民族复兴。

二、社会和谐、人民幸福的可靠保证

道德不仅包含了一定的人生观、价值观，可以为民族复兴提供价值理想、精神动力和做事态度，还是一种行为规范，可以调节人际关系，实现社会和谐，并对民众的幸福生活起到保障、促进作用。

儒家思想或传统美德以仁爱为本，以民本为用，构成伦理与政治的思想基础，也是社会和谐的基础。“樊迟问仁，子曰：爱人”（《论语·颜渊》）、“仁者爱人”（《孟子·离娄下》），爱人而非爱己，是中国伦理思想的核心，这奠定了中国伦理的利他主义价值导向。爱不仅是一种感情，也是一种意志、行动和义务。因为，心中有了爱，就必然为爱所驱使，为所爱的人奉献、尽义务，关心他、爱护他。亲亲、仁民、爱物，以至于“天下一家，中国一人”，从而达致“民胞吾与”。弘扬传统仁德的价值可体现在：第一，弘扬爱人之积极情感，可以唤醒我们的道德良知，使人与人为善，让人与人之间充满爱。“只要人人都献出一点爱，世界将变成美好的人间”。第二，可以仁之“博施济众”精神提升我们的奉献意识。《论语·雍也》载：“子贡曰：‘如有博施于民而能济众，何如，可谓仁乎?’子曰：‘何事于仁，必也圣乎！尧舜其犹病诸！’”“仁爱”精神倡导博施济众、天下为公，与我们今天所讲的为人民服务有内在的一致性。马克思胸怀“为人类工作”的理想，才可能具有影响世界历史的思想创造；毛泽东鲜明地提出“为人民服务”，是共产主义人生观和道德观的核心。树立奉献意识固然要从人生实践中不断努力，但也要从传统仁德中汲取博施济众的思想资源，以提升我们的奉献意识。

所谓民本，就是指中国历史上将民众视为治国安邦根本的政治学说。民本的核心理念是以民为本，主张民为国本，本固邦宁，在实践中表现为用利民、养民、富民、教民等手段来进行统治。重民本是中国优良的政治传统，是政治活动最终追求的目标，是实现天下大治、社会和谐的根本。孔子曾一再希望统治者应养民、利民、富民、惠民、教民，博施于民，不仅要在思想上具备这样的德性，而且要在政治上实行仁政，“以不忍人之心，行不忍人之政”（《孟子·公孙丑上》）。

弘扬重民本的优秀文化传统可以进一步强化官员为人民服务的思想，提高执政道德责任感。民众不仅是国家与政治的根本和基础，为人民服务更是一切政治活动的目的与价值。“为民做主”不是做人民的老爷和主宰，而是为民生、民利去努力工作，为人民大众谋利益。民本思想中的这种“为民做主”意识，实际上体现了古代官员一种自觉的执政为民的责任担当，是一种政治道德责任感的体现，也是自古以来的优良政治传统，应该发扬光大。弘扬民本思想要求干部要进一步强化为人民服务的思想，“情为民所系、权为民所用、利为民所谋”。

社会的和谐是以人与人之间的爱为情感基础的，也是以执政者执民本思想，执政为民，惠及民生为基础的。因此，如果说仁爱、民本是社会和谐的价值基础，那么正义、诚信之德就是社会生活秩序和民众幸福生活的保障。如果说传统仁德主要强调主体的一种内在道德情感的话，那么，传统义德则重在强调一种社会秩序。人的生活是社会性的，社会无秩序，人们的生活就会缺乏安全感。社会生活秩序的内容在不同时代可能有所不同，但社会生活秩序与社会正义却是任何社会所不可缺少的。如古代大同理想“大道之行也，天下为公，选贤与能，讲信修睦。故人不独亲其亲，不独子其子。使老有所终，壮有所用，幼有所养，矜（鳏）寡孤独废疾者皆有所养，男有分，女有归。货恶其弃于地也，不必藏于己；力恶其不出于身也，不必为己。是故谋闭而不兴，盗窃乱贼而不作，故外户而不闭，是谓大同”。这不仅表达了人们对理想社会的期望，也表达了人们对合理社会生活秩序的期望，即讲求信义和睦、男女老少皆有所安、社会安全等。追求平等是人类的共同理想。因此，平等、公正是人类精神文明的基本价值和普遍法则。只有维护良好的社会秩序，坚持依法办事，才会形成一个祥和、稳定的和谐社会。

人民群众的幸福生活不仅需要社会安定、盗贼不兴、权利义务对等、公平公正，而且需要社会讲求信义。近年来，人民群众深刻感到，由于我们社会的诚信缺失，人们不仅在人际关系上冷漠自私，而且在日常生活的所有消费活动中都感觉没有安全感。大量食品安全事件的曝光，大量以假充真、以劣充优的现象，使人们在生活中处处充满危机感，极大地影响了人民群众的日常生活，影响了人民群众的幸福指数。无道德，直接影响了国人的日常生活幸福。因此，在当代社会生活中，重建社会道德秩序、弘扬传统信德，实在是保障人民群众幸福生活的重要措施。

三、提高国民素质的安身立命养生之道

道德的主体是人，人的道德素质和自律将是道德发挥作用的主体基础。文化塑造人格，人格反作用于文化。中华优秀文化传统非常重视道德的主体精神，“吾欲仁，斯仁至矣”（《论语·述而》）。遇事要“反求诸己”，要自强不息，

这种主体道德精神使传统中国人重视个人道德修养，以修身为本，以德教为先。“自天子以至于庶人，一是皆以修身为本”（《大学》）。修身是齐家、治国、平天下的基础。只有有德之德，才会“天将降大任于斯人矣”，才会“得人信任而人任矣”，才会使自己人格高尚、人生幸福。因此，道德文明不仅是国家治理、社会秩序的客观需要，而且是人民群众提高素质、人生幸福的主体需要。

时下有人说，我们“不差钱”。这说明中国人经过30多年改革开放的发展，确实富起来了。但我们同时也应看到，在部分国人身上就是“缺点德”。当前，出国游的国人越来越多，很多国人的公共文明素质常常被外国人诟病。所以，当代中国人在富了之后，要继承弘扬优秀传统文化的崇德向善精神，不断加强自己的道德修养，不断提高自己的道德素质，以重树“礼义之邦”的国家、民族、国人的文明形象。

传统美德对于个体的价值，不仅在于我们要从外在的评价标准上提高中华民族的道德素质，还在于把中华民族的这种崇德向善的精神当作一种终极的价值信仰，坚守这种精神可以使国人心安理得，安身立命。

真正的儒者能安贫乐道，义以为上。“富贵不能淫，威武不能屈，贫贱不能移”，为了道义，可以“杀身成仁”“舍生取义”。“达则兼济天下，穷则独善其身”。“穷且愈坚，不坠青云之志”。“修身以见世”。安之若素，心安情乐。孔子曾赞扬他的学生颜回：“贤哉，回也！一箪食，一瓢饮，在陋巷，人不堪其忧，回也不改其乐。贤哉，回也”（《论语·雍也》）。生活极其贫困，一般人都难以忍受，颜回却非常高兴。“子曰：‘饭疏食饮水，曲肱而枕之，乐亦在其中矣。不义而富且贵，于我如浮云。’”（《论语·述而》）俗语“君子坦荡荡，小人长戚戚”就是对这种状态的最简明的概括和认同。

为什么能以德安身立命呢？这是因为真正的儒者对道德有坚定的价值信念。他们的行为始终坚持义以为上的价值标准，有高度的主体精神和人格力量，“三军可夺帅也，匹夫不可夺志也”（《论语·子罕》）。清醒而坚强的自我是安身立命的基础，自尊自爱、修己以敬、“人不知而不愠，不亦君子乎？”（《论语·学而》）、“君子病无能焉，不病人之不己知也”（《论语·卫灵公》）、“君子周而不比，小人比而不周”（《论语·为政》）、“君子矜而不争，群而不党”（《论语·卫灵公》）、“君子和而不同，小人同而不和”（《论语·子路》）、“穷不失义，达不离道，穷不失义，故士得己也，达不离道，故民不失望也”（《孟子·尽心上》），这样他们就会有唯吾德馨的精神回报和巨大的自我满足感。儒者最根本的特点就是遵奉儒家尚道崇德的精神以安身立命，这种不懈追求的不断积累终会获得“富润屋、德润身，心广体胖”（《大学》）的结果，使儒者获得一种“立德、立功、立言”的不朽功业，使儒者因德高才广而获得一种“修身见于世”的“名立”状态。这种荣誉感不仅来自社会与他人的好评，更来自一种深刻内在的道德自豪感。正如刘禹锡的《陋室铭》所说“山不在高，有仙则名。水不在深，有龙则灵，斯是陋室，惟吾德馨”。

甚至，儒者们还坚信，道德的修养与坚守不仅有利于他们的精神的高贵，而且还有利于他们的身体健康。他们坚信“仁者寿”、德者福，心宽体胖。《大学》认为“富润屋，德润身，心广体胖”。“仁者寿”一方面可能是一种有德者必长寿的价值信念，也可能是一种以德养生的方法。在孔子看来，道德高尚和性格开朗的人，其心理不会患得患失，因而能免除各种焦虑烦恼，经常保持乐观的情绪状态。“子曰：知者乐水，仁者乐山，知者动，仁者静，知者乐，仁者寿”（《论语·雍也》），“仁者不忧”（《论语·宪问》），“君子坦荡荡，小人长戚戚”（《论语·述而》）。董仲舒说：“仁人之所以多寿者，外无贪而内清静，心和平而不失中正，取天地之美以养成其身”（《春秋繁露》第十六卷《循天之道第七十七》）。程颐说：“仁者寿，以静而寿”（《二程遗书》卷二十二上《伊川先生语八上》）。邵雍也说过：“始知行义修仁者，便是延年益寿人。”

我国最早的医典《黄帝内经》就已认识到道德高尚的人易于长寿。其《素问》篇说：上古之人“所以能年皆度百岁，而动作不衰者，以其德全不危也。”名医孙思邈也曾说：“德行不克，纵服玉液金丹未能延寿。”中国古代儒医甚至把五常与五脏简单比附，坚信五常德可以养性，从而防病养生。五德养性，是指根据“仁、义、礼、智、信”来养自己的性。肝里边藏仁，心里边藏礼，肺里面藏义，肾里面藏智，脾里面藏信。如果五德品格缺失，五德能量缺乏，都能够使我们的身体里面产生很多的疾病。

仅以仁德为例，儒医认为：仁德丰厚的人，一般从眼睛就可以看出来。他表现出了一种慈爱、善良、宽容，宽容忍辱，博爱万物，举止非常端庄，随时都可以发自内心地微笑。在待人接物上，也表现出一种柔和畅达，能够宽容、包容，我们称之为“慈眉善目”。为什么会“慈眉善目”呢？因为肝开窍于目，所以从人的眼睛上就可以发现这一个人是否具备比较浑厚的肝木仁德和品格。有了这种品格才有能量。仁德品格缺乏，仁德能量缺乏，这样的人性格上肯定自傲抗上，不服人管，常自己生气。表现在健康上，就会伤肝，造成气滞血瘀，头晕眼花，胸闷腹胀。肝五行属木，仁德为肝脏之本，肝主筋（血管、韧带）。仁德缺乏的人，晚年最容易四肢麻木，中风瘫痪。而且，仁德品格缺乏表现在命运际遇上，就会人际关系紧张，一生各种事业发展困难重重。

这种思想在现代人看来也许觉得有点牵强附会，缺乏所谓的科学根据。有趣的是，现代医学也认为善恶会影响一个人的生命。美国密西根大学调查研究中心对 3 000 人进行了长达 14 年的调查，耶鲁大学和加州大学共同就这个问题调查了加州阿拉米达县 7 000 人，得出的结论完全相同。从心理学角度讲，一个乐善好施的人，能激发人们对他的感激、友爱之情，从而使其获得内心的温暖和满足。“有德容乃大，无私心自安”，大大缓解了生活中出现的焦虑和不适。从人体免疫学的角度看，乐善好施，常做好事，有益于人体的免疫系统，良好的人际感受有助大脑生产有利于免疫系统的化学物质。

中华优秀传统文化及其核心传统美德，作为民族文化的灵魂，作为我们每个中国人最基本的文化基因和精气神，作为我们与人相处、实现人际社会和谐的规范体系，作为我们幸福生活的内在要素和可靠保障，作为我们每个中国人道德素质的重要营养，安身立命之道甚至是养生求福之道，无论是对于实现中华民族伟大复兴的中国梦，还是对于我们建立当代社会的核心价值观，建设和谐社会，实现人生幸福，提高中华民族成员的整体道德素质，都有重要的时代价值。我们应当在探索肯定其价值的基础上，实现创造性转化和创新性发展，重铸民族文化道德之魂，为中华民族伟大复兴而努力奋斗！（作者系中国人民大学哲学院教授）

礼法合治、德主刑辅、王霸结合

——汉代国家治理模式的确立及其现代意义

韩　星

春秋战国时期由礼崩乐坏到天下大乱，以儒家为主的诸子百家“皆务为治”①，汲汲救世，形成了诸多富有价值的治理思想，集中体现了中华民族的精神和智慧。这些思想除了法家外都没有得到实践的机会，而法家由商鞅在秦国确立的法治模式以富国强兵为核心，成效显著，使秦从一个西方后进的诸侯国迅速发展壮大，最后灭六国，统一天下。但秦统一以后以法家的“法治”理论作为治国的指导思想，凭借暴力镇压来强化其专制集权，实行严刑峻法使“民不敢犯”；厉行“督责之术”使社会矛盾日益激化；徭役繁兴，征收“太半之赋”，残酷地压榨农民；推行文化专制主义政策，焚书坑儒，打击其他思想学派，禁锢人民的思想自由。最后走向极端，造成了海内愁怨，“遂用溃畔(叛)”(《汉书·食货志》)，导致二世而亡。经过秦汉之际短暂的战乱，继秦而起的西汉王朝，无论是统治者，还是思想家，都十分重视总结秦“二世而亡”的经验教训，反思秦法治模式的经验教训，试图确立能够长治久安的国家治理模式，并逐渐形成了礼法合治、德主刑辅、王霸结合的国家治理模式。一般认为，礼法合治与德主刑辅的历史演变脉络大致是形成于周，确立于汉，完成于唐。唐以后略微调整，但基本格调则没有大的变化。本文以汉初儒者为考察对象，通过对这一国家治理模式的确立过程进行梳理，以见其历史影响与现实意义。

---

① 司马迁说：“夫阴阳、儒、墨、名、法、道德，此务为治者也。”(《史记·太史公自序》)

一、陆贾治以道德为上，行以仁义为本的文武并用，德刑相济思想

汉高祖即位之初，就命令陆贾“试为我着秦所以失天下，吾所以得之者何”（《史记·俪生陆贾列传》）的历史经验。为此，陆贾写了《新语》一书。高祖看了，“未尝不称善”。他直接提出的主张是文武并用，德刑相济，而以德为主。他在向刘邦解释“马上”得天下不可以“马上”治之的道理时，提出了效法商汤、周武的“逆取”“顺守”“文武并用”的建议。陆贾讲“文武并用”，就是不能像秦那样专任刑罚，而要注意讲求“德治”，实行“仁义”。陆贾亲身经历了秦朝的兴亡，对于秦朝“尚刑而亡”的教训记忆犹新。他说：“德盛者威广，力胜者骄众。齐桓公尚德以霸，秦二世尚刑而亡。故虐行则怨积，德布则功兴”（《道基》）。所以，他极力主张改变秦朝那种“专任刑罚”的统治方式，“治以道德为上，行以仁义为本”（《本行》）。因为“儴（因）道者众归之，恃刑者民畏之，归之则附其侧，畏之则去其域”（《至德》），实行德治就能取得民心民力，而恃刑却容易失掉民心。他告诫统治者：“立事者不离道德”（《术事》），统治者应该“握道而治，据德而行”（《道基》），人民才会“怀其德归其境，美其治而不敢违其政”（《无为》），出现天下太平的局面。显然，这些都是先秦儒家德治思想的延续。不过，在陆贾道德学说中也引进了道家的尚柔思想，主张以柔道治国，实行无为而治。他说：“怀刚者久而缺，持柔者久而长；躁疾者为厥速，迟重者为常存；尚勇者为悔近，温厚者行宽舒；怀促急者必有所亏，柔懦者制刚强”（《辅政》）。

这与老子讲的“天下之至柔，驰骋天下之至坚”（《老子》43 章）是非常相似的。他以道家的观点，批判秦王朝的法繁刑酷。他说：“事欲繁而天下欲乱，法欲滋而奸逾炽，兵马益设而敌人逾多”（《无为》）。秦并非不欲为治，其所以亡国，就在于“举措暴众而用刑太极故也”（同上），“秦以刑罚为巢，故有覆巢破卵之患，以赵高、李斯为杖，故有倾仆跌伤之祸”（《辅政》）。他针对当时的社会政治经济状况，提出实行“无为”政治：“夫道莫大于无为，行莫大于敬谨”。而“无为”并非无所事事。“敬谨”也并非拘守旧制。他主张的“无为”是为了“同一治而明一统”（《怀臣》），“无为而无不为”（《无为》）。可见，其“无为”只是一种手段，“无不为”才是真正要达到的目的。

而陆贾德治思想的中心内容仍然是儒家的仁义之道。他说：“圣人……所以能统物通变，治情性，显仁义也。夫人者，宽博浩大，恢廓密微，附远宁近，怀来万邦。故圣人怀仁仗义，分明纤微，忖度天地，危而不倾，佚而不

乱者，仁义之所以治也。行之于亲近而疏远悦，修之于闺门之内而名誉驰于外”（《道基》）。

在陆贾看来，仁义符合于天地之道。把仁义原则贯彻到家庭、社会、国家政治生活等方面去，就会家庭和睦，社会安定，天下太平。他说：“……骨肉以仁亲，夫妇以义合，朋友以义信，君臣以义序，百官以承。曾、闵以仁大孝，伯、姬（齐）以义建至贞。君以仁治，臣以义平。乡党以仁恂恂，朝廷以义便便”（同上）。

陆贾认为仁义的道理就存在于六经之中，“《春秋》以仁义贬绝，《诗》以仁义存亡；乾坤以仁义和合，八卦以仁义相承；《书》以仁叙九族，君臣以义制中；《礼》以仁尽节，《乐》以礼（义）长降”（《道基》）。统治者应该运用这种仁义的道理去教化人民，使他们自觉地服从统治，这是最好不过的统治方法。他提出教化的两种方法：一是通过在上者的作风进行潜移默化的教育，即“上之化下，犹风之靡草也，王者尚武于朝，则农夫缮甲于田。故君之御下民，奢侈者则应之以俭，骄淫者则统之以理。未有上仁而下残，上义而下争者也”（《无为》）。二是通过学校教育，即“兴辟雍庠序而教诲之，然后贤愚异科，长幼异节，上下有差，强弱相扶，大小相怀，尊单相承，雁行相随，不言而信，不怒而威”（《至德》）。用“五经”“六艺”来对人们施行教化，以做到“正上下之仪，明父子之礼、君臣之义，使强不凌弱，众不暴寡，弃贪鄙之心，兴清洁之行”（《道基》）。人民接受了仁义教化之后，就能够做到“所以劝善”之效，自觉服从统治，从而形成“无不可以之政，无不可治之民”（《明诫》）。这样，就能造就一个美好的社会。

在提倡道德仁义，重视教化的同时，陆贾也并没有完全否定法治的作用。他认为国君应“进退循法，动作合度”（《思务》），“举措动作不可失法则”（《无为》），在法律方面要做到“执一统物”，即“执一政以绳百姓，持一概以等万民”（《怀虑》）。他还强调“立法不明还自伤”，要立法严明。这些观点，与先秦法家的传统观点并无二致。

因此，他认为在治理国家的过程中，德与刑是不可或缺的手段，“民畏其威而从其化，怀其德归其境”（《无为》）。不过，在陆贾的思想中，德与刑不是同等的。他强调德不厌重，刑不厌轻，“故设刑者不厌轻，为德者不厌重，行罚者不患薄，布赏者不患厚，所以亲近而致远也”（《至德》）。

总之，在陆贾看来，文和武、德和刑，各有用途，必须并重，使相济为用。在陆贾的努力下，汉初统治者尽管政策上是实行“无为而治”，但也逐渐地认识到了儒家礼义教化的价值，认识到了单纯依靠暴力的危险性，也懂得了治国之道在于软硬兼施、德刑并用这么一个简单的道理。

二、贾谊、韩婴的礼法结合

文帝时，贾谊写《过秦论》等，“言三代与秦治乱之意，其论甚美，通达国体，虽古之伊、管未能远过也”（《汉书·贾谊传》）。他的思想路线明显与荀子有一脉相承之处。荀子既隆礼又重法，是礼法结合的先行者。贾谊沿着荀子的路子，主张礼法并用，德主刑辅，并在理论上比荀子把握得更准确，在实践上要求把这种思想制度化，具体地贯彻到实际政治中去。

贾谊十分重视礼义教化。他是从反思秦王朝速亡的教训开始其思想的，认为秦之速亡，就在于取得政权以后仍然以法治为统治的指导思想和方法，缺少礼义教化。他说：“商君遗礼义，弃仁恩，并心于进取，行之二岁，秦俗日败。故秦人家富子壮则出分，家贫子壮则出赘。借父耰锄，虑有德色；母取箕帚，立而谇语。抱哺其子，与公并倨；妇姑不相说，则反唇而相稽。其慈子耆利，不同禽兽者亡几耳。然并心而赴时，犹曰蹶六国，兼天下。功成求得矣，终不知反廉愧之节，仁义之厚。信并兼之法，遂进取之业，天下大败”（《治安策》）。

贾谊还引用管子的话说：“礼义廉耻，国之四维；四维不张，国乃灭亡。”（同上）他还谴责秦不讲礼义廉耻，只是孜孜求利，以致民俗日败。他认为，汉兴以来，秦的遗风余俗“犹尚未改”“弃礼义，捐廉耻”之风日甚一日。社会上以是否富贵为评价时人的标准，“今世贵空爵而贱良，俗靡而尊奸富。民不为奸而贫，为里骂；廉吏释官，而归为邑笑；居官敢行奸而富，为贤吏；家处者犯法为利，为材士。故兄劝其弟，父劝其子，则俗之邪至于此矣”（《新书·时变》）。

面对以黄老之术造就的“文景之治”，统治阶层沉浸于喜悦之中，以为“天下已治”。惟独贾谊意识到了隐伏的巨大危机，并时常为之“痛惜”“流涕”“长太息”。贾谊在认识上为什么与别人截然不同呢？根源在于他向往的是礼治秩序。秦朝礼义荡然无存，而“汉承秦制”之后，汉初统治者并无意于用儒家的礼义治国。黄老之术中虽然包罗了不少儒家思想的成分，但儒家礼治观却被排斥在外。贾谊痛惜的正是这种状况。所以，他竭力主张大兴礼乐，以礼治的精神对秦朝遗留下来的一切制度进行改革。

为了实现这一主张，他知道有必要向统治者阐释礼的精义。在《新书·

礼》一文中，他告诉统治者，礼是治国之本，“礼者，所以固国家，定社稷，使君亡（无）失其民者也。主主臣臣，礼之正也；威德在君，礼之分也；尊卑大小，强弱有位，礼之数也”。礼又体现着事物的道理，“故仁人行其礼，则天下安而万理得矣”。同时，礼也是道德、风俗和行为的准则，“道德仁义，非礼不成；教训正俗，非礼不备；分争辩讼，非礼不决；君臣、上下、父子、兄弟，非礼不定”。这些耳熟的言论，是对儒家经典语句的复述，但对汉初的统治者而言，恐怕还是会感到陌生和新奇的。他还特别强调君臣关系中要贯彻礼义道德的原则，认为只有君待臣以礼，臣才能事君以忠。他说，君主“遇之有礼，故群臣自喜。厉以廉耻，故人矜节行”；君主行义，臣下就会“顾行而忘利，守节而服义”（《汉书·贾谊传》）了。此外，皇帝对百姓，也应该按照“礼，天子爱天下”的原则，用仁爱之道，宽以待民，“矜而恕之”“化而则之”。贾谊把社会各阶层之间的关系都与礼义道德联系起来，要求做到“君仁臣忠，父慈子孝，兄爱弟敬，夫和妻柔，姑慈妇听”（《新书·礼》）。这就是他心目中最理想的礼治社会。

贾谊强调的是礼法结合。在他看来，“礼”是优于“法”的，以礼治国，则可治之安之，这也正是贾生上《治安策》的目的。他在《治安策》中讲：“以礼义治之者，积礼义”“积礼义而民和亲”“今或言礼谊之如法令，教化之不如刑罚，人主胡不引殷、周、秦事观之也”？礼优于法，贾谊的思想倾向于儒学则无可辩驳了。在荀学的传统中，所谓礼法结合，即礼与法的实质是相同的，殊途而同归。礼之用，即“立君臣，等上下，使父子有礼，六亲有纪”“等级分明，而天子加焉，故其尊者不可及也”（《治安策》）。如此即达到了与实行法制同样的目的。可见，贾谊本儒，但近于法家。具体表现为礼法结合，以礼为先。

在对儒学的继承中，贾谊很重视礼在治国中的重要地位，认为国家之治须以礼义为先。但他绝不否认法的作用，而是认为礼法必须结合。贾谊这里所谓的“法”，显然是指刑法。所以，以礼为先，礼法结合，其实提倡的就是儒家一贯坚持的“德主刑辅”思想。他说：“夫礼者，禁于将然之前；而法者，禁于已然之后。是故法之所用易见，而礼之所为生难知也。若夫庆赏以劝善，刑罚以惩恶，先王执此之政，坚如金石；行此之令，信如四时；据此之公，无私如天地耳，岂顾不用哉？然而曰：‘礼云礼云’者，贵绝恶于未萌，而起教于微眇，使民日迁善远罪而不自知也。孔子曰：‘听讼犹人也，必也使毋讼乎？’为人主计者，莫如先审取舍。取舍之极定于内，而安危之萌应于外矣。安者，非一日而安也；危者，非一日而危也；皆以积渐然，不可不察也。人主之所积，在其取舍。以礼义治之者积礼义；以刑罚治之者积刑罚。刑罚积而民怨背；礼义积而民和亲。故世主欲民之善同，而所以使民善者或异。或道之以德教，或驱之以法令。道之以德教者，德教洽而民气乐；驱之以法令者，法令极而民风哀。哀乐之感，祸福之应也。”①

在这里，贾谊已经超越了春秋战国儒法两家围绕礼法问题的理论争辩。针对汉初社会风俗的败坏，贾谊认为不仅要进行一系列制度上的改革，还必须做一番移风易俗的努力。但这不能仅靠刑法，而有赖于以礼为教。礼法性质不同，功能有异，然可以相通相济，可以把礼法作为治国安邦的两大基本方法来运用。他认为礼与法作用的时间不同，功用也不同。礼重于教化，促人向善，防患于未然。法重在惩治，令人畏缩，罪人于已然。礼与法相辅相成，各有各的功用，二者缺一不可。在治国过程中只有将二者结合，其政才能“坚如金石”。进而按逻辑延伸到德教和法令，可以推导出以德教和驱之以法令的不同效果。所以，贾谊回过头来力倡德治和德教，强调“夫民者，诸侯之本也。教者，政之本也。道者，教之本也，有道，然后教也。有教，然后政治也”。总体上看，贾谊是强调先礼后法、德主刑（法）辅的。他的这一观点，当时已经贯彻到实际立法之中。《汉书·贾谊传》说：文帝时“诸法令所更定，及列侯就国，其法皆谊发之”。后来，又经过《大戴礼记》的收录和传播，对后世也产生了很大的影响，成为“礼法社会”的主要内容之一。

像贾谊和汉初其他学者一样，韩婴也从反思秦的败亡入手，对秦的苛政暴刑持批判态度，认为秦速亡的根本原因是仁义不施。他的思想是礼法结合、王霸兼用。他说：“秦之时，非礼义，弃诗书，略古昔，大灭圣道，专为苟妄，以贪利为俗，以告猎为化，而天下大乱”（《韩诗外传》卷 5），要吸取秦不讲礼义，天下大乱导致败亡的教训，强调礼义对治理国家的至关重要意义。“在天者莫明乎日有，在地者莫明于水火，在人者莫明乎礼义”。“礼义不加乎国家则功名不白。故人之命在天，国之命在礼”（同上书卷 1）。认为“礼义”是国家安危存亡之所系。在强调礼义治国的同时，韩婴也重视法家的法治思想。他说：“修礼以齐朝，正法以齐官”（同上书卷 3），认为“法则度量正乎官，忠信爱利刑乎下”，这样，百姓“爱之如父母，畏之如神明”（同上），才能达到

① 《汉书·贾谊传》。《大戴礼记·礼察篇》全抄此文，见王聘珍撰. 大戴礼记解诂. 北京：中华书局，1983：22-24.

治国安民的目的。

韩婴将道家的道德和儒家的仁义作了沟通，在治国方面兼容了法家的思想。他说：“威有三术：有道德之威者、有暴察之威者，有狂妄之威者，此三威不可不审察也。何谓道德之威？曰：‘礼乐则修，分义则明；举措则时，爱利则刑；如是，则百姓贵之如帝王，亲之如父母，畏之如神明；故赏不用而民劝，罚不加而威行，是道德之威也。’”（《韩诗外传》卷6）

这里的“道德”相对于原始道家的“虚无”主义和拒斥社会性价值规范来说，已经充实了礼、乐、义等实质性内容；相对于原始儒家尊崇仁义礼乐而拒斥法家来说，它已容纳了法家的刑罚、体制等思想。韩婴之所以将仁义礼法纳入“道德”的限阈，是因为他把道家的“道德”与儒家的仁义和法家的法治视为互为表里、互相促进的相辅相成的互动关系。

另外，他一方面认为“礼”是实施“道”的前提条件，“故礼恭然后可与言道之方，辞顺然后可与言道之理，色从然后可与言道之极”（《韩诗外传》卷4）。另一方面，他认为法家的刑罚也必须以“道”为导向，才能发挥其治理的作用，即“严令繁刑，不足以为威；由其道则行，不由其道则废”（《韩诗外传》卷4）。

《韩诗外传》卷3引孔子的话：“昔者、先王使民以礼，譬之如御也，刑者，鞭策也，今犹无辔衔而鞭策以御也，欲马之进，则策其后，欲马之退，则策其前，御者以劳，而马亦多伤矣。今犹此也，上忧劳而民多罹刑。”这里，把礼比作辔衔，刑比作鞭策，认为二者像御马一样，同是治国必须采取的手段，应结合使用，不可偏废。这可与《孔子家语·执辔》中的思想进行对照：闵子骞为费宰，问政于孔子。子曰：“以德以法。夫德法者，御民之具，犹御马之有衔勒也。君者，人也，吏者，辔也，刑者，策也，夫人君之政，执其辔策而已。”子骞曰：“敢问古之为政。”孔子曰：“古者天子以内史为左右手，以德法为衔勒，以百官为辔，以刑罚为策，以万民为马，故御天下数百年而不失。”

这里把德法比作衔勒，百官比作辔，刑罚比作策，与上面略有差别。但把万民比作马则是共同的。其基本思想还是德主刑辅，以德礼治国。应该说明的是，这里的“德法”相当于礼，其中的“法”不是法家的“法”，应该是比较古老的用法，是法度、法则之义。

三、董仲舒礼法合治、德主刑辅、王霸结合，构建汉代国家治理模式

董仲舒在新的历史条件下继承西周以来的德治思想，结合儒家、法家在春

秋战国时期德刑、礼法之争辩的理论成果，提出了德刑兼用、德主刑辅的主体治国方案。他以《春秋》为基本思想材料，在政治实践上提出引礼入法（制）、礼法合治、以礼主法的思路，使儒学从理论形态走入实践领域。他重申上古以来的王道政治，并结合春秋战国王霸之辨的理论成果，提出王霸结合的总体治国模式，初步完成了汉代国家治理模式的构建。这一模式被后世历代封建王朝予以强化和发展，直到清末才告终结。

1. 引礼入法、礼法合治

董仲舒主张礼法合治，礼主法辅。在他看来，“礼者，继天地、体阴阳，而慎主客、序尊卑、贵贱、大小之位，而差外内、远近、新故之级者也”（《春秋繁露·奉本》）。实行礼乐教化，天下就会“甘于饴蜜，固于胶漆”（《春秋繁露·立元神》），同时，统治者还必须用法，“正法度之宜”（《汉书·董仲舒传》），并使“有功者赏，有罪者罚”“赏罚用于实，不用于名……则百官劝职，争进其功”（《春秋繁露·考功名》）。

董仲舒是把儒家经义应用于法律实践的第一人和代表人物，他提出的《春秋》决狱通过引礼入法比较集中地体现了汉代礼法融合的趋势。《春秋》贯彻着“尊尊”“亲亲”的礼制精神，包含着遏止礼崩乐坏，维护“君君、臣臣、父父、子子”的宗法等级秩序。在文字上，《春秋》言简意晦，很便于随意引申附会，因而受到董仲舒等的大力推崇。他们认为可以用《春秋》的经义解释法律和指导司法实践，以强化封建统治的需要。

《汉书·艺文志》载有《公羊董仲舒决狱十六篇》，后来又称“春秋决狱”“春秋决事比”，皆为以《春秋》大义断狱的案例。《汉书·董仲舒传》载：他老病家居后，“朝廷如有大议”，汉武帝还“使使者廷尉张汤就其家而问之，其对皆有明法”，所问为何？《后汉书·应劭传》中载明了：“董仲舒老病致仕，朝廷每有政议，数遣廷尉张汤亲至陋巷，问其得失。于是作《春秋决狱》二百三十二事。动以经对，言之详矣。”

《春秋决狱》一书早已失传。从现存的三四例中，可以看出礼对于法的影响。如“春秋为亲者讳”“春秋之义，父为子隐，子为父隐”（例见《通典》卷69）；“春秋之义……妇人无专制擅恣之行”，即妇女应严格遵循“夫为妻纲”的教条，若有违悖，从重惩罚；若合乎礼教，即使违法也可宽宥（案例见《太平御览》卷640）；“春秋之义，善善及子孙，恶恶止其身”（《后汉书·刘恺传》），即功赏可以扩及子孙亲属，而对于一般罪行只限于惩罚犯罪者本人，不应株连；还有“春秋之义，诛首恶而已”“春秋之义，以功覆过”（《汉书·

田延年传》)；等等。

春秋决狱最重要的是“春秋之义，原心定罪”。何为原心定罪？董仲舒解释这一原则说：“春秋之听狱也，必本其事而原其志。去邪者不待成，首恶者罪特重，本直者其论轻”（《春秋繁露·精华》）。他这里虽说是“本其事”，即从犯罪的行为、事实出发，但强调重点却是“原其志”，即在于判断行为者的主观动机是否合乎“三纲五常”的礼制秩序。如果一个人“志邪”，即动机是“恶”的，那就应该立即予以惩罚，而不必等待其发展成为犯罪行为，对其中的“首恶”处罚更要加重。相反，如果从行为和事实来看属于违法犯罪，但其“本直”，即动机是“善”的，那就应该从轻发落。董仲舒“决狱”所运用的正是这一原则。

需要指出的是，董仲舒根据先秦儒家思想所倡导的“原心定罪”原则是有针对性的。汉武帝时期，基本上执行的是秦时轻罪重刑的政策，强调“盗伤与杀同罪”，不问具体情节、动机一律从重。加上治狱之吏“上下相驱，以刻为明”（《汉书·刑法志》），断狱从重成习。在这种情况下，董仲舒提出“原心定罪”，具有一定的进步意义。从法学的角度来看，“原心定罪”强调定罪量刑应考虑违法者的目的、动机也是合理的。但董仲舒把“心”“志”当作认定犯罪、施用刑罚的唯一根据，也同样是不合适的。①

春秋决狱将礼的精神与原则引入司法领域，作为断罪的根据，不仅仅是引礼入法，还在相当程度上是以礼代法，出现了儒家思想法律化、儒家经典法典化的现象。在司法实践中，首先是把有关维护君权、父权的“尊尊亲亲”原则作为刑律的补白。“君亲无将，将而诛焉”（《春秋公羊传·庄公三十一年》）“亲亲相隐”“大义灭亲”等均被司法官吏奉为司法的指导原则。这些原则已被当时最高统治者承认，具有法律效力。据《史记·儒林列传》载：“（吕）步舒至长史，持节使决淮南狱，于诸侯擅专断，不报，以《春秋》之义证之，天子皆以为是。”

引经决狱自两汉始，经过700余年，至唐朝才逐渐衰落。引经决狱是引礼入法，礼法并用的深化。在实践中，法无明文规定者，以礼为准绳；法与礼抵触者，依礼处断。随着法制的不断完备和礼的全面规范，春秋决狱之风才最后终止。

---

① 高恒. 董仲舒对孔子法律思想的继承和发展［C］//孔子法律思想研究（论文集）. 济南：山东人民出版社，1986：293-294.

2. 德刑兼用、德主刑辅

董仲舒在西周“明德慎刑”的基础上以《春秋》为基本指导思想来构建“德刑兼用、德主刑辅”的主体治国模式。他认为《春秋》王道有其精神实质，这就是仁义之道，或叫德治精神。他在《王道》中描绘了理想的王道政治图景，具体地阐述了王道的内涵，包括爱民、教民、富民、修文德来远和尊祖祭祀等多方面内容。其中主要有两个方面的内容：其一是行教化，所谓德教。董仲舒继承发展了先秦儒家的德教思想。他从“天道”“人性”方面为封建君主实行德教找出了种种理论依据。他认为人具有趋利避害的本性，这促使其见利忘义，做出违反社会秩序的事情。防止违法犯禁的主要方法，就是预先进行教化，防患于未然：“夫万民之从利也，如水之走下，不以教化堤防之，不能止也”（《汉书·董仲舒传》）。他提出教化是上天授予君主的任务：“王者承天意以从事，故任德教而不任刑”“天令之谓命，命非圣人不行；质朴之谓性，性非教化不成；人欲之谓情，情非度制不节。是故王者上谨于承天意，以顺命也；下务明教化民，以成性也；正法度之宜，别上下之序，以防欲也：修此三者，而大本举矣”（《汉书·董仲舒传》）、“天生民性有善质而未能善，于是为之立王以善之，此天意也。民受未能善之性于天，而退受成性之教于王，王承天意以成民之性为任者也”（《春秋繁露·深察名号》）。

董仲舒还提出了“性三品”说，其中“圣人之性”无须教化，“斗筲之性”不可教化，唯“中人之性”才是教化的对象。董仲舒将教化喻为堤防，一旦教化不行，必将奸邪溃壅，故君王“南面而治天下，莫不以教化为大务”（《春秋繁露·深察名号》）。他还进一步强调德教的重要性，认为治国必须讲教化，“圣人之政，不能独以威势成政，必有教化”（《春秋繁露·为人者天》）。教化的作用是刑罚所不可比的：“道者，所由适于治之路也，仁义礼乐皆其具也。故圣王已没，而子孙长久安宁数百岁，此皆礼乐教化之功也”“古者教训之官，务以德善化民，民亦大化之后，天下常无一人之狱矣”“是故教化立而奸邪皆止者，其堤防完也；教化废而奸邪并出，刑罚不能胜者，其堤防坏也。古之王者明于此，是故南面而治天下，莫不以教化为大务”（《汉书·董仲舒传》）。

道德教化是预防犯罪的第一道防线，必须首先注重教化。他在分析当时社会犯罪情况说了一段颇有现实意义的话：“大富则骄，大贫则忧。忧者为盗，骄者为暴，此众人之情也。圣者则于众之情，见乱之所从生。故其制人道而差上下也，使富者足以示贵而不至于骄，贫者足以养生而不至于忧。以此为度，而调均之，是以财不匮而上下相安，故易治也。今世弃其度制，而各从其欲，欲无所穷，而俗得自恣，其势无极。大人病不足于上，而小民羸瘠于下，则富者愈贪利而不肯为义，贫者日犯禁而不可得止，是世之所以难治也”（《春秋繁露·度制》）。

这就是说，贫富若是超过了某一限度，都有可能走向犯罪之路。而破坏这个“度”的主要责任者又在“上”。因此，在董仲舒看来，无论是对于高高在上的“大人”“富者”，还是处于底层的“小人”“贫者”，都需要进行道德教化。因为“凡百乱之源，皆出嫌疑纤微，以渐寖稍长至于大。”所以圣人治国就要“章其疑者，别其微者，绝其纤者，不得嫌以蚤（早）防之”（同上）。礼义的作用在于防微杜渐，所以必须先以道德进行广泛的社会性的教化。“教，政之本也；狱，政之末也。其事异用，其用一也”（《春秋繁露·精华》）。

其二是施仁政，所谓德政。董仲舒说实行德政是上天对人君的要求，所以人君应该“以德配天”。“故德侔天地者，称皇帝，天佑而子之，号称天子。”（《春秋繁露·三代改制质文》）如果不从天意实行德治，就要受到惩罚。他说：“天之生民，非为王也；而天立王，以为民也。故其德足以安乐民者，天予之，其恶足以贼害民者，天夺之”（《春秋繁露·尧舜不擅移汤武不专杀》）。结合当时的社会现实，他认为天下之害莫甚于贫富对立，“大富则骄，大贫则忧。忧则为盗，骄则为暴”（《春秋繁露·度制》），贫富过度都会引起纷乱。所以，统治者应推行仁政，防止两极分化，不与民争利。董仲舒还具体提出了一些仁政的政治法律措施，如“限民名田，以赡不足，塞并兼之路”（《汉书·食货志》）；“薄赋敛，省徭役，以宽民力”“盐铁皆归于民”“去奴婢”“除专杀之威”，等等。

但董仲舒在强调道德教化的同时，并没有否定刑罚的作用，只是将刑罚置于次要和从属的地位，不可专而任之。“刑之不可任以成世也，犹阴不可任以成岁也”，否则谓之“逆天，非王道也”（《春秋繁露·阳尊阴卑》）。与儒家正统的看法不同的是，董仲舒认为德治不是万能的，即使其达到了至善至美的境地，也不需要完全替代刑罚。从阴阳之道而言，无阴不成阳，无刑不成德，“庆赏刑罚之不可不具也，如春夏秋冬不可不备也”（《春秋繁露·四时之副》）。在形式上，一阳一阴，德刑互为依赖，缺一不可，单行其一亦不可，而必须同时运用。他说：“圣王之治天下也……爵禄以养其德，刑罚以威其恶，故民晓于礼谊而耻犯其上”（《汉书·董仲舒传》）、“庆赏罚刑，事异而同功，皆王者所以成德也”（《春秋繁露·四时之副》）、“天地之数，不能独以寒暑成岁，必有春夏秋冬；圣人之道，不能独以威势成政，必有教化”（《春秋繁露·为人者天》）。

因此，从总体上看，董仲舒是主张德刑兼用的。不过他认为必须以德教为主，刑罚为辅，形成了“德主刑辅”的思想。他把德、刑与阴阳、四时相比附，说阳为德，阴为刑；春夏为德，秋冬为刑。他赋予德、阳、春的含义是“养生”“生育养长”等，赋予刑、阴、冬的含义是“刑杀”“杀罚”。例如，他说：“阳为德，阴为刑；刑主杀而德主生。是故阳常居大夏，而以生育养长为事；阴常居大冬，而积于空虚不用之处。以此见天之任德不任刑也”（《春秋繁露·基义》）、“故圣人法天而立道，亦博爱而亡私，布德施仁以厚之，设谊立礼以导之。春者天之所以生也，仁者君之所以爱也；夏者天之所以长也，德者君之所以养也；霜者天之所以杀也，刑者君之所以罚也”（《汉书·董仲舒传》）。

在实行的次序上，首先必须实行德教，其次才是刑罚，即所谓“前德而后刑”或“先教而后诛”：“天以阴为权，以阳为经；阳出而南，阴出而北；经用于盛，权用于末；以此见天之显经隐权，前德而后刑也”（《春秋繁露·阳尊阴卑》）。而不能以德废刑。可见，董仲舒的“德主刑辅”观与先秦儒家的刑德关系观相比，已发生了一个微妙的变化，即刑在实质方面的作用得以提高。

在实行的侧重上，他认为必须“大德而小刑”“厚其德则简其刑”。在这方面，董仲舒引进阴阳五行学说来解释德刑这种关系，因而具有相当浓厚的神秘化倾向。他把“大德小刑”原则说成是“天意”“天道”的体现，是永恒持久的最高准则。他说：“天道之常，一阴一阳。阳者，天之德也；阴者，天之刑也”（《春秋繁露·阴阳义》）、“天道之大者在阴阳，阳为德，阴为刑”（《汉书·董仲舒传》）。

他将天之阴阳与人类社会之德刑加以比附，然后以此为前提进一步说证“大德小刑”：“天出阳为暖以生之，地出阴为清以成之。不暖不生，不清不成；然而计其多少之分，则暖暑居百而清寒居一。德教之与刑罚，犹此也。故圣人多其爱而少其严，厚其德而简其刑，以此配天”“天之亲阳而疏阴，任德而不任刑也”（《春秋繁露·基义》）。

这便是以“天”的阳多阴少、阳主阴辅来比附德多刑少、德主刑辅，并提高到以人配天，即天人合一的高度。由于要与阴阳运行规则相适应，德主刑辅成为后代立法的指导思想，进而使礼乐与刑法成为一个相辅相成的综合体系。

在刑罚的使用上，他提出赏罚适时、适度的主张。他说："庆赏罚刑，当其处不可不发，若暖暑清寒，当其时不可不出也；庆赏罚刑各有正处，如春夏秋冬各有时也"（《春秋繁露·四时之副》），所以在德刑的使用上，"刑"应当"顺于德"。他说："阳为德，阴为刑，刑反德而顺于德"（《春秋繁露·阳尊阴卑》）。所谓"顺于德"，是说在使用刑罚时必须符合德的要求，有助于德的实施。换句话说，刑罚的使用必须以"德"作为指导。

3. 王霸结合，以王统霸

董仲舒是通过阐述《春秋》公羊学的"微言大义"来树立其王道理论，然后再结合霸道的。其终极模式是王霸结合，以王道为主，统摄霸道。

西汉时，《春秋公羊》盛行，学者们开始注重其中的"微言大义"。《春秋公羊传·哀公十四年》云："君子曷为《春秋》？拨乱世，反诸正，莫近诸《春秋》。"这就是说，孔子作《春秋》是为了拨乱反正，即以王道文化传统贬损、匡正现实政治。董仲舒也要这样做。他在传习《春秋公羊传》时揭示《春秋》主旨是"论十二世之事，人道浃而王道备"（《春秋繁露·玉杯》），即《春秋》的精神在于明王道。他解释说，《春秋》中"春，王正月"一句意味着"上承天之所为，而下以正其所为，正王道之端"（《汉书·董仲舒传》），《春秋》所谓"元年"意味着"视大始而欲正本"，亦即人君"正心以正朝廷，正朝廷以正百官，正百官以正万民，正万民以正四方"（同上）。《春秋》明王道的根本之义就是"正"，"是故《春秋》之道，以元之深正天之端，以天之端正王之政，以王之政正诸侯之即位，以诸侯之即位正竟内之治：王者俱正而化大行"（《春秋繁露·二端》）。经过这样由天而人，由上而下的层层的"正"，便是天下大化、王道大行的理想得以实现的保证。

具体到董仲舒的王道内容，是有一个体系的。这个体系是由《春秋》为后王主法说、王者一统说、王道德治说、文质互救说、五德终始和三统三正等相合而成。对此学人已多有详论，这里从略。

董仲舒详细申明《春秋》王道大义，有其明确的政治目的，就是"奉天法古"（《春秋繁露·王道通》），以王道之正，解决当时社会面临的政治、经济问题，即正不正，反之王道之正。为了实现这一宏伟目标，就要对当时各种思想进行整合，使之符合既定的目标。因此，他仔细总结《春秋》正不正的十条重要经验，提出"十指"，包括美贵贱、别嫌疑、异同类、别贤不肖、强干弱枝、大本小末、赏善诛恶、考灾异等，其基本精神就体现了王霸结合。然而董仲舒的王霸结合不是无条件的，是以仁德来统摄王霸的。[①] 他说："春秋之道，大得之则以王，小得之则以霸……霸王之道，皆本于仁。仁，天心，故次以天心。苏舆注：《春秋》之旨，以仁为归。仁者，天之心也。"[②] 这样看来，董仲舒的王霸结合是站在儒家立场上对法家有价值的东西进行整合。

不过，我们也发现，董仲舒对法家的态度有矛盾的现象。如他一方面在《天人三策》的第一策说："天之任德不任刑也。……王者承天意以从事，故任德教而不任刑。刑者不可任以治世，犹阴之不可任以成岁也。为政而任刑，不顺于天，故先王莫之肯为也。"这就把法家"任刑"的思想完全否定了。对策又说："秦继其后，独不能改，又益甚之，重禁文学，不得挟书，弃捐礼谊而恶闻之……故立为天子十四岁而国破亡矣。"这是对以法家思想为依据的秦的法治实践的完全否定。但是，在《春秋繁露》里，董仲舒却提出了大量的法家思想，如《春秋繁露·王道》说："道同则不能相先，情同则不能相使，此其数也。由此观之，未有去人君之权，能制其势者也。"《保位权》也说："圣人之治国也……务致民令有所好，有所好然后可得而劝也，故设赏以劝之。有所好必有所恶，有所恶然后可得而畏也，故设法以畏之。既有所劝，又有所畏，然后可得而制。"责名考质，以参其实。赏不空行，罚不虚出，是以群臣分职而治，各敬其事，争进其功，显广其名，而人君得载其中，此自然致力之术也。《春秋繁露·考功名》还说："挈名责实，不得虚言，有功则赏，有罪则罚……赏罚用于实，不用于名。"

对于这种矛盾的情况，研究者各据一偏，或说董仲舒是"弃绝"法家的思想，或说"法家的法术势思想成了礼义王道的当然的组成部分。"[③] 实际上这也是一种矛盾的说法，并没有解释董仲舒何以会有这种矛盾。我以为，董仲舒之攻击、排斥法家，主要是在《天人三策》中，是针对当时社会"汉承秦制"而亦承其弊的"破"，目的是行"王道"，是想借用政权的力量来实现。他在《春秋繁露》中系统阐述其政治思想时，目的则是"立"，即从建设未来治国理想模式角度考虑时，不得不承认法家思想还是有其合理价值的，要实现王道是有必要有法家的"硬的一手"的。所以，看似矛盾，实则并不矛盾。这就叫作此

---

① 金春峰说："在董仲舒的政治思想中，占据核心地位的是仁德思想。"见《汉代思想史》（修订增补本）［M］. 北京：中国社会科学出版社，1997：195.

② 苏舆撰. 春秋繁露义证［M］. 北京：中华书局，1992：161.

③ 分别见王葆玹. 今古文经学新论［M］. 北京：中国社会科学出版社，1997：240-247. 金春峰. 汉代思想史（修订增补本）［M］. 北京：中国社会科学出版社，1997：206.

一时彼一时。

四、现代意义

当今中国，无论是政府管理，还是社会治理，都面临着诸多问题。有人将之解释为转型社会的必然特征，有人将之概括为“中等收入陷阱”。不管怎么解释，这些问题都说明当代中国面临着严重的社会治理危机。如何解决这些问题呢？结合当今现实，笔者认为：

首先，应该重视儒家治道经验和教训的总结和整理，重视对儒家治道资源的开发和利用。“礼法合治，德主刑辅”是汉初以儒家为主形成的治国理政模式，在历史上对国家的长治久安、社会的和谐稳定起了持久而积极的作用，也为当前国家治理模式创新提供了重要启示。党中央提出了“推进国家治理体系和治理能力现代化”，怎么推进？现代化不是无源之水，无本之木，对于我们这个有着几千年历史的文明古国，要在继承传统的基础上开辟未来。就像习总书记在 10 月 13 日中共中央政治局第十八次集体学习讲话中所说的：“中华优秀传统文化是我们最深厚的文化软实力，也是中国特色社会主义植根的文化沃土。每个国家和民族的历史传统、文化积淀、基本国情不同，其发展道路必然有着自己的特色。一个国家的治理体系和治理能力是与这个国家的历史传承和文化传统密切相关的。解决中国的问题只能在中国大地上探寻适合自己的道路和办法。”此前的 9 月 24 日，习近平在人民大会堂出席纪念孔子诞辰 2 565 周年国际学术研讨会暨国际儒学联合会第五届会员大会开幕会并发表重要讲话时就强调：“不忘历史才能开辟未来，善于继承才能善于创新。”传统社会治理主要是以儒家为主，兼容道、法、墨等各家各派形成的综合性很强的社会治理体系，这就是德、礼、政、刑一套立体道德网络综合治理体系。这套体系今天仍然有其现代价值。

这里我要特别强调的是复兴儒家礼治治理模式，同时强调其与德治、法治密切结合。礼在古代是普遍适用的社会规范体系，是一个道德与法律、道德与信仰、道德与哲学、道德与政治等交错重叠的网络状结构体。礼治在中国传统治道当中起着巨大而全面的社会整合作用。众所周知，我们前几年一度掀起了德治与法治结合的讨论，后来由于种种原因没有深入下去，更没有得到落实。这里可能有许多原因，但是我觉得从理论上说，没有提及礼治与德治、法治配合，应该是一个重要的因素。在西方文化当中，社会治道体系是以宗教与法律为主体，辅之以世俗道德教育，是形而上之谓道和形而下之谓器的二元分立。

中国传统治道体系是道统、礼乐和法律的三位一体，是形而上之谓道、形而中之谓人、形而下之谓器的三元和合，其思想根源是天、地、人三才的和合。所以，礼治在德治与法治中起着上通下贯、中道制衡的作用。前几年的德治和法治相结合的提法，是受二元对立思维模式的影响，试图把中国的德治与西方的法治结合起来。但是由于没有礼治作为主体，居中制衡，向上沟通道德，使道德能够落实，向下沟通法律，使法律有所统摄，结果德治和法治相结合就没有办法落实，没有形成新的综合社会治理模式。10 月 13 日中共中央政治局第十八次集体学习的主题是我国历史上的国家治理经验，习总书记在讲话中指出“我国古代主张民惟邦本、政得其民，礼法合治、德主刑辅，为政之要莫先于得人、治国先治吏，为政以德、正己修身，居安思危、改易更化，等等”。这里特别强调了礼法合治、德主刑辅，阐明了传统以儒家为主的社会治理把德治、礼治和法治结合为一体的特点，值得我们重视。10 月 25 日王岐山书记在中纪委第四次全体会议更明确地指出：“我们这么大一个国家、13 亿人，不可能仅仅靠法律来治理，需要法律和道德共同发挥作用……中华传统文化中蕴含着深厚的治国理政、管权治吏思想，有丰富的礼法相依、崇德重礼、正心修身的历史智慧。‘国家’是我们民族独有的概念，国与家紧密相连、不可分离。修身齐家治国平天下，修身为首要。中华传统文化是责任文化，讲究德治礼序。”显然，新一代领导人治理国家的思路已经很清楚，就是继承几千年来古圣先贤、历代大儒修身齐家治国平天下的基本治国理念和治理模式，在继承的基础上加以创新，推进国家治理体系和治理能力现代化。（作者系中国人民大学国学院教授）

惟德动天，咸有一德：印度尼西亚孔教与中华文化传统的认同和传承

王爱平　鲁锦寰

本次研讨会的主题是“中华美德现代转化与传承”，其中重要的关键词就是“德”。也许您听过近几年的社会流行歌曲《惟德动天》，也许您读过《尚书》的《咸有一德》，在当今加快实现现代化进程的中国社会，人们以切肤之痛，呼唤着“道德”，呼唤着“中华美德”。这里要向大家介绍的是在遥远的海外，在被称为“千岛之国”的印度尼西亚，有一个以孔子为教主、以儒家学说为教义的印度尼西亚孔教，成千上万的孔教信仰者每天都会念诵吟唱“咸有一德，惟德动天”。本文谨以印度尼西亚孔教为例，以多年在印度尼西亚的实地调查为根据，探讨论述华人宗教与中华文化传统及道德伦理在海外传承播布的有关问题。

我们来自侨乡厦门和泉州，华侨大学华文学院也就是著名华侨领袖陈嘉庚先生 20 世纪 50 年代初创办的集美华侨补习学校，1997 年划归国务院侨办所属华侨大学。我们均为学历史出身，后来王爱平有幸在北京大学社会学人类学研究所学习了社会学与人类学。我们是从做华侨华人研究，从研究印度尼西亚华侨华人的历史文化开始进行对印度尼西亚孔教、东南亚儒教儒学的研究的。

1998 年 5 月印度尼西亚发生“排华暴乱”以后，有将近 400 名印度尼西亚华裔青少年（甚至儿童）突然涌入我校学习汉语，这实际上带有避难性质，对我们有很大的触动，此后我们就开始研究印度尼西亚华裔青少年的认同问题。后来有机会去印度尼西亚担任汉语教学，进一步了解到并且为印度尼西亚华人对自身民族、文化的使命感、责任感所深深感动，即开始对印度尼西亚华人的历史文化进行调查，最后确立对印度尼西亚孔教做专题深入研究。

对印度尼西亚孔教的研究，采取了历史学、人类学和宗教学相结合的研究方法，搜集、分析文献资料与参与观察、深入访谈相结合。每年利用暑假去印度尼西亚，住在华人的家里，进行调查研究。

一、印度尼西亚孔教概况及渊源、历史

印度尼西亚孔教以中国的孔子学说（儒学）为宗教信仰，已有百余年的发展历史。印度尼西亚孔教是以不谙华语的中下层土生华人为主体的、印度尼西亚化的、制度化的宗教，早在20世纪60年代已被政府宣布为与伊斯兰教、基督教、天主教、佛教和印度教并列的印度尼西亚六大合法宗教之一。印度尼西亚孔教的形成与发展，始终与印度尼西亚华人要维护和坚持华人传统文化及自身的华人身份认同紧密结合在一起，大致经过以下几个阶段：

（1）印度尼西亚孔教源于中国儒学（儒教），起于19世纪中晚期。中国儒学（儒教）在印度尼西亚的传播由来已久，是伴随着华人移居印度尼西亚开始的。最初主要是华人的家庭教育和庙堂宗祠的祭祀以及私塾、书院的文化教育。

19世纪中晚期，随着印度尼西亚华人民族意识的觉醒，印度尼西亚华人开始有目的地维护华人文化传统和华人身份认同。当时华人团体为了阻止华人被“番化”（即同化），开始建立公共宗祠和丧葬组织，在祭祖、婚丧仪式、妇女着装等方面大力恢复华人传统习俗。同时翻译儒学经典和有关读本，其翻译一是指由中文翻译成马来文，二是由荷兰文、英文翻译成马来文，三是把经书原文改写成“口语”（白话文）。这一时期，《论语》《大学》《中庸》都被翻译成了马来文读本。

特别是19世纪80年代在印度尼西亚第二大城市东爪哇首府泗水（Soerabaja）出现了孔诞纪年的使用。这一切都发生在康有为到印度尼西亚之前以及戊戌变法之前。

（2）1900—1944。1900年巴达维亚中华会馆成立，这是第一个正式的、公开的孔教组织，它公开宣称要以圣人孔子的学说为指导改进华人的风俗习惯，要进行孔教的教育，要在华人中推广中国语言文化的学习。此前，泗水已经建立了亚洲最大规模的文庙，并成立了孔教组织“斯文会”。

1923年印度尼西亚各地的孔教会联合成立了印度尼西亚孔教总会。

（3）1945—1965.9.29。1945年印度尼西亚独立，1955年印度尼西亚孔教联合会在梭罗重新成立，它就是现在印度尼西亚孔教总会的前身。1965年苏加诺总统发布第一号总统法令，宣布孔教为印度尼西亚六大宗教之一，他把孔教

当作印度尼西亚土生华人的宗教。

（4）1965. 9. 30—1998。1965 年“9 · 30 事件”后苏哈托执政，最初对宗教采取利用的政策，宣布承认苏加诺总统的 1965 年一号法令。

当时苏哈托政府对华人实行强制同化政策，并很明确地把清除华人的文化特性作为其同化政策的重点。自 1979 年开始，苏哈托政府不承认孔教为合法宗教，对孔教从各方面进行打压。宗教部、内政部、教育部发布一系列法令，规定身份证上不得登记宗教信仰为孔教，学校里的孔教宗教课取消，政府不再承认孔教主持的结婚仪式和注册，等等。

此后直到 1998 年的 20 年间，印度尼西亚孔教顶住了各方面的压力，一直在坚持宗教活动，使得许多年轻人仍然有机缘接触孔教，加入孔教。

目前孔教年青一代的领导人和骨干，如现任总主席黄耀德，前两届总主席、现任孔教总会主席团主席、总统大学校长黄金泉（Chandra Setiawan），前任总主席陈清明（Budi. S. Tanuwibowo）等，都是那一时期加入孔教的。

（5）1998—2006 年至现在。1998 年苏哈托下台不久，印度尼西亚孔教即不失时机地召开了第 13 届全国代表大会。自 2000 年开始，每年印度尼西亚的总统（先后包括瓦希德总统、梅加瓦蒂总统和苏西洛总统）都参加孔教的新年（春节）庆祝活动，他们以此表示对华人的态度和政策。2006 年上半年，在苏西洛总统的命令下，印度尼西亚宗教部、内政部和教育部都发布有关文件，最终解决了印度尼西亚孔教的法律地位问题。

目前印度尼西亚政府的高层领导对印度尼西亚孔教都很重视，2007 年 11 月第四届国际儒学研讨会暨首届世界孔教国际研讨会在雅加达召开，印度尼西亚宗教部长和宪法院院长亲自出席致辞祝贺。

印度尼西亚孔教和伊斯兰教等也都保有友好和谐的关系。

印度尼西亚孔教又不失时机地提出“满招损、谦受益”，将此作为工作的指导思想。

二、印度尼西亚孔教源自中华文化，是宗教化、印度尼西亚化的华人文化

（一）印度尼西亚孔教源于中国儒家文化（儒学、儒教），是制度型宗教，是中国儒教的宗教化

如上所述，印度尼西亚孔教的形成源于中国儒家文化在印度尼西亚的传播和 19 世纪中晚期印度尼西亚华人为恢复华人文化传统的努力。印度尼西亚孔教

的文化内涵的核心内容就是中国儒家文化。

印度尼西亚孔教的文化内涵的核心就是中华传统文化的基本特质：

致中和（整体和谐和均衡）的宇宙观——自然系统的和谐，人与自然界的和谐，人与人的和谐，个人系统的和谐；天命、天道。

中华文化传统的伦理道德观念——仁义礼智信；忠孝仁爱，礼义廉耻，等。

敬天，拜祖先，重视家庭和社会的责任，等等。

印度尼西亚孔教宗教化的表现主要有：

（1）有系统的宗教教义体系。孔教以孔子为教主，以孔子学说为教义。

（2）有宗教经典。孔教使用儒学经典《四书五经》。

（3）有严明的教规。

（4）有专门的、独立的宗教活动场所，如文庙、“礼堂”、三教庙宇等。

（5）有教徒。印度尼西亚孔教总会认为，凡是敬天、拜祖先、尊孔者都可视为孔教徒。

（6）有比较完整的宗教组织及制度。孔教有中央组织和各种类型的地方组织，有专门的教职人员（神职人员），并实行教阶制度。

（7）有系统的信仰体系、宗教仪式体系，包括礼敬仪式、礼拜宣道仪式、祭祀仪式。

（二）印度尼西亚孔教的本土化（印度尼西亚化）

印度尼西亚孔教的宗教化本身就是印度尼西亚化（本土化）的一种表现。

印度尼西亚孔教已经是印度尼西亚的宗教，吸纳融入了许多印度尼西亚本土文化，有着鲜明的印度尼西亚特点，其外在形式与中华文化有较大差异。

印度尼西亚孔教使用的语言文字主要为印度尼西亚语。

关于教义，印度尼西亚孔教也没有完全照搬作为中华文化的儒家思想，而是遵循印度尼西亚国家有关规定，往往以伊斯兰教为标准。

印度尼西亚孔教的宗教仪式体系，也纳入了印度尼西亚国家颁布的纪念节日，纳入了地方认同、面向社会的慈善活动的内容，纳入了作为印度尼西亚国家公民义务的内容。

印度尼西亚孔教为原有的华人传统节日加上了宗教意义的内容。如每年 7 月的普渡节、“敬好朋” 和年末的祭灶节成为印度尼西亚孔教的社会节，加入了大规模开展慈善救济活动的内容，在印度尼西亚社会产生了很大的影响，等等。

三、印度尼西亚孔教与华人文化的传承、中华文化的传播

笔者以为，印度尼西亚孔教在华人传统文化的传承、中华文化的传播方面有几点特别值得我们重视：

（一）以宗教的形式坚持华人民族身份认同、维护和保存华人民族文化

在印度尼西亚特定的环境、条件下，孔教成为印度尼西亚华人坚持华人民族身份认同、维护和保存华人民族文化的重要途径；在特定的历史时期，甚至是唯一合法的途径。

孔教在印度尼西亚维护和保存华人文化方面功不可没。

（二）华人文化藉宗教名义渗入、融入印度尼西亚社会——这是华人文化的传承，也是中华文化的传播，华人宗教由此也成为华人融入当地社会的重要途径

例如：孔教将华人传统节日——中国汉族传统岁时节日几乎全部纳入宗教仪式体系，作为宗教节日，如华人新年、元宵、清明、端午、中秋、冬至等。华人文化逐渐被整个印度尼西亚社会所接受，产生了较大的影响，华人新年——春节已成为印度尼西亚全国公共假日，等等。

（三）宗教仪式：海外华人文化传承的机制与途径

印度尼西亚孔教使用孔圣诞历法和宗教节日的设定，显示出孔教所传承文化的整体性，有助于形成群体的集体记忆，加深和坚定对华人文化及身份的认同。

宗教仪式以人们的日常生活为基础，是能够保存和传承华人文化传统的根本所在。宗教仪式为集体记忆的传承提供了公共参与的空间，同时形成文化认同与传承所必需的、不断重复的包括象征体系和身体操演在内的综合性实践记忆。由此，宗教仪式成为印度尼西亚华人文化传承播布的重要机制和途径。

四、结语

总之，人是文化的载体，也是文化传播的主要媒介。中国的海外移民——华侨、华人、华族，是中华文化在海外传承播布的重要载体。

宗教是一种包含多层次内容的文化形式，也是一种影响广泛的文化传播途径。华人宗教是中华文化在海外传承播布的重要途径。

文化的继承与创新是文化存在和发展的基本规律；文化的多样性是人类世界的基本特征。华人移民在海外对中华文化的传承播布，不是简单的、原封不

动的照搬和复制。华人移民对中华文化的传承播布，不仅是保存和继承，而且更重要的是一种生机勃勃的文化创造（用中国当代流行语言来说就是文化创新）。这种文化创造表现为华人对移居国当地文化的适应、吸纳、融合，表现为中华文化与华人移居地文化的交流、会通与发展。

一代又一代中国移民走向世界各地，在不同的国度落地生根，形成不同国家的华人族群——“华族”，他们虽然传承中华文化的基本特质，但已有所变异——他们吸纳了移居国当地不同的文化，创造出各具特色的华族文化。在有上千年华人移民历史的东南亚，华族文化就是源自中国的中华文化在与东南亚各国不同文化的长期互动中发展形成的，东南亚华族文化已经成为华人所在国多元文化的一个组成部分。这一文化传承和创新的过程，显示了中华文化的开放、包容的特质以及中华文化的强大生命力；同时体现了作为中华文化载体的华人族群富有文化创造力的民族特性，表现出他们在中华文化与世界文明多元共处中的重要作用。

道德伦理是中华文化传统的核心组成部分，海外华侨华人在文化传承与创新的过程中也传承着中华文化的道德伦理，并在适应异文化环境和现代化社会的实践中创造性地实现了对中华美德的现代转化。（第一作者系华侨大学华文学院［厦门集美侨校］教授，第二作者系华侨大学原出版中心主任、《华侨大学学报》常务副主编）

附录 1：

印度尼西亚孔教祭祀礼拜仪式歌曲《咸有一德，惟德动天》歌词：

咸有一德。咸有一德。咸有一德。
惟德动天，非天私我。
咸有一德。

附录 2：

当代流行歌曲《惟德动天》歌词：

有一种光明不会灭
有一种追求永不停歇
有一种梦想是不断超越
有一种品质永不褪色
有一种铭记会永远

有一种力量最强大无边
有一种坚持是闪光的信念
有一种想起让人感恩无限
惟德动天芳香人间
是你心怀苍天悲心慈目的容颜
惟德动天永存人间
是你忘记自己只求给予的奉献
惟德动天芳香人间
是你万难无畏一肩挑起的大愿
惟德动天永存人间
是你普载大地滋润万物的庄严

愿求者如愿，愿困者脱险
愿这世间吉祥安乐
愿求者如愿，愿困者脱险
愿每颗心充满善念

（本文为王爱平主持的国家社科基金项目“东南亚孔教、孔子信仰研究”［项目批号：11BZJ032］及国务院侨办委托项目［项目编号：GQBY2014020］的阶段性成果）

儒家诚信及其现代价值

李伟波

儒家诚信观念是中华民族的传统美德，也是儒家一贯倡导的修身处世之本、人际交往之基和立业为政之道。诚信作为儒家基本的道德规范和行为准则，在当今社会仍有其不可估量的现实意义，理应成为构建社会公共诚信体系的道德支撑。

一、"诚信"释义

儒家历来崇尚诚信。"诚"是指真实不欺的美德，强调真心实意，反对虚伪欺诈，"所谓诚其意者，毋自欺也"（《大学》）、"诚者，真实无妄之谓，天理之本然也"（《中庸》）。"诚"字凸显了真实无妄、诚实无欺、表里如一的道德意涵，并由此确立起"诚"作为儒家修身处世之本这一道德命题。如孟子曰："诚者，天之道也；思诚者，人之道也"（《孟子·离娄上》）。周敦颐亦曰："诚者，圣人之本，百行之源也"（周敦颐：《通书·诚上》）。上述皆揭示出"诚"是人性之本，是圣人之所以为圣人的道德根源。

"诚"既是个体道德行为的基础和根源，又是个体德性养成和完善的内在保障。如荀子所言："君子养心莫善于诚。致诚则无它事矣，唯仁之为守，唯义之为行"（《荀子·不苟》）。周敦颐曰："诚，五常之本，百行之源也"（周敦颐：《通书·诚下》）。朱熹亦言："诚其意者，自修之首也"（《大学》）。这些表明"诚"作为道德行为根源的伦理价值确证。"诚"的道德意涵告诫世人既不自欺亦不欺人，不弄虚作假，不欺世盗名，表里如一、心口如一方为"诚"。同时，"诚"还具有社会教化的道德功效，自心之诚呈现于外，则能感动、教化他人，"诚者，非自成己而已也，所以成物也"（《中庸》）。成己成物是儒家"诚"的应有之义。

“诚”的道德意识外化为人际交往的道德践履便是“信”。“信”的基本含义是人与人之间发自内心的诚实无欺，侧重于人际交往时信守诺言，强调言行一致。孔子对“信”推崇备至，并将其列为四教之一，《论语》即有“子以四教：文、行、忠、信”（《论语·述而》）和“言而有信”（《论语·学而》）等说法，皆强调“信”作为人际关系基本准则的重要性。及至汉代，董仲舒首次将信列为“五常”之一，从而使“信”成为中华民族基本的道德规范。

古代儒家对于“信”极为重视。所谓“人无信不立”（《论语·颜渊》），是指人不讲信用便难以立足社会。孔子把“信”视为立身处世的根本原则和人际交往的道德准则，曰：“人而无信，不知其可也”（《论语·为政》）。教导人们“朋友信之”（《论语·公冶长》），实现人际交往之“信”的基本前提便是诚实不欺、言而有信。具体而言大致有三：其一，所言务必真实可信，不做无稽之谈。“无便曰无，有便曰有。若以无为有，以有为无，便是不以实，不得谓之信”（陈淳：《北溪字义卷上·忠信》）。其二，“言必信，行必果”（《论语·子路》）。言而有信，行而有果，信守诺言。其三，言行一致，“言顾行，行顾言”（《中庸》），言行一致方能取得对方的信任。由此可见，“信”不仅是古代儒者修身立德的道德根基，也是其为人处世基本的道德保障。

在古代儒家那里，“诚”与“信”的含义不尽相同，又不无关系。“诚”多指“真”“实”之义，强调道德主体的内在诉求。“信”多指“忠”“任”之义，强调道德主体取信于人。《说文解字》即以“诚”“信”互释：“信，诚也”“诚，信也”（许慎：《说文解字》）。程颐曾言：“学贵信，信在诚。诚则信矣，信则诚矣”（《中庸》）。荀子则首次将“诚”“信”合称为“诚信”，曰“诚信生神，夸诞生惑”“君子养心莫善于诚”（《荀子·不苟》），将诚信视为个体德性修养的门径，从而赋予“诚信”以真正的道德意义。“诚”“信”合起来则为“诚信”，“诚信”讲究诚实无欺、信守诺言、言行一致、表里如一。“诚”为“信”之体，“信”为“诚”之用，“诚故信，无私故威”（张载：《正蒙·天道》）。“诚”是“信”内化于心的本然状态，“信”则是“诚”的外在呈现。只有内诚于心，才能外信于人，无信则不足以见其诚。从道德情感上来讲，儒家诚信观强调真情实意和信守承诺；从力行实践上来讲，儒家诚信观强调表里如一、言行一致。

二、“诚信”的历史价值

在古代儒家那里，“诚信”不仅是个体所应具备的基本道德规范，同时还是统摄五常于一身的德性之首，是个体进德修身、人际交往、治国安邦的道德准则。

首先，诚信是修身处世之本。诚信是人之所以为人的道德根源，一切道德行为的落实全在一个“诚”字。陆九渊把诚信视作人区别于动物的标志，在他看来，违背诚信的人与动物无异，“人而不忠信，何以异于禽兽者乎”（陆九渊：《陆九渊集·主忠信》），从而将诚信提升到人之所以为人的高度，违背诚信，则人不为人。在儒家看来，诚信还是个体立身处世得以畅行的道德保障。如孔子所言：“言忠信，行笃敬，虽蛮貊之邦，行矣。言不忠信，行不笃敬，虽州里，行乎哉?”（《论语·卫灵公》）人若有信，即使身处蛮貊之邦也能通行无阻；人若无信，即使身处州里也寸步难行。孔子还把诚信比作车之“輗”“軏”，以此阐明诚信之于个体立身处世的重要性，曰：“人而无信，不知其可也。大车无輗，小车无軏，其何以行之哉?”（《论语·为政》）此处孔子指出，人若不讲信用，就像大车没有“輗”、小车没有“軏”一样，寸步难行，特别强调了诚信作为个体立世之本的重要性。

其次，诚信是人际交往之基。诚信的本意是对他人诚实守信，其深层内涵是内不欺己与外不欺人的统一、取信于人与相信他人的统一，是儒家倡导的人际交往的重要原则。孟子将“朋友有信”列为“五伦”之一，“使契为司徒，教以人伦：父子有亲，君臣有义，夫妇有别，长幼有序，朋友有信”（《孟子·滕文公上》）。所谓“朋友有信”，是说朋友之间最重要的是相互信任、真诚相待，只有诚实守信才能赢得他人的信任，从而建立并保持良好的人际关系。反之不然，“失信不立”（《春秋左氏传·成公八年》），失信于人则无法在社会上立足。曾子曰：“吾日三省吾身，为人谋而不忠乎？与朋友交而不信乎？传不习乎?”（《论语·学而》）曾子此言明确指出朋友之交应以信义为重，从而肯定了诚信在社会交往中的重要性。

儒家不仅将“信”视作维系人际关系的根本，还将实现良好人际关系的路径寄望于人人皆守信用。“与朋友交，言而有信”（《论语·学而》），只有树立个体良好的社会信誉，方能消除对方的疑虑之心，从而取信于他人和社会，形成相互信任的和谐的社会关系。反之，“人无忠信，不可立于世”（程颐：《河南程氏遗书》卷二十五），如果人际交往中诚信缺失，互相怀疑揣测，人际交往则难以开展，社会秩序必将陷入一片混乱。所以说，诚信不仅是人际交往的道德准则，还是促进社会秩序良好发展的道德基石。

再次，诚信还是立业治国之道。要想成就一番事业，必须诚信待人，言行一致，才能行事通达无阻。孔子极为重视诚信在立业治国中的作用，曾曰："信以成之"（《论语 · 卫灵公》），认为君子行事成功的关键在于诚实守信。如果失信于人，必定诸事不成，如二程所言："修学不以诚，则学杂；为事不以诚，则事败；自谋不以诚，则是欺自心而自丧其忠；与人不以诚，则是丧其德而增人之怨"（程颐：《河南程氏遗书》卷二十五）。此处二程特别强调诚信在君子修学行事过程中所起的重要作用。同样，在社会经济领域，诚信与否仍然是决定社会经济发展程度的重要尺度。如荀子所言："商贾敦悫无诈，则商旅安，货通财，而国求给矣"（《荀子 · 王霸》）。此处荀子充分肯定了诚信作为最重要的商业道德规范，对于经济发展和国家富强所起的促进作用。而在国家治理层面，诚信又是为政治国的基本道德规范和道德保障，甚至关乎国家政权的兴衰存亡。政无诚信则不立，国无诚信则不稳，古代儒家历来将诚信视为治理国家的根本。如《荀子》曾言："夫诚者，君子之所守也，而政事之本也"（《荀子 · 不苟》）。为政者必须守信践诺，才能赢得民众的信任和支持，为政者如若不讲诚信，必将"上诈其下，下诈其上，则是上下析也"（《荀子 · 王霸》）。《论语》载有"子贡问政"一事，孔子将治国之道概括为"足食，足兵，民信之矣"（《论语 · 颜渊》），认为必不得已时可以"去兵""去食"，但决不能"去信"。在孔子看来，"自古皆有死，民无信不立"（《论语 · 颜渊》）。孔子的观点肯定了取信于民是治国之本，信义比军备和粮食更为重要。孔子又曰"君子信而后劳其民"（《论语 · 子张》），为政者只有以诚待民，才能取信于民，民众才会接受其教化。荀子则特别强调提升为政者的信德修养的必要性，所谓"政令信者强，政令不信者弱"（《荀子 · 议兵》）。他强调通过提升为政者的信德，以使其在治国实践中取信于民，从而实现国富民强。

三、"诚信"的当代价值

古代儒家的诚信智慧在历史上呈现出极为重要的德性效用。在当今诚信缺失的社会环境下，诚信仍有其不可替代的当代价值，或可疏解当代社会日益凸显的诚信危机。

首先，儒家诚信利于促进个体诚信美德的养成。当今社会诚信缺失的现象相当普遍且日益严峻。不论是现实生活中的失信行为，还是虚拟空间中的虚假信息，甚至恶意欺诈行为，伴随网络媒介的普及应用而愈演愈烈。如何重塑当今社会诚实守信的价值理念，诚信做人、诚信交友、诚信经商、诚信治国，除了建立和完善相应的制度、法规之外，还应从思想观念深处确立诚信道德意识，将儒家诚信之道作为最本源的德性功夫，培育并提升自我的诚信道德修养。在古代儒家那里，诚信是道德主体内在德性的具体展现，如《中庸》所讲："诚者，不勉而中，不思而得，从容中道，圣人也。诚之者，择善而固执之者也。"所谓圣人之"诚"是指发自内心的自然而然且不假于外的道德意识，此处"诚"被赋予真实无妄的含义，成为贯通天人的最高道德本体。孟子亦言"反身而诚，乐莫大焉"（《孟子·尽心上》），也说明诚信是一种内在的道德自律，通过反身内求方能获致。诚信既是儒家推崇的为人处世最起码的道德规范，也是现实的道德实践和行为准则。只有以诚信为本，强化自我诚信意识和自律意识，以诚实不欺的态度待人做事，抵制虚妄不实的失信行为，方能实现个体诚信美德的养成和完善，进而实现全社会公民诚信道德素养的提升。

其次，儒家诚信利于建立和谐的人际关系和社会秩序。在古代儒家那里，诚信是朋友相交的道德底线，同样也是当今社会人与人之间相处的道德准则。毋庸置疑，只有以诚待人，信守诺言，才能换来对方的信任和真诚，才能互相摒弃疑虑、猜忌，实现双方的相互信任。所以说，儒家"言而有信"的诚信智慧的确有利于促成人与人之间的相互信任，进而获致更加深入的相互沟通和相互合作。人际关系的和谐顺畅是建立和谐社会秩序的基石，一旦人与人之间能够相互信任、和谐相处，整个社会关系自然就会和谐有序。个体诚信意识的确立有利于社会公共诚信体系的构建，构建社会公共诚信首先要从个体做起，只有将儒家的诚信交友之道内化于心，彼此真诚相待，才能建立起相互信任的良好的人际关系，进而构建文明、和谐的社会关系和社会秩序。

再次，儒家诚信利于市场经济和社会治理的有序运行。经济活动的顺利开展本来就是以交易双方的相互信任为前提的，其中任何一方的失信行为势必有损交易双方的合作关系，甚而导致合作关系的破裂或终止。伴随市场经济的逐利性，诸如假冒伪劣、坑蒙拐骗等见利忘义的失信行为屡禁不止，市场经济亟需儒家诚信的道德规范作用。诚信作为一种商业伦理道德，是经济活动顺利开展的法宝，也是维系经济利益关系的关键因素，尤其在市场经济环境下，信用经济是维持良好的社会经济秩序的重要条件。而在社会治理方面，儒家诚信同样起着重要的道德规范作用。一个言而有信的政府必定会赢得民心，而言行不一的政府必定会遭到民众的背离。一个政府的公信力取决于每一个党政干部诚信与否，为政者理应以身作则、诚信为人、诚信做事，以自身的诚信素养为社会民众做出表率，引领全社会的诚信道德风尚，构建社会公共诚信体系，逐步提升政府组织和党政干部的公信力。

当今社会公共诚信体系的构建离不开相应的制度建设和法律法规，更离不开持续的诚信道德普及。与制度他律相比，诚信的道德自律和普及教育显得更为重要，能够从根本上形成自觉守信的道德意识，能够辨清守信之荣和失信之耻，从而发自内心地、自觉地以诚实守信的态度去做人、交友、经商和从政，为构建社会公共诚信体系和社会主义和谐社会提供坚实的道德支撑。（作者系北京青年政治学院东方道德研究所副研究员）

中国传统美德的当代践履

中华传统文化社区实践十年回顾

李素菊

北京东方道德研究所20年的辉煌成果，我从中受益颇多，从科研管理者、课题参与者到特聘研究员、项目承担者，在中华传统美德教育实验研究、中华传统节日研究与推广中，我汲取营养得到了成长。传统美德的熏陶、中华文化的洗礼、前辈精神的感染，吸引了我的研究思考兴趣，唤起了我的社会责任意识，开启了我文化自觉的人生道路。近10年来，通过研究社区、服务社区，不断探索用传统文化为社区聚心铸魂，为建设睦邻和谐的社区精神家园贡献力量。

一、从项目研究入手走进基层社区

作为学院科研管理者，我见证了中华美德教育实践研究的全过程，亲临现场感受了中华美德教育的巨大魅力，目睹了中华美德在中小学教育中的丰硕成果，萌生了将中华美德教育实验推向社区的想法和动力。

2004年，北京青少年教育与发展研究中心在北京青年政治学院挂牌，年底北京市教委立项启动研究中心的建设项目，中心决定下设10个研究子项目，我负责的子项目“未成年人思想道德社区教育研究”入选，花家地南里社区成为首个社区实践研究基地。

2006年，由中央精神文明办组织，时任北京东方道德研究所所长张晓华教授和文化学者李汉秋教授牵头，北京青年政治学院及东方所多位教师参加编写的《我们的节日》一书出版。该书成为中央精神文明办推进“我们的节日”主题活动（活动宗旨：以传统节日为载体，“聚中国人的心，铸中国人的魂”）的理论支持。

2007年，由时任北京东方道德研究所所长张晓华教授主持的“传统节日文化研究与推广”在北京市立项，研究成果《传统节日系列丛书》出版。传统节日推广项目分为学校组和社区组，我成为社区组的负责人。该项目分别召开了“传统节日文化推广工作研讨会”和“传统节日文化与社区建设研讨会”。朝阳区酒仙桥街道的高家园社区、大山子社区，望京街道的花家地南里社区，东城区的景山街道、交道口街道、东华门街道等社区工作者参与了研讨和推广活动。朝阳区将台乡天乐老年公寓参与了推广活动。青年学生利用传统节日为老人慰问演出，与老人院老人一对一接触，听老人聊自己小时候过年的故事。活动深受老人与学生的喜爱。

二、从学生实习到传统文化进社区项目

2007 年，我被学院由科研处调入社工系担任主任、书记，从而开启了社区工作的新征程。将社区确立为学生培养的重要方向，建立以东城、西城和朝阳部分街道为重点的校外实训基地，形成了高校与街道社区人才双向培养的双基地模式。2008 年年底，社工系社区发展研究所正式成立。2009 年 4 月，以社工专业毕业生创业为标志的东城区助人社会工作事务所在东城区民政局注册，事务所成为社区发展研究与实务工作探索的实验田。

在北京青年政治学院社工系学生的社区实习过程中，中华传统节日成为引领学生深入社区的重要载体，其中九九重阳节成为学生毕业设计题目最多、内容最丰富的节日。特别是因 2009 年的国庆 60 周年活动，学生实习日期提前，恰逢九九重阳节日，“夕阳红风采”“金婚温情回顾”“老人与海——什刹海漫步（轮椅队）”等主题活动成为学生充满智慧和亮点的毕业设计杰作。其中，东城区交道口街道大兴社区的九九重阳节活动成为社区活动的经典，为学生利用传统节日开展社区活动提供了教学范例。以“九九重阳节”为主题、以老年参与为主体的社区大型活动和小组活动异彩纷呈，增加了社区活动的吸引力和凝聚力，不仅得到了社区居民和干部的认可，也极大地增强了学生走进社区的自信心。基于这次活动的成功经验，2010 年，社工系将二年级三周的小学期提前，160 名学生下到 70 余个社区和部分老年机构，以“九九重阳节”为主题开展活动，从而进一步印证了重阳节在社区开展活动的巨大魅力。

社区实践使社工认识到，“助人自助”的社工理念不仅适用于物质层面，也适用于精神层面。随着生活水平的提高，缺吃少穿已经不是以老年人为主的社区居民的主要问题，当今孤独寂寞、缺少陪伴、精神空虚已经成为社区老年人面临的主要问题。利用传统节日开展社区活动，提供社区的精神产品，实现“精神助人”，也是社工助人的重要内容。

2010年，北京市社工委对社会组织开放的社会建设项目启动，助人社会工作事务所毫不犹豫地以传统文化为主题进行申报：2010年，“传统节日文化进社区”项目获批；2011年，“传统文化社区大讲堂”项目获批；2012年，“传统文化与北京精神宣讲践行与推进”项目获批。事务所利用传统文化项目，3年中利用多个传统节日在东城区交道口街道、景山街道、安定门街道、北新桥街道等30个社区开展了50余场社区活动，活动主要有日常的居民场、寒暑假的青少年场和居民与孩子共同参与的活动。几年来，传统文化已成为部分社区的特色品牌，传统文化系列项目的开展也得到了市政府及市财政的认可。2013年，经过评审，助人社工事务所传统文化项目获得北京市级优秀项目。

三、北京东方道德研究所开启社区研究

北京东方道德研究所联手助人社会工作事务所于2012年6月16日在怀柔召开了“传统文化社区教育研讨会”，会上来自东城区交道口街道南锣鼓巷社区、西城区陶然亭街道、通州区玉桥街道、怀柔区泉河街道、朝阳区望京街道及花家地南里社区等的工作者分别进行经验交流，国际儒联普及委员会主任张践教授、王殿卿教授，首都文明办李建国处长等充分肯定了社区传统文化教育，强调社区应当成为学校教育外的未成年人教育的第二辐射源。北京东方道德研究所傅永吉所长表示，中华美德社区教育工作十分重要，要在已有的社区工作经验基础上继续开拓。他提出将社区研究纳入北京东方道德研究所研究项目。

北京东方道德研究所“中华美德教育行动‘十二五’规划研究项目——中华传统文化传播与推广模式研究”2012年由首都精神文明办公室立项，项目总负责人为傅永吉所长，任宝菊和李素菊任副组长（分别负责学校组和社区组工作），确定2012年社区工作重点是开设“中华经典社区大讲堂”。“学道德模范、诵中华经典、做有德之人”中华经典社区大讲堂于2012年暑期进行，由首都精神文明建设委员会办公室主办，由北京东方道德研究所协办，由各区县文明办和东城区助人社工事务所承办。北京市东城区安定门街道及花园社区，西城区陶然亭街道，朝阳区望京街道及花家地南里社区、大屯街道慧忠里第二社区，通州区玉桥街道、梨园街道，怀柔区泉河街道，延庆县大榆树镇等共开展了11场以青少年及家长为主体的社区主题活动，在街道社区及乡镇引起了广泛的社会反响，为青少年中华美德社区教育提供了宝贵经验。

北京东方道德研究所是北京中华母亲节推进工作的重要力量，首任所长王殿卿教授实地考察并确定了中华母亲节的形象和日期，并指导推动了中华美德

实验校的中华母亲节活动，第二任所长张晓华教授参加了北京中华母亲节推进大会和“母亲论坛”活动，第三任所长王新宏教授是北京中华母亲节促进会筹委会副会长，是推动北京中华母亲节工作的主力。傅永吉所长给予中华母亲节推进工作极大关注和大力支持。2013 年以来，北京东方道德研究所与北京中华母亲节促进会筹委会、北京妇联家庭建设促进会、东城区助人社会工作事务所、北京青年政治学院社工系社区发展研究所合作，从培训研讨骨干队伍入手，推动社区中华母亲节活动。2013 年举办“节日文化与社区建设”研讨会，由李汉秋教授、孙希岳副会长、王殿卿教授授课，参与培训的社区工作者 80 余人。2014 年举办“母教、家风与社区建设”研讨会，由汪纪戎会长、孙晓梅副会长、傅永吉所长等授课，参与培训的社区工作者 60 余人。

2014 年，中华美德讲堂项目启动，讲堂由北京东方道德研究所、北京青年政治学院社工系和东城区助人社会工作事务所联合主办，旨在以首都城乡社区为基地，积极建构优秀传统文化传承体系，弘扬中华美德，培育和践行社会主义核心价值观。自 3 月 25 日启动至 2014 年年底，在东城区交道口街道及福祥社区、南锣鼓巷社区、安定门街道宝钞南社区、和平里街道兴华社区、三和老年公寓，朝阳区望京街道花家地南里社区，海淀区四季青镇，门头沟区大峪街道向阳东里社区、王平镇敬老院，延庆县大庄科乡慈母川村，昌平区南口镇南口社区，以及北京奥林匹克公园管委会、水立方水滴礼堂等地举办了共计 15 场讲堂及交流活动。

中华传统文化社区项目的建立，有利于整合社会资源、形成社区工作合力、培训社区骨干队伍、提升社区文化品位、推动和谐社区精神家园建设。

四、中华母亲节为社区注入新动力

设立“中华母亲节”是为了澄清国人对母亲节的误解。20 世纪 80 年代起中国人从南到北开始过母亲节，误将 5 月第二个星期日的美国母亲节当作世界母亲节。2004 年起，全国政协委员李汉秋、人大代表汪纪戎等开始以提案和议案形式倡导设立中国人自己的母亲节。2006 年，中华母亲节促进会成立，经王殿卿教授和黄秀清教授实地考察，确定了农历四月初二孟子的生日为中华母亲节，以孟母为节日的形象代表。2007 年，山东邹城、河北石家庄等地开展了中华母亲节推进活动，目前全国已有上百个城市开展了中华母亲节活动。

北京地区的中华母亲节最早展开于学校，以“母爱、母教、爱母、孝亲”为宗旨的中华母亲节被纳入中华美德教育实验内容，在许多实验校展开。通州区教委参加了2007年山东邹城的中华母亲节活动。随后，在通州区教委的推动下，中华母亲节教育活动在各学校广泛开展，形成了“孝亲好少年、孝德好家长”校家紧密结合的教育模式。

在北京地区，由街道社区开展的中华母亲节活动开始于东城区的南锣鼓巷。东城区助人社会工作事务所在开展传统节日文化进社区的系列活动中，将中华母亲节介绍到了社区。2012年4月，助人社会工作事务所与交道口街道合作，在南锣鼓巷玉河旁开展了中华母亲节推进活动，数十个家庭参加。推进活动由宣讲、倡议、签字、游艺等多项内容组成，得到社区居民和孩子的喜爱，北京电视台报道了活动现场。中华母亲节活动在交道口街道连续3年不断拓展，吸纳辖区内小学和幼儿园广泛参与，组织“我的妈妈”征文、征画与评选活动。2014年4月24日，北京中华母亲节促进会筹委会与交道口街道开展了交流活动，确定交道口街道的中华母亲节活动是北京地区街道社区中华母亲节活动的典范，在推动社区活动中起到了重要的示范作用。

在推动北京市中华母亲节推进活动的过程中，北京中华母亲节促进会筹委会成立，执行会长为李素菊，副会长为姚艳华、王新宏，秘书处设在助人社会工作事务所，工作思路确定为重视宣传、文化引领、队伍培训、典型指导。北京中华母亲节促进会筹委会整合社会资源，北京东方道德研究所、北京妇联家庭建设促进会、东城区助人社会工作事务所、北京青年政治学院社工系社区发展研究所联手开展以培训带动社区队伍建设工作。2013年和2014年分别开展以“节日文化与社区建设”“母教、家风与社区建设”为主题的研讨培训会，中华母亲节促进会汪纪戎、李汉秋、孙希岳、王殿卿、孙晓梅等，北京东方道德研究所所长傅永吉以及北京中华母亲节促进会筹委会会长主持研讨会，150名社区工作者参加了培训和研讨活动。

2013年5月9日，北京中华母亲节推进大会在地坛公园举办。大会吸引了众多专家学者、政府官员、知名人士参与，以40名小学生诵读弟子规开场。会上中华母亲节促进会会长汪纪戎、创会会长李汉秋、执行会长凌孜（叶向真）发出倡议，母亲代表、社区代表、台湾代表发言响应倡议，在写有“中华母亲节”的横幅上签名。参加推进大会的各界代表及社区居民达300余人。北京东方道德研究所第三任所长王新宏教授主持了推进大会，北京东方道德研究所首任所长王殿卿教授主持了专家座谈会，万绍芬、孙希岳、刘延宁及50多位专家参加座谈。

2014年北京中华母亲节推进大会于4月26日在地坛公园举办。大会由景山街道故事会老年朋友嘹亮高亢的《献给中华母亲的歌》的诗朗诵拉开了序幕。最早以提案形式建议设立中华母亲节的李汉秋教授发出倡议，北京家促会、社区代表、青少年代表、孟氏宗亲代表、北京中华母亲节促进会筹委会代表分别上台响应倡议。最令人感动的是优秀母亲代表、84 岁高龄、获得过南丁格尔奖的司堃范，这位担任过北京朝阳医院护士长，退休后无偿服务社区孤寡老人的老母亲的事迹令人感动和钦佩，青少年代表向她献上鲜花，表达了大家的敬慕心情。当天，以“母教与家风”为主题的专家论坛在地坛公园会议室举行。在姚艳华副会长的主持下，孙晓梅教授、王殿卿教授分别围绕母亲责任和文化传承作主旨发言，汪纪戎会长通报了中华母亲节申报情况。与会专家围绕论坛主旨展开热烈研讨。4 月 26 日下午，由助人社会工作事务所社工策划、组织的中华母亲节家庭游艺活动在地坛公园北广场举行，近百个家庭参与了活动。

北京中华母亲节推进工作最大的特点和亮点是坚实的社会群众基础，许多社区的自主设计和积极参与令人欣慰，如朝阳区花家地南里社区将中华母亲节纳入社区文化节之中，充实了有 8 年历史的社区文化节活动。东城区安定门街道宝钞南社区在青年湖公园举办的“中华母亲健步行”游园活动、和平里街道小黄庄社区开展的“感恩母爱、情动社区”主题活动，通州区小考拉幼儿园的“亲子齐动手”互动活动特色鲜明、收获巨大。中华母亲节讲堂和中华母亲节小组活动在街道、乡镇、社区、老人院的展开，使中华母亲节成为深受百姓欢迎和喜爱的节日。

五、传统文化社区队伍建设及工作思路

实践 10 年来，传统文化社区初步形成了自己的骨干队伍。根据接触中华传统文化途径的不同，我们归纳了“五动模式”。

第一，学校与社区的互动模式。在北京东方道德研究所的中华美德教育实验过程中，中小学实验学校与所在街道、乡镇、社区密切联系，一些街道社区在学校的影响下加入中华美德教育实验活动，如西城区陶然亭街道的青少年校外文明礼仪教育、通州区玉桥街道的未成年人校外教育等。

第二，文明办和项目组与社区的联动模式。首都精神文明办及各区县文明办对社区的推动，北京东方道德研究所中华美德教育实验课题组的推动，两者共同推动了社区青少年校外教育，都与社区产生了联动关系，如怀柔区泉河街道的“邻里文化节”活动、通州区玉桥街道的“六小好少年”活动。

第三，高校社工对社区的推动模式。北京青年政治学院社工系、社区发展

研究所，东城区助人社会工作事务所通过“传统文化进社区”“传统文化社区讲堂”等系列项目，由专家带专业社工、社工带志愿者来推动社区的传统文化建设，如朝阳区酒仙桥街道、望京街道，东城区交道口街道、景山街道、安定门街道、北新桥街道等。

第四，传统节日活动对社区的带动模式。中华母亲节的培训研讨与推进工作使中华母亲节的巨大魅力感染了部分街道和社区居民，他们主动接受相关理念和思路，积极加入传统文化社区建设的队伍，如东城区和平里街道小黄庄社区、通州区小考拉幼儿园等。

第五，文化自觉自强中社区的主动模式。部分街道、乡镇在长期工作中已形成对传统文化的自觉认识，希望用传统文化提升自我，主动寻找专家上门传经送宝，自觉加入中华美德实践队伍，如海淀区四季青镇、延庆县大庄科乡慈母川村等。

同时，传统文化社区在10年的实践中积累了工作经验，也形成了许多好的思路。

第一，结合社区实际，开展主题活动。要尽量避免为搞活动而开展劳民伤财的活动，要与社区实际需求结合。开展社区居民喜欢参加、社区工作者愿意配合、内容丰富且形式多样的活动。参与人群可为青少年学生及家长、中老年朋友、社区工作者、辖区单位职工、流动人口等。活动内容可涉及春节、清明节、端午节、七夕节、中秋节、重阳节及腊八节、冬至节等传统节日和节气，“4·15”国际社工日、“4·23”国际读书日、“5·15”国际家庭日、“12·5”国际志愿者日等纪念日，中华母亲节、中华父亲节、中华教师节等人伦节日。活动形式可为寒暑假的青少年工作坊、社区居民大型活动、社区老年小组活动、亲子游艺活动、拜访慰问老人等新颖形式。

第二，输出传统文化理念，培训社区骨干队伍。要注重对社区传统文化骨干队伍的培训，从而树立正确的价值观，激发对中华传统文化的热忱。在社区主任和书记、社区青年工作者、社区社会组织成员及志愿者中培育热爱中华传统文化的带头人。通过文化引领提高文化自觉、文化自信和文化自强意识，以中华传统节日为载体开展社区居民活动，凝聚社区积极力量，弘扬中华文化和美德传统，建设起和谐幸福的社区精神家园。

第三，整合社会资源，搭建社区平台。充分发挥专业社工机构优势，利用高校教育技术资源，组建以国际儒联和北京东方道德研究所为主导的专家团队，整合多方社会力量，为社区工作者和社会组织提供知识、经验、信息、技术等支持。充分发挥专业社工带动志愿服务团队的作用，形成学校、家庭和社区的合力，形成全社会齐抓共管的良好社会环境。

第四，借鉴中华美德教育经验，推动社区教育实践。北京东方道德研究所20年中华美德学校教育成就丰硕，拥有青少年教育的正规军和主渠道。社区教育与学校教育相比力量十分薄弱，要在社区形成未成年人教育的第二辐射源，依然任重道远。目前传统文化社区工作仍处于初级阶段、低层次架位，要将传统节日文化带入美德经典德目教育，要让传统文化社区活动迈入常态化、专题化阶段，还需要付出长期的、艰苦的努力。要学习中华美德实验校的经验，携手中华美德实验校，共同努力推动社区教育，使中华美德教育取得更加辉煌的成果。（作者系北京青年政治学院原社工系主任、书记）

道德的体证和实践

——以一耽学堂青年文化公益事业“道义实践”为中心

逄　飞

一

道德，最易流于空谈而最难落在实处，最易固执言辞而最难行持不倦，最易鼓动声浪而最难潜润无息，最易偏见责难而最难高明体察，最易无视生命而最难中庸教化。

举凡世间之物，只有道德是最容易成为非道德，甚至是不道德的；举凡世间之物，也只有道德是最能够成就人格，乃至建立终极的关怀。

道德的这种特性，予人无尽的启发，使我们观照生命之流的深广，识得传统转换的契机，见出人间道路的信望。用古人话讲，一方面是揭出“人心惟危，道心惟微”，一方面是提示“惟精惟一，允执厥中”。

复初如常，其命惟新——有关道德的内容，常常是老话题而有新意识，所谓亘古常新，历久弥光。人能弘道——道德决不应是没有道德意识的简单重复说教和机械使用照搬，而应当是充满真诚情感的亲身体证和生活实践，而且正是通过个体生命和群体生命的体证和实践，道德事业才成为生生不息的伟大事业。或者说，道德意识作为人类社会文明的标志，同时作为一项世代努力而未竟的事业，体证和实践是探讨与学习其主要内容的根本方式，并且是其不断发明新生并能够准确回应时代关切的重要方法。

二

在当今中国，道德一词常常难堪，让人不忍触动，因为人心与社会都在最痛之际。而惟其有痛，正用“如切如磋，如琢如磨”之功，保持清醒之观，隐忍正念之行，觉照常道之初，从而获得贯穿一切精神修养的直接性体验，即有关于“时”和“时中”的体验——一种完全的拥抱、内心的唤醒、记忆的涌现以及自足的证信等。

“时”或“时中”，生命的切入，在此反复地练习，“学而时习之”，如深潜的游鱼自由徜徉大海之中，练习和生机无限的生活世界的会见、相遇，仁者于此中“不亦说乎”。

就道德意识所展开的一般性内容而言，其简要的逻辑次第如下：

（1）关于心灵与世界。人的觉醒，始于一种情怀和担当。“天理良知”的基本要义就是相信人所生活于其中的世界是实有其内容，并且“在心灵与世界相互生成的过程中”其内容始终具备完整的一体性，此即道德意识的发端萌芽。所谓“仁者爱人”“仁者以天地万物为一体”“为天地立心”等与此关涉。

（2）关于人与社会。人的认知，必须经由群体的关系和公共的生活。“伦理纲常”之中，伦理出于人之天性，纲常建立价值和秩序。所谓“名教事业”就是说明道德意识构成了日常性社会关系的根底和原质。所谓“人禽之辨”“义利之辨”“夷夏之辨”等也是在强调人的道德力创造中无限的内生性和主体性。

（3）关于世俗与超越。人的完成，在于接近一种“有历史的存在”，在于通过“社会教化”而达致有文化的生命共同体的自我超越。所谓“学达性天”“尽心知性知天”“参赞化育”“为往圣继绝学，为万世开太平”等即表达了道德实践中所蕴涵着的超越可能与终极关怀。

三

道德之可能培育和成就人格，全在道德为生命之本体。而如何体证和实践这种道德生命本体（体证和实践就是转化和新生），培养整个时代的道德生命意识，则必须借助和掌握有关人性、现代社会及中国人文精神传统的基本理解。

20世纪初起，民间社会兴起了道德自救，从教育到文化、到社会，包括中华民族和人类的未来，都进行了一系列朴素而热烈的探讨。在此过程中，可以看到许多有益的尝试和努力，同时，也会发现许多令人深思的问题，比如“道德心理上的洁癖和强迫”“教育理念的自闭和傲慢”“学术话语的失调和错位”“边缘文化的蛊惑和泛滥”“政府服务的怠惰和缺席”等。

现实的道德感，不只是具体的行为规范，更主要是社会的集体意识和清明政治的榜样引领。它不能靠单独的个体来完成，它必须经由所有的人，经由每一个体和全部社会，任何人都没有权力要求“个体行为的道德纯粹性”，尤其是在整个社会公共生活不健全甚至是混乱的时候，否则，很难避免文化异化沦为工具及事实上的愚民倾向。

现实的道德作为维系世间良序美俗和安顿人生的社会教化系统，从来都是以“生活的现场”为中心，以“大众的福祉”为皈依，它应当具有“一种绵密而有韧性的自组织方式和自我进化的功能”，并以此与各种外来文化以至不同气质的宗教文明进行交流和深度融会。它并非静止、孤立和排外的，更难说是主观功利意图所能设计和决定的。事实上，它的形成更接近于一个漫长的自然而然的社会历史选择的过程（或者说，社会教化系统是“大历史”中的不断趋近的过程）。

道德，一个严正的字眼；然而从生命本体意义的视角，它随时敦促我们关注那些社会生活中最直接的经验和人生事实，并且不断地以积极的德行方式参与到以人的相互依存和整个社群内关系调适为主的“文化社会生态建设”上来，而此间所关涉的心理学、社会学（本土社群心理）和治国理政智慧自然也是道德题解中应有的框架性格局。

四

成熟的道德意识应有一套比较有效的社会工作方法论，能够建构符合本国国民文化心理和能融入本民族人文精神传统的社会观。

社会变化了，人的心理变化了，人际交往的方式和社群生活的组织形式变化了，而且这些变化本身都还在变化之中，这是传统文化现代转化首先要面对的现实。那些富有朝气的道德意识于此最为清醒和敏锐，无论出于同理心，还是慈悲或者怜悯，它都能在第一时间充分领受“第一义的真谛”，因为现实往往包含着每一个平凡人生的实实在在的苦痛、血泪和幸福，善良的心于此无法转还区隔。

在此意义上，道德是“看清”和“还原”的能力。读书必至于心性，明理毋违绝世道。道德的科目举要，不在高陈大义，而在回复平凡人生的日常经验和社会生活的基本事实，体味每一个情感、意志和心念起伏的真实瞬间，道德不惮“直面”和“惨淡”，甚至，它渴求“真实”，它的每一次觉醒，都是一次绝地再返的复活——从“荒蛮”和“原始”中重建人性和社会的希望。

正是由于这种努力，有关道德的精神现象学能够在一个时代的总体事实方面超越有限概念的狭隘和局限，而有全面系统的认知和把握，并通过与波澜壮阔的社会实践的结合，探寻“时代必经的路口”，推动整个时代的进步。

五

在一耽学堂青年文化公益事业道义实践中，“义工”始终是一个核心概念。或者说，在一耽的理解中，“义”的道德人生实践，是现代公民社会人文教化事业的出发点。

“义工”是深度的（中国化的）“志愿者”，是有中国人文精神内涵和中国文化社会使命的文化人格。

“志愿者”和“志愿精神”是西方文明赠送给东方文明最好的礼物；它的中国化了的形式和内容（“义工”和“义工精神”）使西方的人文精神传统和东方的人文精神传统建立起“活的纽结”和“对话的桥梁”。

在中国，“志愿”已成为国民精神动员最有活力的部分，更为重要的是，通过基层社会公共事务参与，“志愿”发挥了道德感召和社群凝聚的重要作用，一方面是良知和道义的唤醒，一方面是拓展了的心理空间以及对人和社会重构的崭新现代理解。道德感的激荡在此作为人性的本能和自我救赎具有了多重意义：改造国民性；培育人文精神和价值观；重建基层社会。

“志愿精神”接续了人文传统的现代新生。儒贵立志，佛贵发愿，义者宜也，大丈夫人格勇毅担当，同时，这是为“公共的秩序、利益和福祉”，属于“社群的公义”。

“志愿精神”所包含的精神气质包括：一种纯粹的热爱；勇气和坚忍；忘我的学习和实践；对美好的事物以及善的专注；天然的愉快的集体感；“行动”“做”的主题词；永远采取简单的和直接的现场方式；传递和加注心灵的力量；人群和社会的公共尺度；义务与共享；等等。（详见网页 www. yidan. net）

“义工”提供了一种真实的现代社会身份，一种发自内心的觉醒的力量，经由公益和社会的创造性的方式，直接与普罗大众紧密地联结起来。甚至，“义工”成为现代人的生活方式。

可以说，从道德感出发，进行有关人的理想和合理性的社会性实验，在其民众参与的活跃程度、精神形态的丰富多样、社会感召的持久长远上，目前发展态势实属中国乃至人类史上未曾有过的。

六

回应现代性的普遍问题，公益不是一个独立的方案，却是一种及时的补救，并且日益重要；展望未来，更是人类精神解放的通衢大路。这其中的核心，是所有真正的公益团队都具有“通过彼此密切联系和亲近来相互启迪和培育德性”的特质。

人们在尝试一种生活的可能，人们需要信心，一种可以当下确证和亲身体验的人与人之间的相信。“减少社会的病态，加注人生的幸福”——由“志愿精神”（“义工”）率领的小群体（小集体、社群、团体）公益行动兼具双重功能：微观层面的“社会治疗和社会修复”；宏观层面的“价值引领和文化改良”。而其自组织的形态和方式则是使它自身不断产出思想、行动和价值的唯一源泉。

这仿佛是回到了原始的“部落时代”：一群气质相近或者有共同愿景的人以一种松散的、半开放的自由方式结合起来；他们并不谋求“独立的实体存在”，他们不信奉权力和物质主义，不把政治和资本作为内部的规则，他们没有强迫性的目标，行动上随缘而自做主；事实上他们大地行走的态度属于精深的修行范畴——感格人心，奉行道义，寻找心灵、社区和历史的平衡与融汇；各种漂泊的困境反使人性磨砺得更加光辉璀璨，因为他们对人类美好未来的朴素愿望始终不曾移易——他们在心里有一口温暖的活气；以道德人格做榜样，不懈追求精神的进境，试图保持复杂关系世界中人的基本情感、伦理和尊严，所有这些都使他们的存在显得极具一种“坚韧和现实的性格”，等等。

其实，这样的非政治、非宗教的理想人群生活，这样的关心时务和以自我教化为职志的道德群体，这样的把个人修身与天地世间情怀、家国历史使命紧密连接的文化社会组织，不只是在今天的“第三部门”和“草根公益组织”才出现。早在2 500年前孔子和他的弟子们就已经如此真实地做了示范榜样，他们过的就是这样的人生，我称之为“学团”——因为“学”而成立的一种团体生活。这种极为艰难同时也是极有价值的一种生活可能，是孔子于今日人类文明危机中之最有启发处。

今天中国的大部分公益团队或者草根组织自觉不自觉之中都具有萌芽的“学团”倾向。道德，无论怎样，首先是一种有力量的生活，而“中国式公益”毫无疑问是最先觉醒的部分。

七

现实中的中国社会正处在“从社会递减到社会递增大转换的艰难时期”，递减还没有到底，递增尚未立格局，如何把握有关正能量的正循环的内容与形式、领域和结构、分寸和节奏，整个社会还在探求之中。

如果把中国理解为一个有生命的文化文明体，则它所深厚累积的层层基质和养料，如今正要在现代化的前进中、在古今中西文化文明融汇振荡的时空交结点上、在中国基层社会的重建之中，“叠加涵冲和，相生重相续”，以人的现实理解和实践的尺度，而一一渐次地舒展绽放。

在基层，“社会”和“文化”是一件事情，生活的秩序感与人际交往的方式是分不开的。中国的社会建设亟需基于文化再造和文明新生背景考虑的“社会工作方法论”。实际上，在深度改革的情势下，“五大建设”中社会建设与文化建设高度一致的“文化社会通道”将为“大转换的艰难时期”提供有效路径保证。同样，人文精神的坐标系也应引入社会学的视角，以本土社会学的认知来解读传统的现代意蕴，甚至由此而有治国理政的核心智慧。比如，提振正气的道德感必须及时引入公共生活的领域，而不应为“狭隘的读经热”所覆盖和偏引；社会思想和意识形态的“解锢”应以社会改革为指向，而不应为“简单的理论争持”或者“民族情感的国学热”所左右；主流价值观的树立也必须与“民间社会发育与公民主体实践”相结合，而不能一味灌输政治宣教；国家的对外文化工作，重点是要与国内的“中国文化的中国重建”保持一致，等等。

我们必须在使命认知的高度上，把传承和发展中国优秀文化与引领和推进中国本土（草根）公益事业内在地结合，指向探索和实践中国社会基层教化和地方性教化的目标。中国优秀传统文化，包括儒释道，在社会工作领域都会有积极的新贡献，这需要结合具体发展情况细细勘验。

生命之流，穿越历史时空而来，汇集千江百河，在盘旋洄转、喧腾跌宕之际，如何道之流之，蓄之引之，即为体现民族智慧与国家进步的“社会工作方法论”。

八

公益心生出新人类。

若人类还有道德，若道德还有力量，则有必要创造新人和新生活。而这种创造很重要的部分，就是如何继承和发扬古老的文化传统和智慧，如何完成它在现代社会的转换和新生，如何建立返本溯源的宗旨和别开生面的格局，如何在“文化中国的土壤”培植人类的信心和希望。

中国社会是这一创造进程的主要转换器和实验场，集合了各种优秀文化文明要素，这些都需要我们有明确的“文化社会”观点，并在此获得有关人心人性、文化伦理和社会工作的新认知。

志愿、公益和社会工作方法论，既是促进从“经济社会”到“文化社会”转向的一条逻辑主线，也是建立社会教化系统的重要内容。“社会”是有形之物，而“社会教化”理应含摄一切与社会关涉的无形之物。在理想的模式中，有形之物与无形之物同构为“化用无尽的自生体”，同时个体生命“复归于朴”，人们世代习成惯性的经验、思想观念的意识、生命信仰的精神再无别异，而终于成为“内在的幸福和自我解放”。

“礼虽先王未之有，而可以义起”——在今日中国文化复兴的历史契机中，注重“道德感与社群生活的养成和改造”、注重“义工精神与文化社会的转向”、注重“公益组织培育与公共秩序的重建”、注重“传统创新与社会教化工作的方法论”等，是青年文化公益事业第一阶段实践的基本经验，政府、民间各界朋友可以广泛参考。

孔子是第一个“学团”的创办者，也是第一个“优秀的社会工作者”。继承孔子之“学”的精神和实质，就是今日道义（道德）实践的主要方向和内容。（作者系一耽学堂总干事）

传承中华美德
践行社会主义核心价值观
全力促进未成年人健康成长

——东城区和平里街道未成年人思想道德建设工作情况

刘延红

和平里街道认真贯彻落实中央、市、区关于进一步加强和改进未成年人思想道德建设的工作要求，在加强和改进未成年人思想道德建设工作中，以社会主义核心价值观为引领，以经常性主题教育活动为抓手，大力推动未成年人思想道德建设制度化、常态化、长效化。街道充分利用校外资源优势，不断探索新形势下未成年人思想道德建设的新途径、新方法，开展了形式多样、寓教于乐的教育实践活动，推动了全地区未成年人思想道德建设健康持续发展。未成年人思想道德建设取得了显著成效，街道因此荣获第二届“首都未成年人思想道德建设工作先进单位”称号。

一、基本情况

和平里街道位于东城区的最北部，与朝阳区、西城区接壤。面积6.4平方公里①，常住人口12.8万人。党政军机关和企事业单位3 000多家。和平里街道的特点是面积大、人口多、党政军机关多。其中未成年人（户籍人口）

① 1公里=1 000米。

22 800 人；6～18 岁的未成年人 11 400 多人，约占未成年人的 50%；6～12 岁 4 680 人，约占未成年人的 20%；13～15 岁 2 199 人，约占未成年人的 10%；16～18 岁 4 521 人，约占未成年人的 20%。辖区内共有 20 个社区、4 所中学、10 所小学、10 所幼儿园、1 所特教学校、1 所职业学校、1 个青少年科技馆、1 个少年之家。始建于明朝嘉靖九年（1530 年）的地坛公园位于辖区内，是中国现存最为完整的祭地之坛。

二、主要做法

（一）加强组织领导，强化管理，积极践行社会主义核心价值观

和平里街道把社会主义核心价值观融入未成年人思想道德建设中，努力构建学校、家庭、社区“三结合”的教育网络，切实把未成年人思想道德建设的各项工作落到实处。

（1）高度重视，形成良好的工作格局。街道把未成年人思想道德建设工作作为精神文明建设的重中之重，定期召开地区未成年人思想道德建设协调委员会成员单位会议，研究工作，部署任务，统筹协调，落实工作责任。制定了《关于暑假期间开展“树立核心价值观——争当社区文明小使者”主题教育实践活动的通知》和《关于开展未成年人思想道德建设实践月活动的通知》，明确各成员单位的职责和任务，引导未成年人在参与学习、生活与实践活动过程中强化对社会主义核心价值观与道德实践教育的认知、理解和运用，真正入脑入心。

（2）整合资源，发挥各方优势作用。街道充分发挥辖区内中小学校及驻街单位优势，实现资源共享，努力营造良好的育人环境。一是发挥学校教育的主导作用。街道与地区中小学校共同参与了家长学校的组建，建立健全家长学校的各项规章制度，每年定期对教师、家长进行培训，在学生和家长之间架设了一座桥梁。二是发挥家庭教育的基础作用。以街道社区、家庭为阵地，广泛开展家庭教育理论和科学教子的培训活动，帮助家长掌握科学的教子方法，提高家庭教育的科学性。三是发挥社会教育的平台作用。街道把社区打造成社会化、开放式的未成年人思想道德建设的平台。在各社区建立或完善了社区文化活动室，明确向未成年人开放的时间段。落实“中小学生假期回社区报到”制度，开展未成年人喜闻乐见的教育实践活动。如东河沿社区为了解决孩子在下午放学到家长下班这段时间没有人管的困难，利用社区青少年活动室于 2014 年成立了“悦童悦读会”。每天下午 3 点半放学后到 6 点，在社区青少年活动室为社

区青少年提供活动空间。在社区招募志愿者负责孩子们的管理和授课。目前有27名孩子报名参加了社区“悦童悦读会”。“悦童悦读会”除常规的写作业、阅读之外，还安排了音乐、写作、表演、手工和安全教育等课程，每天都不重样。今年二年级的孙兆然同学说，她希望能在“悦童悦读会”交到更多的朋友，丰富自己的课后生活。

社区注重发挥社区“五老”作用，充分利用社区资源，邀请社区名人为社区青少年讲课。中国民间文艺家协会主席团顾问、北京市文史研究馆馆员、东城区文联主席、北京民俗专家赵书，原毛泽东警卫员张木奇，原东城区卫生局局长王浩波等一大批老同志成为社区志愿者。赵书老师利用自己的知识在青少年中讲民俗传统文化，在未成年人中讲“民族精神与家风家训”，把社会主义核心价值观融入家风家训中，让青少年从小树立爱国主义思想。

（二）围绕培育和践行社会主义核心价值观，在未成年人中组织开展丰富多彩的道德教育实践活动

街道紧紧围绕立德树人根本任务，以丰富未成年人精神文化生活为着力点，积极组织开展“树立核心价值观——争当社区文明小使者”“做一个有道德的人”“家在社区，日行一善”等主题教育实践活动。让孩子们在积极参与志愿服务、邻里互助、宣传演讲、践行中华传统美德等各类活动中，潜移默化地将社会主义核心价值观24字入脑入心，遵守公共道德规范，养成文明的生活行为习惯，快乐生活，健康成长，促进德智体美全面发展。活动中注重结合未成年人年龄特点，创新设计活动载体。

（1）将社会主义核心价值观与传统文化结合起来，开展“我们的节日”活动。春节和元宵节期间，组织社区文化志愿者带领青少年书写春联，开展“祈福纳祥送祝福”活动，并由孩子们亲自将春联张贴到社区空巢老人家中。组织包饺子、包元宵活动，陪同孤寡老人过大年。组织“艾香端午诵经典”童谣诗歌朗诵活动，营造了浓厚的端午节文化氛围，使未成年人在节日中体验浓浓的传统文化和文明礼仪。利用清明节开展“网上祭英烈”活动，利用“六一”儿童节开展“做一个有道德的人”活动，利用国庆节开展“网上向国旗敬礼”活动。

（2）将社会主义核心价值观与“我的中国梦”结合起来，开展“阳光假期快乐成长”主题活动。依托社区青少年教育阵地，开展“传承中华文化，诵读经典美文”活动，学习古今道德模范；结合“洒扫应对”，开展未成年人待人接物和基本生活能力培养训练，引导中小学生人人、时时、处处参与道德实践，争做有道德的人；围绕“做一个有道德的人”主题实践活动，开展争当“小楼门长”“文明小宣传员”“文明小引导员”“环保小卫士”“爱心小使者”“家庭小孝星”等“六小”活动；以“我的中国梦”为主题，开展演讲、制作小报等活动，引导未成年人树立正确的理想信念和价值取向，树立正确的道德观和价值观。以倡导“爱学习、爱劳动、爱祖国”为重点，在未成年人思想道德建设工作中推动社会主义核心价值观教育。

（3）将社会主义核心价值观与日常工作结合起来，开展“家在社区，日行一善”主题实践活动。组织和动员辖区未成年人坚持每天做一件好事、每天发现一件好事、每天宣传一件好事，做到日行一善。街道制定了活动方案，举办启动仪式，社区青少年代表向全地区的未成年人发出了“学雷锋，日行一善，做一个有道德的人”的倡议，成立了20支“学雷锋，日行一善志愿服务小分队”。街道为青少年制作了“学雷锋，日行一善”记录本，让同学们记录在家庭、在学校、在社区参与活动和“日行一善”活动的行善情况记录，将自己对善行的所思、所想、所感、所悟记录下来，并于假期结束后进行评比。活动以知善、行善、乐善为切入点，开展“知善懂礼仪”“行善献爱心”“扬善颂美德”“乐善知感恩”系列“行善”活动。同学们积极参加学雷锋志愿服务活动，争当小小志愿者；积极参加“新春寄语网上征集”活动；在假期文明上网，开展“文明小博客”活动；积极帮助家长做一些力所能及的家务事，学会一项本领；寻访身边的美德少年，撰写“行善”心得和日记。

（4）将社会主义核心价值观与行为习惯培养结合起来，开展“美德少年”评选活动。寒、暑假期间，街道运用多种形式进行宣传教育，每年开展“学雷锋社区文明小使者”和“美德少年”的评选表彰，召开未成年人思想道德建设实践月活动总结表彰会，组织广大未成年人发现和评选身边的道德榜样。以《中华美德故事》丛书为载体，开展“我身边的美德故事”征文活动，积极发挥未成年人思想道德建设典型的示范作用，用道德榜样感召和引领未成年人自觉践行道德规范。用身边的榜样教育青少年，在家中做文明、尊老、尽孝心的好孩子，在学校做文明、勤学、帮助他人的好学生，在社会做文明、诚信、献爱心的好少年，通过形式多样的社区实践活动，培养良好的文明行为习惯，提高综合素质，争做美德少年。

（5）将社会主义核心价值观与主题活动结合起来，开展“童心向党”主题教育活动。为丰富“做一个有道德的人”主题实践活动内容，举办了“童心向党 唱响中国梦”歌咏展演和“中华经典优秀童谣传唱”活动。组织未成年人广泛传唱歌颂党、歌颂祖国、歌颂中国特色社会主义的优秀歌曲，充分表达未成年人祝福党的生日、赞美幸福生活的美好心声，积极培育未成年人心向党、跟党走的高尚情感和远大志向，以及对祖国伟大成就的无比骄傲和为祖国繁荣富强贡献力量的坚强决心。歌唱活动唱出了和平里地区未成年人奋进向上的豪迈气概，既丰富了未成年人的精神文化生活，营造了青少年健康成长的良好环境，同时在歌声中孩子们又接受了爱国主义精神的洗礼。

（6）将社会主义核心价值观与志愿服务结合起来，开展学雷锋志愿服务活动。街道在各社区组织开展了“学习雷锋，做‘小小志愿者’”雷锋精神主题演讲比赛、征文、绘画等活动；组织小小志愿者到空巢老人家中，开展敬老志愿服务活动；结合“清洁空气蓝天行动”，组织社区未成年人到房山地质博物馆开展“做文明有礼的北京人——清洁空气蓝天行动体验营”活动，开展“学雷锋，美化社区环境清洁日”活动，组织未成年人参与交通安全宣传，维护交通秩序，文明出行，有序排队上车。引导未成年人参与多种形式的道德实践活动，从自己做起、从身边做起、从日常小事做起，把学雷锋活动落实到学习生活之中，在家孝敬父母，在学校尊敬师长，在社会谦恭待人。让青少年在学雷锋志愿服务活动中提升自己、奉献社会。

（7）将社会主义核心价值观与家风家训结合起来，开展道德讲堂和优秀童谣征集活动。家风和家规具有一定的传承性，它有时甚至要影响几代人。青少年是祖国的未来、民族的希望，家庭又是孩子的启蒙学堂，良好的家风会让孩子形成良好的品德。从家风角度切入，家风便成为社会主义核心价值观的宣传教育载体。街道在 7 月 17 日暑假期间举办“树立核心价值观，传承家风家训，弘扬中华美德，做一个有道德的人”为主题的未成年人道德讲堂活动。社区未成年人、家长代表共 200 余人参加活动。道德讲堂包括做反省、唱歌曲、忆家风、讲和谐、做承诺、送吉祥六个环节。赵书老师给青少年讲了《民族精神与家风家训》的故事，给美德少年讲古时家风家训的故事。东河沿社区青少年表演了《二小放牛郎》，三条小学的同学诵读了《弟子规》并带领台下的观众齐声诵读社会主义核心价值观 24 字。把社会主义核心价值观同日常生活联系起来，使之落细、落小、落实，让核心价值观渗透到未成年人的方方面面，让他们在背诵、诵读的过程中慢慢品味，细细琢磨，将价值观逐步融化在小小心灵里。

以学习宣传“我的中国梦”、弘扬北京精神、推进社会主义核心价值体系建设为根本，以优秀童谣传唱为载体，充分发挥优秀童谣愉悦身心、净化心灵、启迪心智的作用，引导未成年人增强爱党、爱国、爱首都的责任感和光荣感，以中央文明办组织编印的《中华是我家——2011年第二届全国优秀童谣评选获奖作品集》，首都文明办编写的《爱党爱国爱首都 做文明有礼的北京人——新童谣优秀作品选》《做文明有礼的北京人——新童谣大赛优秀作品选》，东城区文明办编辑的《童声里的北京精神——新童谣征集优秀作品选》为教材，充分利用青少年活动中心、家长学校、未成年人活动场所等阵地，把童谣传唱列入各场所的活动安排中，开展优秀童谣征集和传唱活动。组织青少年和家长以“社会主义核心价值观”“中国梦”“爱学习、爱劳动、爱祖国”为题，积极发现好人好事，写出自己所见、所闻、所思、所想、所感，2014年征集童谣40余首。

（三）综合治理，联合执法，着力营造有利于未成年人健康成长的社会文化环境

（1）开展校园周边环境整治工作。为了保证学校正常的教学秩序，还校园周边一片净土，和平里街道综合执法组专门制订工作计划，联合公安、工商、城管、文化等部门，进一步加大对校园周边的整治力度，努力提高校园周边环境秩序。规范门前三包责任区内的环境卫生，校园周边200米内无互联网上网服务营业场所、电子游戏经营场所等，使校园周边环境整治常态化。

（2）开展未成年人心理健康教育。针对现在学生心理压力大这一显著问题，街道在每个社区开设了心理咨询室，邀请社区未成年人参与，通过一些游戏、心理测试、讲座等活动，对未成年人进行心理疏导。特邀东城区驻站心理咨询师高彤老师带领青少年以游戏互动的方式开展活动，锻炼青少年的团结协作、集体荣誉及个人表达能力，帮助孩子们树立积极向上的心态，培养未成年人乐观豁达的生活态度，同时也在家长应对未成年人青春期叛逆方面提供一定帮助，营造了未成年人“绿色健康”成长空间，受到学生及家长的欢迎。

三、今后工作重点

和平里街道在做好精神文明全面工作的基础上，突出重点，抓推进、抓落实、抓宣传，进一步增强培育和践行社会主义核心价值观工作实效；狠抓依法治街、志愿服务、文明城区创建、传统文化、未成年人队伍建设，充分利用街道报纸《和平人家报》，刊登公益广告和与社会主义核心价值观相关的具体工作，在培育和践行社会主义核心价值观工作中注重工作的结合开展；抓好主题教育活动、未成年人心理健康教育、未成年人活动场所建设与维护以及社会文化环境净化等重点工作，营造未成年人健康成长的良好社会文化环境。

一是围绕立德树人根本任务，扎实推进未成年人思想道德建设，抓好道德价值领域引领。积极培育和践行社会主义核心价值观，让孩子们熟记社会主义核心价值观24字，着力培养未成年人的个人价值准则。组织未成年人积极参与“争做社区文明小使者”“学道德模范，诵中华经典”“童心向党”歌咏活动以及“我们的节日”“网上祭英烈”“向国旗敬礼”等系列道德实践活动，引导未成年人身体力行“心向党、爱劳动、有礼貌”的价值追求，努力成为有道德的人。

二是进一步深化“做一个有道德的人”主题实践活动，抓好实践养成教育。坚持以“爱学习、爱劳动、爱祖国”为主题，在全地区开展“我的中国梦”教育和“认星争优，做美德少年”活动，引导未成年人从自己做起、从身边小事做起，践行道德规范，养成文明习惯。继续打造“家在社区，日行一善”品牌活动，组织未成年人广泛参与“日行一善”“洒扫应对”等系列活动，帮助未成年人形成健全的人格，树立正确的道德观和价值观。发挥好社区在推进“日行一善”活动中的平台作用，依托社区少年之家，举办各类实践活动，使善行进社区，扩大“日行一善”活动影响力。结合未成年人身心特点和成长规律，紧贴未成年人思想实际和生活现实，指导未成年人在日常生活学习中自觉实践、体验。营造“知行善、学行善、比行善”的浓厚氛围，着力培养未成年人待人接物和基本生活能力。

三是进一步净化社会文化环境，抓好工作机制推动。广泛开展学雷锋道德实践活动，发挥未成年人“学雷锋，日行一善志愿服务小分队”的作用，开展“学习雷锋，做‘小小志愿者’”主题活动，推动学雷锋活动常态化。加大环境整治力度，做好网吧、校园周边环境整治，为孩子们健康成长创造良好的社会文化环境，营造全社会共同关心未成年人健康成长的良好氛围。进一步完善未成年人思想道德建设工作机制和运行机制，积极构建学校、家庭、社会、网络“四位一体”的教育体系，进一步完善社会各方面共同参与的长效机制。不断加大人力、物力、财力支持，切实推动未成年人思想道德建设工作深入开展。

（作者系北京市东城区和平里街道办事处文明办干部）

海淀区四季青镇传统文化活动开展思考

2014年是四季青镇贯彻落实党的十八大及十八届三中全会精神，深入开展党的群众路线教育实践活动的重要一年，也是创建全国文明城区的关键之年。这一年里，在上级业务部门的有力指导下，在社会团体的积极参与下，镇党委、镇政府紧紧围绕中心工作，以“弘扬中华传统文化，焕发社会正能量”为主线，通过不断加强公共文化服务体系和全民健身工程建设、建立健全基层群众文艺团队管理办法和文物保护措施、扩充基层群众文化队伍、完善文体事业管理队伍建设、搭建群众多元化活动平台、丰富群众性文体活动、加大文化宣传力度等方面工作，进一步提升了地区群众的文化生活质量，营造了良好和谐的社会环境，促进了中华优秀传统文化在我镇的弘扬，推进了四季青文体事业的开展，并为我镇全国文明城区创建工作提供了强有力的人文环境支撑。

一、活动主题

弘扬中华传统文化，焕发社会正能量

二、主题依据

文化是一个地域、一个民族或一个国家的名片，传统文化更是一个民族积淀多年的瑰宝。传统文化是民族之魂，影响的是人的头脑与心灵，它对人的滋养，无法用数字、金钱来衡量。

习近平总书记于2013年11月26日到曲阜考察，并来到孔子学院，与专家进行了座谈。中共中央政治局于2014年2月24日就培育和弘扬社会主义核心价值观、弘扬中华传统美德进行第十三次集体学习。这充分体现了中央弘扬传统文化、建设社会主义核心价值体系的决心。习近平总书记在讲话中指出：中华民族创造了源远流长的中华文化，中华民族也一定能够创造出中华文化新的辉煌。中国共产党从成立之日起，就既是中华优秀传统文化的忠实传承者和弘扬者，又是中国先进文化的积极倡导者和发展者。培育和弘扬社会主义核心价值观必须立足中华优秀传统文化，坚持古为今用，去伪存真，去粗存精，促进社会主义核心价值体系建设，弘扬传统文化最精华的东西。

三、意义和目标

当今社会略显浮躁，不和谐的音符不断出现。道德缺失造成恶性事件频频发生，百姓与政府间的矛盾也屡屡出现。这使我们意识到老祖宗留下来的文化精髓必须弘扬，中华民族的美德必须传承，政府的公信力必须加强，群众的精神生活必须关注。我们希望通过最基层的文体活动的开展，吸引最基层群众的参与，用最喜闻乐见的方式，组织群众、教育群众、服务群众，加强社会公德、职业道德、家庭美德、个人品德等传统美德的教育，弘扬中国优秀传统文化，培育社会主义核心价值观；通过活动的开展和延续，积极引导人们讲道德、尊道德、守道德，广泛开展社会主义核心价值观宣传教育。

四、工作落实情况

（一）融合传统文化内涵，提升公共文化服务和产品供给水平

（1）坚持群众性文化活动的举办，普惠广大群众。以“弘扬中华传统文化，焕发社会正能量”为主线，突出文化惠民，开展了一系列特色鲜明、重点突出的群众性文化活动。全年组织开展各类文化活动及演出 40 余次，放映农村公益流动数字电影 50 场，举办“星火工程”一类演出 13 场，举办夏日、金秋文化广场演出各 1 场，惠及地区群众 20 000 余人次。

（2）促进品牌性文化活动的开展，发挥积极作用。举办“青春正能量，朗朗读书声”全镇第五届“全民读书月”活动。整个活动由“儿童经典诵读”启动仪式、“孝道文化大讲堂”、“企业文化和传统文化”专题读书会、“习文识意”知识竞赛四大板块组成，共吸引地区群众 1 000 余人参与活动。活动既增强了群众的读书意识，提升了他们的精神生活水平，又促进了家庭和谐、地区和谐和社会和谐。举办“歌颂祖国，赞美家乡，传递社会正能量”“五月的鲜花”千人大合唱比赛。全镇共有 19 个单位近千名职工和群众参加比赛，组织观众 1 100 余人。活动的开展提高了单位职工的凝聚力和地区群众的归属感。

（3）加强特色文化活动的建设，彰显文化活力。元旦、春节期间，开展了以“文化让乡村更美丽”为主题的全镇第 24 届农民艺术节。举办了多场中华传统文化节目，如：“迎新春”评剧专场慰问演出及“名家相声”专场慰问演

出活动，共1 100余人次参与活动；举办“迎新春，写春联，送温暖”书法惠民活动及文化遗产宣传活动，共1 000余人次参与活动；举办“文艺团队大比拼”活动，全镇各文艺团队300余人踊跃报名参加。举办“景美人和万事兴”主题摄影比赛，全镇各单位摄影爱好者共70余人报名参赛。在“八一”前夕，举办了以“同庆建军佳节，共叙鱼水深情”为主题的“八一”慰问演出活动，演出以军民同台的形式，结合了中国民间传统艺术表演形式，为地区群众与驻地部队官兵搭建起增进合作交流的平台。部队官兵及地区群众共1 000余人共同观看演出。在“九九”重阳节到来之际，联合中国食文化研究会、中国老年学会和中国老年基金会等单位举办了“第二届中国老年节久久敬老会”活动。通过养生论坛、健康讲座、文艺演出等形式向社会传递尊老、敬老的正能量。

（二）弘扬和传承历史文化，进一步加强文化遗产保护工作

为了提高地区群众对中华民族传统文化的保护意识以及对文化遗产的重视程度，开展了以“文化需要传承，历史承载记忆”为主题的各项宣传活动。结合圆明园荷花节演出、农民艺术节、各类文艺演出等文体活动广泛开展非遗保护宣传工作，积极为非遗项目提供展示的机会，推动了镇非遗项目的推广和传承。

（三）不断加强协会建设，充分发挥地区联合会的带动作用

四季青镇民间组织联合会共包括7个子协会，分别是：羽毛球协会、乒乓球协会、足球协会、摄影协会、书法协会、舞蹈协会、合唱协会，共有会员400余人。各子协会结合各自的特色和优势纷纷开展文体活动，促进协会自我建设、自我管理和自我发展。协会的不断壮大和完善对本地区起到了辐射带动作用，促进了地区文体事业的发展。

五、2015年工作重点

“有市场的文化不一定是先进文化，但没有市场的文化更难讲是先进文化。”中华传统文化中蕴含着强大的生命力和影响力，任何外来的、新生的观念或文化只有与传统文化结合才能具有真正的活力。在当前大力宣传和贯彻社会主义核心价值观的要求下，有必要以传统文化为载体，探索将群众中蕴涵的传统文化精华与社会主义核心价值观相结合。

（一）开展传统性文化活动，鼓励群众积极参与

2015年，将拓展党的群众路线教育实践活动成果，以“弘扬中华优秀传统文化，培育和践行社会主义核心价值观”为主线，进一步深化活动内容和创新活动形式。继续组织和开展好全镇农民艺术节，“全民读书月”，“五月的鲜花”文艺演出，“迎八一”慰问演出，夏日、金秋文化广场演出及“星火工程”演出等活动，在提升百姓文化生活质量的同时，加强文化宣传工作教育群众、服务群众的积极作用。

（二）推出创新性活动，推动地区文化事业深入发展

第一，选取试点，开设“传统文化讲堂”系列活动。根据地区群众的需要和诉求，结合群众的口味开设不同主题、不同内容的讲座，让核心价值观更加深入人心，让传统文化得到弘扬，让积极健康的思想贴近百姓生活，通过宣传力度的加大提高百姓的认知度和认同感，从而起到教育和服务百姓的目的。

第二，为了弘扬中华优秀传统文化，传承中华传统曲艺，通过举办传统曲艺演出的形式让更多青年在领略评书、快板、戏曲、杂技、相声等中华传统曲艺文化的同时，提高其对中华传统文化的热情，努力营造文明、和谐的社会氛围，培育和践行社会主义核心价值观。

总之，人民群众是推动社会主义文化大发展、大繁荣的力量源泉，在群众文化活动中，更要做到“一切依靠群众”。通过扶持和引导，促使群众文化团体实现自我建设、自我管理、自我服务、自我教育、自我表现。只有让每一个基层群众自己乐起来，才能实现全民族的文化自觉与自信。

花家地南里社区：中华美德与现代城乡社区文化建设

中华传统美德是中国五千年历史文化的结晶，是中华源远流长文化的传承。社区以开展群众性活动为切入点，立足社区、面向居民，利用辖区单位、社区自身的文化资源和优势，开展了贴近社区居民、具有社区特色、丰富多彩、主题鲜明、健康向上的文化活动。社区通过开展系列与传统节日文化有关的、居民群众喜闻乐见的文体活动，既丰富了社区居民的文化生活，也提高了群众参与社区建设的积极性。

社区结合文明城区创建工作和传统节假日，开展了主题鲜明的文体活动，得到了社区居民的热情参与和高度评价，极大地促进了邻里和谐，激发了居民热爱社区、建设社区的热情，为构建和谐、温馨社区发挥了重要作用。

在传统节日来临之际，开展“传承文明，喜迎佳节”活动，让社区居民深切地感受到浓浓的节日氛围。

举办了以“母教、家风与社区和谐”为主题的第八届社区文化节。通过家长和儿童诵读国学经典、表彰50名优秀母亲以及文艺表演、宝宝爬行赛等活动，营造了“文明、健康、祥和”的社区文化氛围。

举办了有100多位居民参加的趣味运动会。设立跳绳、踢毽子、托球跑、两人夹球跑和打保龄球等项目，深受居民欢迎。

举办了“重阳节百名老人健步走”活动。参加居民最大的80多岁，最小的也有50多岁。不少居民讲道：“社区以后多组织大伙儿走一走，我们老邻居们也能聚一聚，多好啊！”

举办了一次合唱比赛。合唱队成员的热情非常高，有的居民没有胭脂，为了上台演出，就用红墨水涂在脸上，有的来不及化妆临时就用手把脸掐红后上台，他们非常令人感动。当天有两名80岁高龄的居民要参加演出，平时上班骑自行车的文化主任专门开了自家的车把他们送去演出。更令人感动的是，没有演出任务的二支部书记马俊华专程到场给人们看包。演出人员还有一份纪念品，她什么也没有，但也无怨无悔。

除此以外，社区还先后举办了“春节饺子宴”“元宵猜灯谜”“端午包粽子”等传承中华传统文化的节日活动，居民都踊跃参加。社区党员、居民、中小学生和弱势群体家庭的积极参与，不仅让社区居民感受到了浓浓的节日气氛，还提升了广大居民的文明素质，营造了文明和谐的氛围。

《长城文化》中传统文化因素对小学生德育教育的研究

董国振

一、课题的现实背景及意义

万里长城举世闻名，其中八达岭长城是明长城中保存最好的一段，也是最具代表性的一段，是明代长城的精华。

我校是一所距八达岭长城不到 2 公里的川区小学。除个别借读生外，所有生源均来自全镇 15 个自然村。我校的学生及其父母、长辈就生活在长城脚下，他们跟长城建立了割舍不断的情感，目睹或亲身经历了八达岭长城的变化以及八达岭长城给百姓带来的收益。

我们教育的大多数对象在步入社会后也将留在本乡本土，在长城一带谋生。因此，为学生的终身发展服务，培养优秀的新时代长城人是我校办学的主旨。

我们力求通过系统的培养，使学生具备丰富的知识内涵、良好的英语口语表达能力、创新能力和实践能力以及高尚的道德情操，并树立一种“弃燕雀之小志，慕鸿鹄以高翔”的远大志向，为学生将来的发展奠定坚实的基础。

基于以上认识，学校根据得天独厚的资源优势（基地、民俗），开发实施以《长城文化》为依托的校本课程。它将更加丰富学生的学习内容，让学生有更多的机会参与实践，获得丰富的经验，形成对历史、长城、自然、社会、自我责任感的认知。它还有助于培养学生的主体意识、合作意识、创新意识、动手能力、交往能力、收集并处理信息的能力、发现与解决问题的能力，使他们在知识、品质、能力、个性等方面得到全面、可持续的发展。

二、课题研究的理论依据

校本课程开发，又叫学校中心课程规划。我国长期以来一直是国家统一设置课程，所有中小学基本沿用一个课程计划、一套课程标准、一套教材，课程开发缺乏灵活性和多样性。1986 年，我国中小学的教材开始实行编、审分开，提倡“一纲多本”。1999 年召开的全国教育工作会议做出实施“三级（国家、地方、学校）课程”的决策。至此，我国校本课程开发被正式提到议事日程上来。

在世界各国的课程中，英国、美国、加拿大、澳大利亚等国家历来实行分权开发的校本课程，德国、法国、韩国、俄罗斯则实行集权开发的政府课程。20 世纪 80 年代末以来，世界各国陆续承认单一的政府课程或校本课程已越来越不适应学校的教育，于是各国纷纷结合本国情况进行了课程开发科学分权的教育改革。

校本课程作为一种重要的课程类型，是由学校自主开发的，能够体现学校办学思想和特色的可供学生选择的课程。校本课程在满足学生的兴趣、需要，发挥学生的特长，体现学校的办学特色上，有着十分重要的意义，是不可或缺的。

中国的万里长城作为人类历史上最伟大的工程之一，早已被载入人类物质文化遗产名录。人们赞颂它外观上的巍峨、险峻和壮美，以及由此所体现的中国历代劳动人民的勤劳、勇敢、吃苦耐劳和无与伦比的创造精神，同时也看重它在抵御侵略、反抗外敌、保卫和平生活方面的伟大意义，因而用“万里长城永不倒”来象征、比喻中华民族生生不息，数千年一直挺立于世界民族之林的伟大形象。对于以《长城文化》为依托的校本课程，已经有人进行了不同程度的研究。但是以往此类课题存在诸多不足，而本课题能弥补这些不足。第一，以往研究的研究成员大多为教育管理、教育研究及教学人员，大多集中在理论水平上的研究，缺乏可操作性。与之不同，在本课题研究成员中既有教育管理人员，又有教学管理人员和教学人员，这大大提高了课题研究的科学性、实效性及可操作性。第二，以往研究大多集中对校本课程开发、实施、评价过程中的某一个环节进行研究，缺乏整体性和系统性，而本课题是从整体上系统地研究校本课程的开发、实施以及评价的理论、方法和策略。第三，以往此类课题研究没有充分考虑地域资源，学生不能亲自参与实际考察和研究，而本课题是基于一所位于长城脚下的农村小学的实际而进行的校本科研。

三、研究目标和内容

（一）研究目标

1. 总目标

发挥团队合力，结合课改推进校本课程的开发，拓展课程建设，以课程建设拓展学生乐学的空间，突显学科特色，激发他们热爱长城、热爱家乡的情感。

2. 学生发展目标

遵循学生的认知规律，培养他们的主体意识、合作意识、创新意识、动手能力、交往能力、收集和处理信息的能力、发现与解决问题的能力，重点培养旅游产品的研发意识，使他们在知识、品质、能力、个性等方面得到比较全面、可持续的发展。

3. 教师发展目标

学会学习，学会反思，学会创新，成为实践的研究者，促进教师专业化成长。

4. 重点突破

（1）培养一种能力——英语口语交际能力。

（2）构建一种文化——长城文化内涵的支撑。

（3）培养一种意识——旅游产品研发意识。

（二）开发内容

本课题研究以当地资源——长城文化为依托，研究并制定教材，围绕校本课程建设展开，验证校本课程标准和教材的科学性与实用性，探索形成与校本课程相适应的课程开发与实施体系。

1. 课程标准的制定

课程标准的三维目标与学生实际能力的研究。

2. 校本课程教材的编写研究

（1）教材内容的选择与组织方式的研究。长城文化的内容非常广泛，包括长城专著、长城史地、长城人物、长城关隘、长城地图、长城保护、长城科学、长城环境、长城军事、长城民族等。

（2）教材形式的问题研究。教材分年级以不同的形式呈现。低年级以感性资料为主，旨在加强认识、深化理解。教材以长城景观、长城人物为主，加入歌谣、古诗、小典故、简笔画。中、高年级以调查研究为主，旨在培养学生发现与解决问题的能力。教材以历代长城及其作用、长城环境、长城保护为主。

（3）教材综合资源的开发研究。考虑到校本课程的可展示性，结合八达岭地区民俗特点开展以“豆艺”为主的工艺制作课，让学生用双手表现对长城、对家乡的热爱，充分培养旅游产品研发能力。

3. 校本课程教材的实施研究

（1）长城文化课例的研究。

（2）校本教材与学科整合的教学研究。在语文学科中渗透、积累古诗词等，美术学科中渗透儿童画、工艺制作，英语学科中培养学生的口语交际能力，信息技术学科中制作《我爱万里长城》宣传片、制作网站，劳动技术学科中开展“动手做”创新实践活动的研究，设计或制作长城模型、“豆艺”、十字绣等，科学学科中渗透长城周边的植被、动物调查研究等。

（3）教材实施情况的调查分析：教材应用于课堂教学的实际状况；在使用教材过程中遇到的问题；教师对教材的评价；学生对教材的评价；家长对教材的评价。

4. 校本课程评价的研究

（1）评价内容与评价标准的研究。

（2）评价方法的研究。

5. 校本课教师的培养与培训

教师将承担校本课程的开发和建设，在校本课程的开发和建设中将进一步探索教师培养和培训的内容、途径、方法，提升教师的校本课程开发参与意识，确保培训工作与校本教材的开发实施同步进行。

四、研究方法、手段、途径等

本课题主要以调查法、访谈法、行动研究法、个案研究法、经验总结法等为主。

调查法：通过到长城博物馆等地实地调查，获得新课程开发实施的情况和数据，以此为基础进行理论分析，研究制定课程标准和教材内容。

访谈法：通过访谈了解家长、师生对长城文化的认知情况，获得新课程的开发实施情况，以此来研究和选择校本课程的编排内容及顺序。

行动研究法：本着从教育教学实际中发现问题，并在教育教学中寻求解决办法的宗旨，在良性的互动循环中不断完善和规范校本课程的开发实施工作。

个案研究法：研究和分析典型的校本教学个案，通过个体考查整体，寻求规律，实现校本课程开发实施的最优化。

经验总结法：对校本课程实施中的感性认识进行提炼和概括，形成理性认识。

比较研究法：比较分析国内外校本课程开发与实施的相关理论和实践，从中获取可借鉴的经验。

五、校本课程开发与实施的过程

（一）校本课程开发的准备

1. 建立领导机构

学校成立了以校长为组长的校本课程开发领导小组，校长是校本课程开发的主要决策人和负责人，负责校本课程的总体策划、宏观调控及全面的研究和实施。副组长由副校长和教导主任担任，负责以下工作：组织和实施校长决策，负责校本培训，检查校本课程实施，协调各部门的工作，组织教师编写校本教材和安排教师上课，实施课程计划，对校本课程的研究和实施进行指导、评估，调查、分析学生对校本课程的需求情况，整理校本课程档案等。组员由校本课程任课教师和各年级组长担任，负责教材、纲要的编写等工作。学校还成立了由校长、教师、学生、家长代表组成的课程开发审议领导小组。

2. 进行前期论证

我们依据上级部门颁发的相关文件，结合我校的办学宗旨、教师现状、学生的需求，在认真调查、客观分析的基础上，对校本开发的可行性进行了论证。

3. 确定校本课程的总体目标

在广泛而深入地调查教师、学生、家长的基础上，充分考虑学校的总体发展目标、办学思想、办学条件，结合学校特色拟定发展校本课程的总目标：发挥团队合力，结合课改推进校本课程的开发，拓展课程建设，以课程建设拓展学生乐学的空间，突显学科特色，培养他们的主体意识、合作意识、创新意识、动手能力、交往能力、收集和处理信息的能力以及发现并解决问题的能力，激发他们热爱长城、热爱家乡的情感。

（二）校本课程开发的组织与实施

1. 制定制度

制度是校本课程研究和实施顺利进行的保障，为此我们制定了《校本课程评价制度》《教师培训制度》等。要求学校教师严格执行各项管理制度，领导小组定期检查制度的执行情况。

2. 开发动员

学校召开了全体教师参加的校本课程开发动员会，学习了校本课程开发的有关政策，宣讲了我校实施长城文化校本课程开发的条件、决心以及校本课程开发的总体目标、方案及工作流程。课程开发小组成员用两个月的时间编写了教材及纲要（经校本课程审议领导小组初审后在使用和继续修改中）。

3. 搜集资料

校本课程的开发必须有相应的资料、信息做支撑。开发的课程主题确定后，要收集大量资料。我们组织课程开发小组成员去八达岭长城、长城博物馆、全周影院实地考察和学习；利用书籍、网络获取相关信息。

4. 师资培训

学校多次对课题组成员进行深入的培训和指导。一是对教师进行课程理论的培训，让教师初步掌握课程的一些基本原理，明确课程目标、课程内容、课程实施、课程常识、课程探究等基本理论，为课程开发提供理论依据；二是对教师进行专业知识培训，不断拓宽其知识面，重新构建教师的知识结构，为课程的开发提供理论、知识、能力和智力上的支持。

5. 校本课程的编写

6. 校本课程的评价

（三）校本课程开发的结题阶段

修改、完善各年级教材；撰写课题研究报告；编写教学案例集、教学论文集。

六、校本课程开发的收获和反思

（一）收获

1. 学校——彰显特色

学校教育的整体面貌有了很大改观。有效地培养了一大批教学骨干，使青年教师的继续教育真正落到实处，促进了一批科研型教师队伍的成长，形成了敬业爱岗、勇于开拓、团结协作的教学氛围。校本课程的开发给学校带来的效果是全方位而且明显的：学科教学不再单一、死板，更加注重学生的个性和全面发展，一批骨干教师的教学个性开始显现，学生的个性在教师的引导下得到发展，学校办学特色得到进一步体现。

2. 教师——受益匪浅

我校教师普遍认为校本课程实施的最大好处是促使教师教育观念的自我转

变，具体表现在：教师对自身工作、任务的认识和定位发生改变，从过去的单一传授知识到开始关注学生多元的全面发展；师生关系民主、平等；教师是组织者、参与者、学习者、引导者等。校本课程是教育改革的重要内容，对我国教师来说是一种新的尝试，要领会它，读懂它，开发它，就必须有理论基础。校本课程的开发也掀起了教师学习的热情，改变了教师的思维方式、学习方式，使学校形成了良好的学习氛围。

3. 学生——日新月异

我校开发的校本课程具有强烈的现代气息，学生在校本活动课程中不仅可以得到科学知识、人文素养的教育，还有艺术熏陶、文学欣赏以及经济意识的启蒙。这些多元化、综合的教育渗透，对学生的全面发展无疑会起到不可估量的作用。几个月来，学生的学习方式有了变化，他们有了较强的独立意识、创新意识，遇到难题时有了与人合作的意识，搜集、处理信息能力及实践能力明显提高了，有了更好的人际交往能力，综合能力表现突出。通过校本课程的学习，学生产生了浓厚的学习兴趣，成了学习的主人。

学生的知识素养得到了有效的提升。长城文化包罗万象，包括历史文化、地理文化、诗词文化、景观文化等。我校合理配备任教教师，以使学生受到不同层面的教育。美术教师在教学中渗透长城文化的视觉美，教学生学会用五彩的画笔描绘长城美景。音乐教师在教学中渗透长城文化的韵律美，使学生学会用歌声赞美长城。中文教师在教学中渗透长城文化的文韵美，欣赏细腻秀美的语言文字。计算机教师通过教学生上网搜集资料，制作长城网页、网站，拓宽了学生的视野，使学生了解了更多知识；通过网络资源弥补教材知识面的局限性，使学生充分利用网络资源感知长城文化内涵。

学生的英语口语得到了提高。语言作为一种工具，其最终目的是交际。而我们培养的学生将来要到长城上去和外国友人进行交流，所以培养良好的口语交际能力就显得尤为重要。我校加大英语课时力度，保证每天都有英语课；设置了英语早读，要求学生用英语写日记等；积极创设人人说英语、时时处处讲英语的良好交际氛围，并组织师生到八达岭长城上和外国友人交流，让学生们用英语向外国友人介绍自己的学校和家乡，介绍中国的旅游文化。通过以上措施，学生的英语口语水平得到了提高。

学生的艺术素养得到了明显的提升。“豆艺”是我国的传统文化，它所体现的农村生活、民俗幽默、民族风情等将对我们的学生产生深远的影响。本着让学生可持续发展的目的，我们在全校范围内开展“豆艺”课，着力培养学生利用现有资源发展经济、文化产品的意识和设计、构思能力，这将为学生将来的谋生发展奠定良好的基础。作为一项传统文化，“豆艺”的制作工序较为繁多。首先要构思。选择题材既有山水小品、趣味动物，也有人物画像，最主要的是怎样既使画面生动有趣，又能体现其特征。这一环节能有效培养学生的设计与构思能力以及创新意识。其次，在选豆、磨豆、粘贴、上漆、装框的过程中，学生的动手能力以及合作能力都得到了充分的提高。

（二）存在的问题和反思

学校利用地域特色进行校本课程开发，取得了明显效果，但在开发过程中，仍存在一些问题，如教师缺乏开发意识、专业化程度不高。学校教师普遍觉得教学任务繁重，精力不足，因而参与意识还不够强。今后校本课程开发应关注教师的专业发展、外在评价机制的建立，形成校本课程的保障机制。教师思路窄，教学内容单一，课堂容量小，因而还需不断完善教材的编写。初期考虑的不周全导致教材内容的难易程度和学生接受水平之间存在差异，因此，还需不断改进教材。（作者系北京市延庆县八达岭中心小学德育主任）

参考文献

[1] 崔允漷．校本课程开发：理论与实践［M］. 北京：教育科学出版社，2000.

[2] 傅建明．校本课程开发中的教师与校长［M］. 广州：广东教育出版社，2003.

[3] 吴刚平．校本课程开发［M］. 成都：四川教育出版社，2002.

中华美德与青少年公民道德教育研究

——传承传统文化　践行传统美德

孙悦仙

中华民族传统美德，是指中国五千年历史流传下来、具有影响、可以继承并得到不断创新发展、有益于后代的优秀道德遗产。概括起来就是：中华民族优秀的道德品质、优良的民族精神、崇高的民族气节、高尚的民族情感以及良好的民族习惯的总和。它标志着中华民族的“形”与“魂”。它也是我国人民两千多年来处理人际关系、人与社会关系和人与自然关系的实践的结晶。

长期以来，在应试教育的重压下，我们只偏重于传授知识，只追求升学率，把中华传统美德丢掉得太多了，青少年思想道德教育理想化、空泛化、形式化、抽象化、枯燥化，脱离实际。于是我们不时发现，课堂上打盹发呆的学生越来越多，公共场合大声喧哗、随手乱扔垃圾、随地吐痰的青少年越来越多，不尊重父母、长辈、老师和同学，满嘴污言秽语的青少年越来越多……所谓“一屋不扫，安能扫天下”，如果青少年只知道一些空洞的大道理，对最起码的道德要求却不清楚、不履行，甚至认为其微不足道，不屑于履行；不能识别现实生活中丑恶的东西，有的甚至还受到社会上丑恶行为的影响；精神空虚，行为失控，拉帮结伙，实施校园暴力，有的甚至走上违法犯罪的歧途，那么他们怎么可能成长为合格的现代公民？这不能不说是我们教育的悲哀，更不能不说是我们在青少年思想道德教育上的失败。加强中华传统美德的教育正是一剂对症良药。

寓中华传统美德于青少年思想道德教育之中，让青少年在学习科学文化知识的同时继承和发扬中华民族的优秀传统文化和传统美德，使他们形成具有中国特色社会主义的理想信念和正确的世界观、人生观、价值观，具有高尚的思想品质和良好的道德情操，成为有理想、有道德、有文化、有纪律的全面发展的中国特色社会主义事业建设者和接班人，这不仅具有重要的现实意义，而且具有深远的战略意义。

邓小平理论提出要建设有中国特色的社会主义强国。特色在哪里？一是社会主义的；二是有中国文化底蕴的。中华传统美德就是我们中华民族最深厚的文化底蕴。青少年既是中华民族传统文化的传承者，也是未来社会主义现代化的建设者，理应把中华民族传统文化的精华内化为他们的精神素质，理应培育他们的中华传统美德，这对他们的行为方式和价值取向将起到重要的支配作用和决定作用。

为此我校从以下四个方面入手将青少年思想道德教育与中华传统美德相结合：

一、美化校园环境，感受传统文化

走进八里庄小学，一股浓郁的传统文化气息扑面而来。寓意深刻的雕塑将悦纳文化植根于师生的心中，并蕴含于学校的每个角落。雕塑的一层底座是刻有二十四节气、地支以及十二生肖的大理石，二层底座为八棱台。外圆内方的结构设计寓意做人要善于包容，在校听老师的教导，遵守学校的规章制度。我们在校园第一排的东侧墙面绘制以“诚信、有礼、好知、乐学”为主题的诗画，孩子们驻足观看，从中明白做人的道理；将十二生肖绘制在东墙，使学生感受到传统文化的魅力；校园西侧是节日文化墙，介绍了我国的腊八节、春节、元宵节、清明节、端午节、重阳节的来历、习俗、相关诗句，使孩子们增长了知识，了解了传统节日。我们正在搜集本校孩子欢度传统节日的照片，准备重新设计这面墙，展示孩子们的照片，让师生有亲切感。各班教室前的二十四节气石使孩子们增长了天文、地理等相关知识，同时又欣赏到了我国博大精深的书法、石刻艺术。我们努力做到让学校的每一面墙都会说话，让传统文化深入到每一个人的心灵深处。

二、丰富校本课程，传承传统文化

2009 年，我校开始引入太平鼓项目，组建太平鼓表演队，邀请校外人员走进学校进行指导，从幼儿园大班到六年级全员普及。自编太平鼓操，作为课间操的自编操。2014 年，我们编辑校本课程教材《鼓舞太平》，使太平鼓这一具有广泛群众基础和深厚历史渊源的民族传统项目发扬光大。

2013 年，我们首次将灯笼制作引入校本课中，以年级为单位，开展灯笼制作。这不但激发了学生的兴趣，培养了其特长，而且对其进行了爱国主义教育，使其热爱祖国传统文化，立志对优秀文化进行传承和发扬光大。学生们通过制作形态各异的灯笼，感受到了劳动的快乐，学会审美，践行环保，用双手美化生活，用心打造温馨、蓬勃、具有灯笼特色的班级文化。低年级学生制作简单的几何灯笼；中年级学生制作动植物灯笼；高年级学生制作状元灯笼。一至六年级各班的学具柜上均绘制有鲜艳、精美的灯笼图案，顶棚上均悬挂学生亲手制作的灯笼，班级洋溢着浓厚的文化氛围，健康积极的文化思想浸润着每个学生的心田。在 2014 年元宵节期间与儒林街道联合举办的首届灯笼文化节上，我校学生利用废旧物品精心制作的灯笼得到了社会各界的认可。

三、诵读经典诗文，牢记传统美德

根据我校的实际情况，外来务工人员子女占学生总数的 56. 4%。这些民工的子女大多来自一些比较贫困和落后的农村地区，许多父母因忙于打工挣钱，对孩子疏于管理。为培养学生的良好学习习惯，我校结合对二十四节气知识的宣传以及我校地处农村地区的特点，要求学生背诵经典古诗中描写四季的诗。通过语文课、班会课进行学习，走路队时进行背诵，激发学生诵读经典的兴趣，培养学生的理解能力、朗读能力，拓宽学生的视野，培养学生良好的读书、学习习惯，增强孩子人文知识的积累，提升他们的思想道德水准。

四、欢度传统节日，践行传统美德

中华民族传统节日是民族文化的宝贵财富，每一个传统节日都蕴涵着我们民族独特的价值观，是我们中华民族文化的根。我校根据教委德育科、德育研究室计划，把传统节日教育与养成教育有机结合，提高学生对民族文化的认同感和自豪感，培养学生的良好习惯。

在传统节日到来之前，我校利用国旗下讲话，以“传统节日”为主题进行演讲，并通过黑板报、专栏等多种形式进行宣传。要求学生搜集相关知识，利用德育活动课等在班内交流，让同学们了解传统节日的来历与含义，并从中解读传统节日在生活中的韵味。诵读与传统节日有关的故事、诗歌、书籍，讲一讲这些故事，读一读这些诗歌，看一看这些书籍，如：重阳登高的古诗文、美文、春节的神话故事等。一系列的举措使学生的才智得到了充分的展示。在老师的指导下，他们自主发现、自主探究、自主下结论，学生的个性得到了最大程度的尊重，查资料、讨论、实践、分析，既锻炼了学生的观察能力，培养了合作意识，又提高了学生的交际及综合实践能力，还使学生们认识到中国传统节日的魅力所在。

每当传统节日来到，学校都会组织学生开展丰富多彩的活动。元宵节期间举办灯笼文化节。清明节组织学生走进八达岭烈士陵园，缅怀革命先烈。在肃穆的烈士墓前，同学们仿佛看到先烈们为了新中国的诞生抛头颅、洒热血的身影，感受到今天幸福生活的来之不易。他们将亲手制作的小白花敬献给烈士们，表达他们无尽的哀思。他们在日记中向先烈们保证，用实际行动好好学习，为建设祖国贡献力量。端午节组织学生进行包粽子比赛。在包粽子的过程中，老师们亲自指导同学们包粽子，并与同学们一起分享包粽子的喜悦。此次活动不仅让同学们了解了端午节的传统习俗，学习了许多关于端午节的知识，而且让每一名学生都学会了包粽子，在学校感受到了家一样的温暖，让他们在今后的学习和生活中更好地融入学校，融入集体。重阳节让学生在家里为父母、为长辈做一件力所能及的事情，体会家长的辛劳，尊老爱幼，关心别人。让家长感受到孩子的成长，感受到温馨和幸福。学校中、高年级同学把欢度重阳节的情况，对重阳节的感悟、遐想等写成作文，并开展优秀作文的评比活动。在德育活动课上，有的孩子说：小时候妈妈给我洗脚，现在我长大了，也应该回报妈妈。给妈妈洗脚，我也感到很幸福。有的孩子说：爸爸活很重，脚很臭，但是我不嫌弃他。活动课进一步丰富了学生的敬老、友爱、勤劳、善良、感恩等健康情感，促进了学生认知、情感、行为的互动发展。

学校是继承和弘扬中华传统美德的重要阵地，我们希望经过长期不懈的努力，使中国传统美德在学生的心灵扎下根来，成为他们健康成长的“养分”，帮助学生陶冶情操，提高人文素养，形成完美人格。（作者系北京市延庆县八里庄中心小学德育主任）

传承中华优秀传统文化
培育和践行社会主义核心价值观

杜海平

中华优秀传统文化是中华民族传统文化的精华所在，其内容博大精深，蕴涵着丰富的人文精神和丰厚的育人哲理。在小学生中开展中华优秀传统文化教育活动，既有利于弘扬我国优秀的传统文化，培养小学生的民族自豪感，又可以提高学生的人文素养和审美情趣，同时有助于加强小学生的思想道德建设，养成良好的文明习惯，是深化“中国梦”教育和培育、践行社会主义核心价值观教育的重要组成部分。

一、深化对中华优秀传统文化教育的认识

从 2002 年 9 月开始，学校根据教育部《基础教育课程改革纲要（试行）》精神实行三级课程，而且要求家长在生活中教学生识字，3 年内学生要认识近 3 000 个汉字。而对于农村的孩子来说，一是家长文化水平低（部分文盲），二是家长重视程度不够，三是农村生活单调，所接触范围窄。因此，让他们在生活中增大识字量、达到课程标准是不可能的。我国有五千年灿烂的文化和辉煌的历史，经反复研讨，我们认为应从我国古典文学中，选其精华，剔其糟粕，以《读千古美文，做谦谦君子》作为校本课，让孩子们在记忆力最好的时候进行诵读。这样既弥补了在生活中识字的不足，又能达到课标要求；既让学生在记忆力黄金时期增大识字量，又让他们得到古典文学经典的熏陶；既培养了学生热爱祖国语言文字和中华优秀文化的思想感情，又对学生进行了人文教育。同时，以最便捷的方式，让学生获得古诗文教学中经典的美育教育，达到“学一点古典诗文，陶冶情操，加强修养，丰富思想”的要求。在这种精神的鼓舞

下，我们结合我校的校本课程，以古诗文的形式对学生的美育教育做了积极、有意义的尝试和探索，也取得了一些成效。通过一系列古诗文活动的推广，我深刻体会到：一代新人的成长，将受益于千古美文的文学滋养——“天下为公”的理念，“宁为玉碎，不为瓦全”的风骨，“先天下之忧而忧，后天下之乐而乐”的胸怀，“富贵不能淫，贫贱不能移，威武不能屈”的操守，“己欲立而立人，己欲达而达人”的道德原则……这一切，都将成为新一代中国人重建人生信念的重要精神资源。

二、中华优秀传统文化教育内容

我校自2002年开展中华优秀传统文化教育活动以来，精选了《三字经》《弟子规》《唐诗》《宋词》《童蒙养正》等为校本课内容，在一至六年级开设国学校本课程；2008年，我校把国学特色确定为德育特色，另加科技特色，由此，国学教育走进了又一个里程，即：一、二、三年级开设“三字经”“千字文”“弟子规”“宋词”国学校本课程，四、五、六年级开设科技校本课程。与此同时，全校早读时间定为早8点到8:20：前10分钟，全校以班为单位，诵读《弟子规》；后10分钟，进行“日行一善”演讲。我们的目的就是，利用校本课和课余时间开展诵读活动，以读出韵律为目标，通过多种多样的方法、丰富多彩的形式，潜移默化，使国学经典入脑入心。

三、中华优秀传统文化教育的意义

（1）培养孩子的读书兴趣，增大孩子的识字量。

（2）提高孩子的注意力、记忆力。

（3）了解中华传统文化经典，提升孩子的人文素养和审美情趣。

（4）加强学生思想道德建设。

四、中华优秀传统文化教育的原则

（1）完整性原则：忠实原文，保持经典的完整性。

（2）诵读与展示相结合原则：多诵读，个性展示，积极评价，让每一个孩子都享受经典。

（3）评比与激励性原则：实行宽容性评价，多鼓励，少批评，注重激发兴趣。

（4）知行统一原则：以圣贤为榜样，以经典为内容，读经典与良好品行的养成结合，促进孩子文明习惯的养成。

五、诵读经典文化，净化学生心灵

几年来，我校以中华优秀传统文化活动为突破口，把古诗文诵读与实施素质教育相结合，努力构建书香校园，逐渐形成本校的国学特色。

(一) 营造良好的诵读氛围，打造精美的文化环境

为进一步营造良好的诵读氛围，我校精心布置了校园文化环境：在一楼走廊的墙壁上有“培养学生良好习惯”的布景，二楼展示《三字经》《弟子规》中以孝为主的内容；操场四周墙壁上，图文并茂的《弟子规》内容精美优雅，既美化环境，又方便同学们随时随地记诵理解，达到时时育人、处处育人的目的。

(二) 精心选编校本教材，合理选择诵读内容

为了使国学经典更加便于学生理解，更加朗朗上口，我们专门安排教导处教师系统把握中华优秀传统文化内容，选择适合小学生的文本，根据各年级段学生的年龄特点和认知规律，以及审美情趣的差异，编辑注音版教材，形成我校的校本教材——《读千古美文　做谦谦君子》。这样既遵循了学生的发展规律，关注了学生的个体差异，让各个年龄段的学生都能够自己阅读理解，增大了孩子的识字量，又使学生在自己诵读和老师的帮助下逐步提高审美情趣、丰富想象力。

教材内容：一年级，《三字经》；二年级，《千字文》《弟子规》；三年级，《宋词》。

(三) 利用多种诵读形式，全力保证活动运行

我校采取的主要形式有：读、找、赛、赏、演、做。

读：兴趣驱动，制定诵读的具体时间。

找：搜集课程相关材料。

赛：古诗文诵读比赛。

赏：从古诗文中发现美、欣赏美，从而创造美。

演：诗文剧表演。

做：达成最高目标——力行。

(四) 活动成序列，确保有实效

几年来，我校形成了以“清明讲传统、六月讲理想、国庆讲形势、新年讲成就”的德育活动序列，结合中华传统节日，开展了演讲、征文、表演等丰富多彩的活动，精心组织，确保活动取得实效。

（1）为增强小学生对经典文化的理解，我校在校园文化上下了很大功夫。自2002年开始，每年六一我校都要在操场上举行大型集会，举行“中华优秀传统文化，润泽学生心灵”的全校性展示活动，要求全体师生积极参与，传承中华优良品德。教师呈现的形式多种多样，我们的主题也是围绕着“国学教育”，每年侧重点不同。

（2）每年一次以国学经典展示为主题的班队会。我校有专职的国学校本教师。为了达到全员性学习国学经典的目的，我们不仅要求全体教师参与，而且要求每班每个学期必须有一次由班主任策划、主持的国学经典班队会。班队会形式不限，副班主任参与，一般在六一前夕进行，这样还可以甄选六一活动中的精品节目。

（3）传承中华传统美德，过好中国节。让孩子们学习国学经典的目的是让他们继承和发扬中华民族的优良传统和优秀品德。我国的传统节日都有着悠久的历史，有着深刻的教育内涵，如：清明、端午、中秋、重阳……与这些节日有关的典故、伟大诗人的杰作、千古绝唱为我们所耳熟能详，也为教育孩子提供了丰富的案例。我们结合这些节日，开展了清明讲传统、中秋送月饼、感恩重阳节等活动，在活动中启迪孩子的心灵。

（4）结合“我与父母签协议”工作，把《弟子规》中的“孝”列入“学生在家五做五不做”，由家长监督学生在家的表现，通过“五做五不做”评价单反馈给学校；通过“三三三工程”督促学生每天帮父母做一件力所能及的事，例如：刷碗、扫地、倒垃圾……让学生从小事做起，养成良好的行为习惯；从小做起，孝敬长辈；从我做起，力行经典教育，惠及社会环境。同时，我们还把“每天与父母同读30分钟《弟子规》”列入“我与父母签协议”中，让家长与孩子共成长。

（5）设专人专时，进行古诗文的诵读活动。我校开设了每周一节的校本课程，设立专任教师进行教学。在课上，老师不仅要教会孩子读，还要教他们认识一定量的汉字，以增加他们的识字量。校本教师有专项备课，内容涉及识字量的达成（要认识哪些汉字）、孩子诵读的质量（要读出古诗文的美感、韵律），及本节课对学生进行哪方面的教育（教育目标）。我们选择的校本教师本身就在读书、演讲方面有很深的功力，在学生渗透方面很有方法，也取得了一些效果。

（6）日行一善。古诗文需要我们的学生去用心体会、品味，品味的最终结果在于导行。我校在开展国学教育之初就开展了围绕国学教育进行的“三三三”实践活动，要求学生每天为父母做一件事，每周为同学做一件事，每月为学校做一件事，使学生学会感恩，学会回报。力行几年，效果比较显著。今年我校提出了“积跬步以至千里——日行一善”活动，教育学生把从课堂上学到的知识运用到生活当中去。比如，“父母呼，应勿缓；父母命，行勿懒”是最容易做到但又最容易被学生忽视的。经过调查，我们发现大部分学生做得都不是很好，于是我们要求学生每天做一件好事，可以是为家里、学校、邻里等做好事。近两个月来，效果明显：大一点的学生知道帮助小孩子清理清洁区了；上操的一、二年级队伍前有了两名带操的大姐姐。以此为突破口，我们连续开展了几次活动。我们明白，催化的不是正常的，内化的才最行之有效，应鼓励学生自主地帮助父母做一些力所能及的事。

（7）走进博物馆，感受中华传统文化。博物馆既是优秀传统文化教育的重要基地，也是培育社会主义核心价值观的重要阵地。让孩子们走进延庆县博物馆，了解延庆的历史和文化；让孩子们走进地质博物馆，通过内容丰富多彩、形式生动活泼的现场授课，让孩子们近距离接触和感受历史的恒久魅力。引导广大青少年，让他们对优秀传统文化乐闻、乐学，培养青少年认识、了解传统文化的兴趣，增强文化自信，使中华优秀传统文化渗透到每个少年儿童的生命与生活之中。

六、达成的效果

（一）使学生有了全新的体验

体验是少年儿童在实践中的一种体会和感受。体验是教育过程尤其是德育过程中的一个重要环节。有人把情感体验比喻成德育的催化剂，认知—体验—实践反复进行就可以内化为一种素质。

中华优秀传统文化教育让学生感受中国古典文学的魅力。学习传统文化，着力培养学生热爱祖国语言文字和中华优秀文化的思想感情；对学生进行人文教育；适应21世纪知识经济时代和信息技术发展的需要，体现艺术教育的普及性、基础性和发展性；处理好继承与创新、学习与实践、做人与做事之间的关系；以培养学生的创新精神、实践能力为重点，符合农村小学教育发展的需要。

1. 陶冶情操

如苏轼的《念奴娇》，学生通过诵读、表演等形式感受到了长江之水向东流去，淘去了千古以来无数英雄豪杰的意境。学生深刻体会到诗人当时的感受（现在在这古战场上回想当年，人生如同一场梦，是如此短暂）。诗中如此深远的意境，给学生一个极大的想象空间，他们与作者产生共鸣，受到艺术的熏陶，有了美的感受。在我校古诗词诵读演讲比赛中，台上学生动情的朗诵感染着评委，感动着观众，也深深感动着我。不入此境，焉有此情？瑞士思想家阿米尔说过“一片风景是一个心灵的结晶”。外在的自然风景与内在的心灵互相叠映，相融为一，这就是意境。在为学生创设一种美好的意境方面，朗诵是一种很好的形式。教师可根据课文的特点，运用范读、自读、引读、议读、齐读等多种形式来引导学生深入感悟古诗文中的意境美。

2. 丰富想象

学生通过自己的联想和想象、体会和理解来欣赏传统文化。联想和想象必然是在他自己本身体会的基础上而产生的。每个人的阅历不同，因而对于传统文化的理解就不同。想象是在刺激影响下，人脑中旧经验（旧表象）重新组合，产生新事物映像的过程。传统文化教育活动正是通过朗读、背诵、解释等一系列的接触学习，加强对学生语言的训练，培养其良好的思维品质。比如，教师可以利用板书展示结构美。人们都说老师每天与粉笔打交道。没错，教师在课堂上离不开板书。一手好字自然给每天都望着黑板的学生一种美的享受。有了美的体会，学生必然会拓展到美的想象。板书美，不仅强调老师要写得一手好字，还要求老师在板书时必须注意板书的位置、板书的条理。一句话，板书要合理。有的老师一节课把黑板写得满满的，写了擦，擦了又写；有些老师却不喜欢板书。前者往往给学生以杂乱、抓不住重点的感觉，后者则给学生留下的印象不深。所以，该板书的要板书，多余的板书则应省略。板书应力求简洁、明了，既要给学生以美感，又要有助于学生理解课文的内容。

（二）培养学生创造美的能力

罗丹曾经说过：“我们的眼睛中不是缺少美，而是缺少发现。”我们只有去不断体验、发现，才能培养出发现美、创造美的能力。中华传统文化需要我们的学生去用心体会、品味，它可能不像小说、网络那样给我们以直观的印象，但是它简单的形式却给我们学生以深刻的启示，使学生在发现美的过程中，培养了创造美的能力。比如，辛弃疾的《清平乐》不仅仅是描述一幅唯美的画面，更多的是带给学生深深思考和心灵深处的触动，使之发现生活中的美无处不在。

（三）使学生受到爱国主义教育

社会主义核心价值观个人层面的要求是：爱国，敬业，诚信，友善。爱国主义是我们中华民族的传统美德。我们力求使学生从中华传统文化的诵读活动中深刻体会到这种伟大情感。比如，耳熟能详的《春词》一诗能使学生产生对美丽大自然的热爱之情。《满江红》一诗则使学生明显感受到增强国家和民族意识的重要性。我校的特色活动还有“我和家长共读一本书”活动，我把传统文化的诵读引入其中。家长都认为此活动可以让孩子得到中国传统文化的熏陶，使孩子对中国古老而灿烂的文化有所了解，使孩子受到爱国主义教育，进而产生热爱祖国的情感。我校低年级举行了“三字经连诵”比赛，中高年级举行“古诗文吟唱”比赛。生生之间互相学习、互相启发、互相带动，形成了校园处处有“诗声”的宏大场面。在生动活泼的活动中，学生不知不觉地受到了感染和教育。

迄今为止，我们发现，在“五做五不做”成绩单上，孩子们的行为得到了父母越来越高的评价；校园里见到师长鞠躬的孩子们多了，他们行为上的自觉和文明让人欣慰……古诗文带给学生的不仅仅是一幅唯美的画面，更多的是深深的思考和心灵深处的触动，从而使之发现生活中的美无处不在。

“随风潜入夜，润物细无声”。我校的中华传统文化教育活动自开展以来，不仅推动了学生道德素质的稳步提高，更提高了学生欣赏美、创造美的能力，使学生在各个方面受到了教育，大大加快了我校的素质教育进程，为我校“书香校园”的建设贡献良多。在今后的工作中，我校将继续以中华优秀传统文化为依托，培养学生良好的行为习惯和做人的准则。（作者系北京市延庆县沈家营中心小学德育主任）

关于当前中学生中华美德传播路径的几点经验

辛春华

一、中华传统美德的界定

著名民俗学家钟敬文先生把传统文化定义为：我们民族千百年来历代祖先为了生存和发展的需要，根据现实所允许的条件，所创建、改造、享受、传承的物质的、制度的和精神的各种事物的总称。应该说，这个定义不是传统与文化定义的复合物，它肯定了传统文化广泛存在于每个社会共同体中，特别强调了传统文化的创造功能、改造功能和享受功能，反对仅仅把传统文化局限于“传承”的范畴。传统文化当然有精华和糟粕之分。中华民族的传统文化可谓是精华与糟粕并存。北京故宫既可以让人体会到中华民族文化的博大精深，又可以让人联想到统治阶级生活的奢侈豪华。从不同的角度教育学生，可以得到截然相反的两种结果。我们这里所说的当然是积极的、对学生起正面影响和教育作用的中华传统美德的传播。

二、当前的教育误区与中华传统美德传播缺失产生的问题

传统的历史、文化修养的培养，被分解到政治、语文、历史、地理等学科之中，导致了中小学教育长期缺失“国学”内涵。电脑及电子传媒进入中小学领域以后，一方面带来新知识和新的传播优势，另一方面又削弱着学生们对传统文化载体的掌握。

正是这种中华美德传播的缺失，导致了学生的一些问题：衣来伸手，饭来张口，过度依赖家长，缺乏自立能力；自私自利，不太合群，集体观念淡薄；

花钱大手大脚，不珍惜劳动成果；是非观念淡薄；在任何地方都把自己放在第一位，没有任何集体意识、民族意识、国家意识。

三、原因分析

1. 学校教学方面

尽管造成传统文化缺失的原因很多，但学校作为最基础的教育机构有着不可推脱的责任。不少学校只重视应试教育，没有将中华美德传播放在重要的位置上。学校是中华美德传播的重要阵地；教师是文化的传播者，但很多教师还没有真正地把传播传统文化作为己任，甚至自身的传统文化知识就很缺乏，因此，他们在教学过程中难以对学生产生较大的影响。同时，绝大多数青少年接受正规、统一的中华美德传播仅仅是通过学校开设的语文、历史课，其内容也局限在古诗、朝代简史，而授课内容又只是为了应付考试，因而学生对传统文化知识知之甚少。另外，由于社会上功利主义的盛行，学校也要不断调整办学方向以迎合社会的需要，这样学校更容易忽视对学生进行中华美德传播。

2. 家庭方面

许多家长对优秀传统文化认识不足，未能对孩子进行积极的灌输和有效的引导。现在有不少家长认为中国的经济、文化发展程度不及西方发达国家，一定程度上存在着崇洋媚外的心理，甚至认为语文、历史这些科目没有太大的用处，只有外语才是最重要的。他们忽视了对孩子进行正确的道德教育，尤其忽视了中华美德的传播。

一个人的道德品质的形成会受到多方面的影响，而家庭的氛围是非常重要的。历史上许多名人的家教都是非常严格的。中华美德过去用于孩子的启蒙，现在则被许多家庭放置到一个可有可无的角落。家庭在中华美德传播中的缺位给青少年的中华美德传播带来了一定的难度。如果家长能够给予孩子进行正确的引导，也许会有更多的孩子喜欢传统文化。因此，中小学生对传统文化的态度与家长的认识和引导有很大的关系。

3. 社会方面

社会对传统文化的宣传力度不够，使中华美德在青少年心目中有越来越严重的淡化趋势。随着对外开放的进一步深化，对外文化交流和交往不断增加，外来文化对广大青少年的影响越来越大，并潜移默化地影响着他们的思想、言论和行为，致使青少年对祖国优秀传统文化的认可度逐渐下降，越来越多的年轻人盲目追求西方发达国家的文化，将自己国家的博大精深文化抛之脑后。

同时，由于我们传播手段的滞后，报纸、杂志、广播电视和网络这些现代传播媒体对传统文化的宣传力度不够，社会舆论导向作用不明显，导致青少年对传统文化的认识不深，优秀传统文化难以弘扬。

四、几点思考

既然传统文化缺失到了如此严重的地步，我想我们不能再一味地去追究文化缺失的原因，而应该去思索如何将传统文化与教育重新契合。

1. 大处着眼注重学生人文素质的教育

当前学生的文化素养非常欠缺，是因为他们过早地受“数、理、化”的禁锢，除了在少数时间参加一些课外活动以外，较少受到有关人文学科和中华优秀传统文化的教育。人文素质教育的不完善导致现代学生的正义感、责任感不强，道德修养不足。当前不少学生埋头于科技理论知识的学习，不注意伦理道德修养和文明礼仪修养，在诚实、守信、认真、勤奋、谦虚等基本文明方面表现欠佳。

学校人文素质教育必须先摈弃重理轻文或者只学、只考、只闻读书声的办学理念，将人文素质这个全方位的大课程融入教育的过程中，树立学生正确的价值观，让学生学习传统文化中的人文素养精髓，全面掌握传统文化中关于爱国、爱家、道德、伦理、尊老爱幼……一系列提升人文素质的重要思想。学校应弘扬中华民族的优秀传统文化，树立扶正祛邪、扬善惩恶的风气，培养出具有思想道德修养、科学文化水平、民主法制观念、敬业和奉献精神等高素质的建设人才。

当然，人文素养不能只靠单纯的传统文化思想教育，更需要在重视传统文化的整体社会风气中慢慢熏陶才能养成，这就对我们的社会教育提出了一个更高的要求。

2. 小处入手做好传统美德教育

（1）仁爱教育。在源远流长的华夏文明道德教育史上，张良曾因桥下为老叟拾鞋而得兵书，孔融曾因让梨而流芳千古，这些故事所蕴含的尊老爱幼、俭良谦让的美德却在当今某些“小皇帝”“小公主”的身上淡化了、失落了。如何让学生们传承中华传统美德，是学校仁爱教育的重要课题。我们可以通过“感恩教育”“知荣明耻教育”，或在班会、集会上讲述尊老爱幼的典型案例来带动大家。

（2）礼貌教育。不少独生子女以自我为中心，冷漠自私，同学之间不懂得温和谦让，缺乏谦恭友爱。为此我们要从学生们的礼貌问题着手，开展礼仪讲座、比赛、表演，让学生们在学校的大课堂中学会同学友爱、尊师重道，懂得基本的礼貌，养成经常使用“谢谢”“对不起”“请”等字眼的习惯。

（3）善心教育。在现代中国的独生子女家庭中，孩子成为家庭的“重点保护对象”，受到家人的加倍呵护。但是这带来了不少问题：学生占有欲较强，缺乏同情心，只顾自己眼前的利益和快乐，很少考虑别人的感受，甚至会把自己的快乐建立在别人的痛苦之上。因此，我们学校教育应当引导学生去体会他人的情感和需要，以避免做出有损他人情感和利益的事情，教育孩子从小体贴别人、关怀别人、理解别人，让学生们真正明白中国传统文化中“尊重”“友爱”的意义。（作者系北京市延庆县香营学校德育主任）

借助综合实践活动，发扬民族传统文化

王瑞霞

中国是一个历史悠久、文化资源丰富的国家，几千年的历史积淀了丰厚的传统文化。但我们现在所处的是一个多元化的社会。许多优秀的民族传统文化正在逐渐消失，而且随着外来文化的渗透，越来越多的孩子热衷于外来文化，他们吃的是洋快餐，看的是日韩动画片，很少了解自己的传统文化。作为一名语文教师，学习并传播中华文化经典，是当仁不让的使命。如何把我们的传统文化发扬下去，让学生在语文学习中感受祖国语言文字的秀美，受到祖国优秀文化的熏陶呢？恰好，学校要组织一次综合实践活动。为此我们把综合实践活动和传统文化教育结合起来，做了一次有益的尝试，感觉效果确实很好。

9月的一个周末，我们组织了学生参观松山的实践活动。开始爬山了，学生劲儿头十足。从未见过如此多的绿：一眼望去，仿佛一片海洋。脚下的羊肠小道在草丛中若隐若现。因为刚下过雨，微风拂过，空气中夹杂着野草和泥土的气息。又爬了一会儿，路边的景色更迷人了。一地的碧绿已经被五颜六色所取代，各种各样的野花迎着风微微摆动着，蝴蝶和蜜蜂穿插其间。

大家放慢了脚步，尽情享受这美丽的景色。有的同学拿起了手中的相机，让相机记录下了这一切。不知是谁冒出了一句：会当凌绝顶，一览众山小。随之很多同学好像都诗兴大发，仿照学过的诗歌争先恐后地吟诵起来；而且有的同学说出来之后，马上就有同学改动后念了出来，完全没有了作文课上眉头紧锁的窘态。学生此时对诗歌的这种喜爱乃至理解是我上课时没有看到过的。

回来之后，趁着学生们意犹未尽，我赶紧趁热打铁地上了一节“走进古代诗歌，感受传统文化”的综合实践活动课。在课上，我们一起欣赏了学生们制作的展示松山美景的课件，让学生们再次领略了我们环境的秀美；学生们兴趣高涨时，我适时地投影了一些古代诗人游览祖国山川之后写下的一些优秀的诗歌作品。这些诗歌不仅描写了诗人们看到的景色，也抒发了诗人对祖国山河的热爱。这时我反问学生：能不能拿起手中的笔，也试着把我们所看到的、想到的写出来呢？或者仿照这些诗歌改写也可以。听到这里，学生马上三五成群地组成了几个小组，写写改改，好不热闹。不一会儿就有作品展现出来：① 郁郁葱葱此秋如春，阴阴阳阳在昼犹昏。② 游山新雨后，一番洗清秋；日光叶间透，清泉山中流；鸟鸣响彻谷，芳香飘满路；风景随意赏，垃圾不可留。③ 树多鸟多花草多，山美水美花草美。④ 妫水城如何，仙境赛天庭；海坨附近松山地，环境优美市第一；百瀑泉里三叠水，松山潭下飞龙壁；会登松山顶，一览奇风景。⑤ 水明山秀，水山处处明秀；晴好雨奇，晴雨时时好奇。⑥ 青山秀水无限好，奇花异草在松山。⑦ 初秋大雁南去，篱下菊花竞放；石上碧苔三四点，林间黄鹂一两声；日长飞絮轻，欢笑结伴行；喜看松山美景，疑怪昨宵春梦好；原是今朝望山雄，笑从双脸生。

看到这些诗歌，我真是有些不敢相信这些作品竟出自稚嫩的学生之手，即便是改动过的，也改得恰到好处。这节课的效果超出了我预期的设想，传统文化中的思想精髓也在无形中得以传承。

这次尝试也让我明白：借助于活动对学生进行传统文化教育远比枯燥的讲述效果更好，学生也更乐于接受。

如何在语文综合性学习活动中渗透传统文化教育？我认为应该做到两个“相结合”：增强时代感与突出乡土特色相结合。增强时代感的同时，传统文化也需要与时俱进。弘扬传统文化并不是要求我们抱着老祖宗留下的宝贝去闭关修炼，所以要在综合性学习活动中强调时代感与传统文化的结合。（作者系北京市延庆县香营学校教师）

如何在数学课堂中渗透中华美德教育

张润华

中国是一个有着五千年文明历史的泱泱大国，五千年的灿烂文化是我们引以为自豪和骄傲的，其间不仅蕴含着崇高的人格美和深刻的智性美，更沉积着一个伟大民族不灭的精魂。《关于中小学开展弘扬和培育民族精神教育实施纲要》中明确指出：弘扬和培育民族精神是中小学全部教育教学活动的共同任务，要把它有机地渗透和融合到各门课程的教学活动之中。由此可见，中小学要立足于学生的全面发展和终身发展，充分发掘与各学科有关的优秀中华美德资源，真正把中华美德教育融合到各个学科教学之中，贯穿于学科教学的各个环节，构建与中华美德教育相结合的学科教学体系，促进学生个性、心理、品质的健康发展，这是素质教育的本质特征，是新一轮基础教育改革的要求，也是新课改下教师面临的一个新的挑战。

作为一名数学教师，我一直在思考：如何在数学课堂中渗透中华美德教育，如何将数学与中华美德教育相结合，充分发挥中华美德以德育人的独特而强大的功能，引导学生感受、感悟我国丰富的民族数学文化遗产，培养他们的数学文化素养、数学学习心理品质素养，同时让他们产生对我国民族文化的尊重和热爱之情？

数学是一门客观、精确的学科，蕴藏着极其丰富的思想：辩证唯物主义思想，爱学习、爱科学、坚持真理并为之奋斗的优秀品质，民族自豪感和爱国主义精神。如何能很好地找到中华美德与数学学科的结合点，把数学教材中蕴含的这些中华美德思想挖掘出来呢？下面我就以数学教材为例，谈一谈我的看法。

一、充分利用好课本上现有的与中华美德教育有关的显性素材

现行数学教材的例题、习题、注释中，有不少进行中华美德教育的、形象生动的图画和有说服力的数学材料。因此我们将数学教材作为融知识传授、能力培养和思想品德教育为一体的综合性载体，深入挖掘其中的精神品质素养教育的因素，促进学生的全面发展。

1. 以图育人

我国传统图案种类繁多，内容丰富，它既代表着中华民族的悠久历史、社会的发展进步，也是世界文明艺术宝库中的巨大财富。从那些变幻无穷、淳朴浑厚的传统图案中，我们可以看到各个时代的工艺水平和中华民族一脉相承的文化传统。在数学教材《图形与变换》一章中，展示给学生的有战国时期的铜镜、唐代花鸟纹锦、瓷器、剪纸图案、年画、脸谱等一些吉祥图案。在学习之前，我让学生搜集有关图案的资料，了解每幅图案的出处、年代以及代表的含义或者所蕴含的数学思想。学生们经过调查、上网、查阅书籍等方法，了解图案的来历和发展，了解祖国灿烂辉煌的文化，培养热爱祖国文化的情感，而且更为重要的是体会到了数学中的美。

2. 以人育人

运用教材中反映我国历代数学家对数学研究做出巨大贡献的实例教育学生，如：我国古代数学家刘徽利用出入相补的原理计算平行四边形的面积；如：我国数学家陈景润在哥德巴赫猜想领域取得的举世瞩目的成果，使学生懂得我国不但有古老的文明，我国人民也富有聪明才智。在落后的原始时代便有如此伟大的科学家，而今科学这样高度发达，我们若不努力学习，真是愧对古人。通过让学生以数学家们为榜样，从小培养他们为国家富强、为民族振兴而发奋读书、顽强拼搏、积极奉献的责任感。

3. 以史育人

教材中的“你知道吗”板块为数学史料，介绍我国古代数学家对数学研究的突出贡献，如：我国古代，大约 2 000 年前成书的《九章算术》中，记载了用一组方程解决实际问题的史料；早在 2 000 多年前，“方田章”论述了平行四边形面积的计算方法；“方自乘，以高乘之即积尺”即古代《九章算术》对底面是正方形的长方体体积的论述；我国在 2 000 多年前用算筹表示分数；古代《九章算术》中介绍的约分术；古代《九章算术》对分数四则运算法则的论述，等等。通过组织学生认真阅读，培养学生的民族自豪感和使命感。

二、充分挖掘教材中与中华美德教育有关的隐性素材，适时地进行中华美德教育

在现行数学教材中，中华美德教育内容并不占明显的地位，这就需要教师认真钻研教材，充分发掘教材中潜在的中华美德教育因素，不失时机地、潜移默化地进行中华美德教育，把中华美德教育贯穿于对知识的分析中。

1. 以典型习题育人

教材中有许多习题，通过引申、联想、对比，可以发掘其特殊的教育意义。例如，数学习题中提到长江、黄河，在这里，可以让学生体会长江是我国第一长河，而黄河是我们中华儿女的母亲河，我们要爱护和保护她们。例如，习题中提到了求正方体冰块的体积，一旁提示“早在夏朝，中国人已经掌握了存储冰块的技术!”。在这里，可以问学生你对这个信息有什么想法，让学生体会中国古代劳动人民的聪明才智，从而激发他们的爱国情感。

2. 编写例题、拓展教材

在教学过程中，我们有时会根据教材的需要补充一些习题或者编一些题目，以满足教学的需求。在编纂过程中，可以根据教材内容编制一些具有一定思想内涵、反映中华美德成就的应用题。通过习题中的语言文字、数学符号、逻辑推理、运算结果等直接感受中华美德带给我们的物质享受和情感体验；或以教材内容为题材介绍数学家。如在学习用方程解决加减法问题时可以设计这样的题目：“我国的珠穆朗玛峰是世界上的第一高峰，高 8 844. 43 米，高出世界第二高峰乔戈里峰 233. 43 米，乔戈里峰海拔多少米?”讲《质数和合数》这节课涉及哥德巴赫猜想，我国数学家陈景润在这方面有很高的成就，所以老师可以讲一讲他的故事以及他在数学上的成就，使学生在学习知识的同时拓展自己的知识面，进一步了解中国在数学上的成就。这能激励学生奋发学习，培养民族责任感和民族忧患意识，树立振兴中华、开创未来的崇高理想和为科学献身的志向。

3. 鼓励学生探索知识

在数学习题中，有一个鸡兔同笼的问题，要求用学的方程来解答这个问题。在教学过程中，我首先问学生：“你们了解鸡兔同笼问题吗? 想不想去了解它? 通过了解你一定会获得意想不到的收获!”通过我的鼓励，有一些同学就试着去了解和探索，知道了这道题是我国古代著名的趣题之一，大约在 1 500 年前，在《孙子算经》中有记载；还了解了古代对这种题的解法叫作“砍足法”，解

答思路是这样的：假如砍去每只鸡、每只兔一半的脚，那么每只鸡就变成了“独角鸡”，每只兔就变成了“双脚兔”。这一思路新颖而奇特，令古今中外数学家赞叹不已。这种思维方法叫化归法。化归法就是在解决问题时，先不对问题采取直接的分析，而是将题中的条件或问题进行变形，使之转化，直到最终把它归成某个已经解决的问题。许多小学数学应用题都可以转化成这类问题。由此可见，探究这个问题不但可以使学生了解到数学中的一些重要的数学思想，而且了解到我国古代很早的数学论著中就已经涉及先进的数学思想和方法，这些无不令他们叹服。

三、利用数学活动和其他形式进行中华美德教育

1. 课内结合数学教材内容组织游戏，在传统游戏中学数学

《统计与概率》的教学中涉及“击鼓传花”和“石头、剪子、布”的教学情境。两个游戏都可以称得上传统民间游戏。“击鼓传花”最早来源于“酒令”（酒令是中国特有的一种酒文化。酒令起源于儒家的“礼”，为喝酒时助兴娱乐的方式。大约从唐代开始酒令在社会上盛行，由一人击鼓，击鼓的地方与传花的地方是分开的，以示公正。开始击鼓时，花束开始依次传递，令官喊停，持花未传出的一人被罚喝酒。这个被罚喝酒者有权充当下一轮的令官。也有用鼓声伴奏的，称“击鼓传花令”）。“石头、剪子、布”也就是“猜拳”，也是由中国人发明的。按照明朝人谢肇浙所写的《五杂俎》这本书，猜拳的传统可以追溯到汉朝的手势令（“石头、剪刀、布”是一种很早就在儿童和青少年中广泛流传的手技游戏，有时跟“掷硬币”“掷骰子”有相同的功能，用来产生随机结果以作决策。但有时它并不随机，因为游戏者可以根据经验判断对手的手法，所以说，玩这个游戏是有一定技巧的)。在游戏前了解游戏的起源和发展对学生来说也是一种很好的教育。

2. 组织开展综合实践活动，使学生感受中华美德

我们在学校安排的综合实践活动涉及中华美德方面的内容，比如在“保护母亲河”一课中，学生首先了解到“母亲河”黄河是一首咏颂几千年的文明史诗；是一幅画面，一幅壮丽画卷；是一个摇篮，哺育了无数的中华儿女，滋养了世世代代的中国人。而后他们进一步认识到母亲河面临的环境问题，这唤起学生的忧患意识，增强他们的环保意识!

3. 开展数学研究活动

中华美德教育的渗透不能只局限在课堂上，应与课外学习有机结合。我们

可以适当开展一些与中华美德有关的数学研究性学习和数学主题活动，活动除了涉及文学、艺术、科学等领域，还可以涉及数学方面的内容。例如，学习第九册《简易方程》时可以组织学生研究方程在中国的发展；学习《多边形的面积》时可以让学生去研究《九章算术》；学习《分数的意义和性质》时可以让学生研究分数在中国的发展……学生在研究的过程中不但提高了自己的能力，而且了解了中国古代在数学领域的辉煌成就和灿烂文化，增强了学好数学的信心和决心。

以上是我在教育教学过程中就如何找到中华美德与数学教学的切入点进行的教学实践。实际在进行教学的过程中，还应遵循一定的原则，讲究一定的方式方法。下面介绍一下在数学课堂中渗透中华美德教育应该遵循的原则。

1. 潜移默化原则

数学有其自身的学科特点，其中的中华美德因素多为隐性的。因此，数学中的中华美德教育应以潜移默化为主，避免不合时宜的生拉硬扯，以免从整体结构上肢解数学课堂，影响所应达到的效果。

2. 持之以恒原则

俗话说：十年树木，百年树人。在数学中渗透中华美德教育也应持之以恒，切忌一曝十寒。

3. 情境创设原则

通过各种途径，创设能吸引学生去感受中华美德的情境，调动他们的学习与参与兴趣，达到耳濡目染、春风化雨的效果。

4. 适合学生身心发展原则

在教学中，结合学生的实际思想和知识的接受能力，有机渗透，让学生耳濡目染，以达到德育、智育的双重教育目的。

5. 合作原则

教育是一个系统工程，数学中的中华美德教育也不可能是单枪匹马。数学中的中华美德教育应与其他学科中的德育相辅相成，形成合力，使中华美德教育无处不在，这样才能真正取得好的效果。

总之，在数学课堂中渗透中华美德教育的方法也应是多种多样、丰富多彩的，我只是将自己在教学过程中的一些观点和做法写出来，与大家一起探讨。

（作者系北京市延庆县第二中学教师）

中华美德现代传播路径建构的研究

王书营

中华传统美德是中国传统文化的一部分。传统文化是一个比较抽象的名词，对于抽象的事物，要学会运用一些具体的现象引导学生去感受、去理解、去行动……我们参照地方教材《延庆生态环境教育读本》中介绍的延庆传统文化，选了具有延庆地方特色的古崖居、朝阳寺、硅化木、野鸭湖等地区开展实践活动，在实践活动时力求形式多样，渗透为主。毛泽东同志说过："人活着总是要有点精神的。"如今，网络世界的传播速度快、信息杂，中学生的生活越来越空虚。其实，我们在教他们学习的同时应该想想：我们给了他们什么？在我们给他们的东西中，有多少他们能够留在心中？比如说，京剧是我们的国粹，可是今天有几个年轻人愿意去听？有些东西并不一定因为其贴着传统的标签，我们就会喜欢、愿意继承下去。如何让学生感悟延庆的地方特色，从中感悟民族价值，进而愿意把民族文化中的美德大旗主动地扛下去，这是值得我们研究的。本文仅就中华美德的传播路径与大家共同交流。

一、在学生学习方式上，力求体验为主、讲述为辅

初中生的理性思维还处于萌芽阶段，但是他们的感性思维、联想能力是我们这些成年人赶不上的。因此，在利用延庆地方课程教学弘扬民族文化时，应该更多地让学生去感受。地方文化离我们很近，有时候在课堂的设计上，不一定要局限于学校那方寸之间。比如在设计活动方案时，我们可以把学生带出教室、学校，以朝阳寺为教室，上一堂历史课。首先，让学生去"听"。听听悠扬的钟声，把孩子们带进朝阳寺的悠久历史。接着让学生去"看"，看看别具

特色的佛家建筑，感受一下延庆的佛教特色；数数大雄宝殿上的走兽，了解一下古代老百姓的期盼；玩玩八角亭的石刻水道，了解延庆劳动人民的聪明；读读文人留下的墨宝，了解文人骚客的微言大义……让学生在“听”“看”的时候注意“闻”，闻闻那满寺的檀香、竹香、花香……最后让学生去“思”，去想：为什么房屋上会有走兽？为什么会有川流不息的香客？……学生通过调查这些香客，可以发现他们并不都是信佛之人，他们不信佛但是愿来拜佛，更多是希望家宅平安，寻求一个心安，而且佛家寺院也并不会因为你不是佛教徒而拒绝你的到来。通过这些亲身体验，学生能感受到中国人善良与包容的品质。

历史教育是优秀传统文化教育的重要途径。但是，传统文化更多的是一种精神交流，由于初中生特定的个性特征和心理特点，他们很难透过纷繁芜杂的表象认识到中华民族的传统文化。这就需要我们掌握一定的策略，在不经意间让学生去感受、去理解，切忌说教。但是，要把传统文化融入我们的课堂，教师本身就要对传统文化有一定的理解，还要加强对学生的关注。中国传统文化博大精深，而且又非常抽象，是保护在层层象牙塔里的，曲高和寡，我们既喜欢着她，又畏惧着她，认为她不是我们普通人能够看到的、理解的。其实，在我们身边有着众多传统文化的影子，只要我们愿意，我们都能够发现、欣赏、体会传统文化。

二、在学习内容选择上，求精不求多

在课程设计上，要求初中生必须研修统编历史，而地方课程已超出学生必修科目。延庆历史久远，文化内容丰富、博大精深，而中学历史教学课时量有限，如果再额外增加过多的地方课程，自然会加重学生的负担，引起学生的不满，不利于学生的健康成长。因此，在选材上要学会选取最能引起学生注意力，但又不会加重学生负担的文化现象。比如说，民俗艺术有跑旱船、耍龙灯、踩高跷等，这些都是延庆的瑰宝，但是在上课时并不适合全部涉及。当深度和广度难以兼顾时，舍广取深。因此，在教学设计上，我们单独把某项艺术拿出来给中学的孩子们讲述。可是对于玩惯了电子游戏的孩子而言，这些艺术还是很遥远的，即使加进教学中学生也是囫囵吞枣，并不能挖掘其中所蕴含的民族精神。因此，传统文化的教育要时时做、处处传、年年讲，这样才不会使我们优秀的文化流失。

三、在实施上开设校本课程，耳濡目染，继承传统，秉承文化

对于中学生来说，要选取那些适合学生口味、更容易被学生接受的经典来进行传授，使学生感受到传统文化的广博；要注重学科的文化内涵。在实施上可以通过以下途径来操作。

1. 经典诵读，声情并茂

组织学生开展诵读国学经典的活动。具体做法是：一是“天天读经典”。每天早晨和中午，通过教师带读、优生领读、学生齐读、学生自由诵读等多种形式，读经典美文。二是融入每周的升旗仪式，各班轮流诵读古诗文，展示诵读成果。三是“墙上有经典”。在学校四周的围墙、教室走廊上写上国学经典，配上《三字经》《弟子规》插图，将这些墙面打造成校外活动站开展“国学诵读”的载体墙。四是“表演经典”。学校校外活动站在开展个人诵读国学时，可以串讲经典故事；集体诵读时，可以辅以伴奏、伴舞等艺术表现形式；还可以根据经典诵读内容进行情景剧表演、诗歌剧表演；将经典诵读与武术表演有机结合等。五是设“家庭经典时刻”。通过“致家长的一封信”、家长会等，引导、鼓励学生家长积极参与，要求父母每天抽出一定时间，在孩子放学后或睡觉前与孩子一起学习诵读经典。六是每年举办背诵经典古诗文，表演国学经典故事比赛，评选“诵读国学小明星”。通过各种竞赛的比拼，孩子们诵读国学的劲头更足了。优秀的经典诵读起来朗朗上口，能内化成品格与修养。通过诵读经典，学生的视野不只局限在课本上，而是迁移到了中华的传统经典上。国学经典朗朗上口的语言培养了学生的语感，也培养了学生对国学经典的兴趣。通过诵读经典，学生的人文素养也有了一定程度的提高，言行更加规范文明，待人接物更加文明。

2. 阅读思考，相得益彰

我校每学期开学初组织教师参加扎实有效的读书体会交流活动，这能够有效地推进书香校园的建设。学校为教师、班主任订购了上百册图书，例如《细节决定成败》《班主任工作中的心理学效应》，等等，教师利用寒暑假进行阅读，吸收大量的、丰富的、有价值的知识营养，使自己的人格得到升华，思想境界得到提升，教学水平不断提高。学校每年定期组织学生开展读书体会演讲比赛活动。例如，小学在每年的第一学期举办“静思语”读书体会交流活动，中学在每年的第二学期举行“好书伴我同行”读书体会交流活动。学生们博览群书，积累了大量的素材和题材，知识素养提高了，视野开阔了，语言流畅了，

写作和演讲时常常引经据典，下笔千言，显得得心应手。

3. 读书演讲，朗朗上口

学校德育处每学期开展各种主题演讲活动。为提高学生的演讲水平，学校利用第八节活动课时间，设立“朗诵小组”，语文教师专门对小组同学进行朗读指导，培养出一批爱演讲、会演讲的同学。这样，在星期一升旗的时候，由这些同学分别进行国旗下的演讲，在学校组织大型活动的时候，由这些同学担任活动主持人。在这些同学的影响之下，其他同学积极投到活动中来，语文老师再利用自己的课堂，一一对学生进行指导，进一步提升全校学生的朗读水平，使校园充满了优美的读书声。

4. 书法编读，完美结合

学校校外活动站把书法与诵读经典相结合，让学生在诵读经典的过程中领略到中华民族优秀传统文化的魅力，使校园翰墨飘香。根据学生年龄特征，设定不同教学目标和教学内容。例如，小学低年级：认识常用汉字，学习独立识字，初步感受汉字的形体美；小学高年级：熟练书写正楷字，理解汉字文化含义，体会汉字优美的结构艺术；初中阶段：临摹名家书法，体会书法的美感与意境。学校设有专门教授书法的教师，还聘请校外人员到校，利用学生课外活动时间辅导学生书写经典。

5. 作业展览，尽显风骚

每学期学校中小学教学处分别组织中小学生参加学生作业展览活动，届时邀请家长参加活动。孩子们在家长和教师的鼓励下、在同学们的赞叹声中更加端正自己写字的姿势，更加端正学习态度，从而养成了做事严谨的生活态度，终身受益。

6. 评优奖先，树立榜样

学校德育处每学年组织学生参加“阅读之星”活动，并利用“五四”青年节、“六一”儿童节对“阅读之星”进行表彰，从而培养学生爱读书的兴趣，建立良好的阅读习惯并学会读书，进而在学校掀起读书高潮。

7. 注重效果，蔚然成风

传播活动的开展掀起了校园经典品读热潮，涌现出一大批书迷。各班学生在老师的指导下，对教室内外进行精心布置，书架上放着学生喜爱的图书，班级墙壁上展示着同学们的作品，黑板报展现着学生们的个性，教室里时刻洋溢着书香。中华美德传播活动的开展，给学校、老师和学生带来了深刻的变化，它为学校内涵发展找准了支点，为教师成长提供了平台，为学生腾飞坚固了基石。通过读书活动，教师们能感受教育大师的风范，领悟素质教育的真谛，提高文化知识素养，这有效地促进了教师的专业发展，提高了他们的科研能力，他们在各级、各类刊物上发表的论文越来越多。

“腹有诗书气自华，最是书香能致远。”我们深知，是读书滋养了我校师生的底气，是读书给了我们灵气，是读书让我们得到了提升。让书香熏染每个学生是我们不变的追求，为此我们将不懈努力！

一个人从孩子长大成人直至变老，是一个漫长和艰辛的过程。在记忆的长夜里，应该有许多明亮的神灯，给我们温暖、光明、幻想，给我们智慧和力量，我们深信中华民族的文化瑰宝、传统文化中的中华美德就是这些神灯中最亮的一盏，它会带着我们走向美好的明天。（作者系北京市延庆县香营学校教师）

友善价值观的高中德育策略

苏　岳

一、选题缘起

（一）友善是中华美德的重要组成部分

友善一直是中华民族所倡导的价值观。在中国的主流文化儒家思想中，孔子提出了仁爱思想，例如“仁者爱人”“己所不欲，勿施于人”，其中就包含了对他人心存友善的思想。孟子更提出“不违农时，谷不可胜食也。数罟不入洿池，鱼鳖不可胜食也。斧斤以时入山林，材木不可胜用也”（《孟子·梁惠王上》）的理念，表达了人类要对自然友善的观点。墨家则提出了“兼爱”的思想：“视人之家，若视其家；视人之身，若视其身”（《墨子·兼爱中》）。墨子主张不分远近、贵贱、亲疏，视人如己，为人犹为己。中国文化中的“天人合一”思想，正是主张人与自然万物和谐统一，而友善就是人与人之间、人与自然之间的和谐统一。

（二）友善是当下社会呼唤的价值观

改革开放以来，我国经济发生了巨大变化，市场经济日趋成熟。而与此同时，公民意识却没有与时俱进。市场经济打破了人们传统的生活和交往圈，人们拥有了越来越多的公共空间，但在公共空间的非友善行为屡屡发生。黄显中指出，“当前公民对于友善患有三症，即友善情感上的冷漠症、友善行为上的推卸症、友善结果上的恐惧症”。[①] 中国传统中以家为本的思想，让当下人在社会活动中仍以血缘利益为重而忽视公共利益。因此，友善对于公民意识的塑造具有重要的意义。

---

① 黄显中．论友善［J］．伦理学研究，2004（4）．

（三）友善是学校德育的重要课题之一

高中时期是学生思想成熟的关键期，也是学生走向公民的重要成长期。友善价值观的建立对其长远发展意义深远。而这一代的高中生享受着丰富的物质生活，对人间疾苦鲜有体察；享受着家长的特殊关照，容易以自我为中心；接受着竞争激烈的应试教育，在竞争中容易忽略他人的感受；接受着诸多社会负面新闻的浸染，对他人多了一点防备之心。而友善价值观的建立，需要在人与人之间的交往中逐渐形成。对于中学生而言，学校就是人际交往最重要的场所。友善是每一位高中学生成为真正公民的必修课，也是每一所学校德育的题中之义。

二、高中生非友善行为的实验设计

学生在学校生活中的友善程度如何？对于这个问题，不同的教育工作者有不同的感受。笔者试图模拟学校生活中的一个细节，来测试学生的友善程度。实验场景如下：一位学生不熟悉的老师于课间时间进入教室，向在场学生大声提出“谁来帮我搬书”的请求，测试是否有学生会主动帮忙。第一，人们的友善行为应该具有自发性。在这个场景中，选取不熟悉的老师，是为了避免教师的特殊身份给学生带来的命令感，从而保证学生的行为选择是自发产生的。第二，选取在课间时间进行，是为了给学生提供条件，避免客观因素影响友善行为的发生。第三，“搬书”这件事一方面具有学校日常活动的色彩，一方面也在学生的能力范围之内。总之，在这个场景中，学生的友善行为容易发生，而能否真正发生，就看学生是否具有友善的价值取向。

笔者随机选取了高一两个班级进行该实验，并安排人员隐蔽拍摄实验情况。在第一个班级中，课间在教室的学生约 20 个，实验中“不熟悉的老师”发出请求并等待了 5 秒钟，无人回应老师。在第二个班级中，课间在教室的学生大约有 40 个，实验中“不熟悉的老师”发出请求后，有一位学生立刻起立做出了回应，并带动了附近一位同学，而其他同学在此过程中，没有任何回应。这说明，非友善行为在学校生活中确实存在，并非全部学生都具有友善的价值取向。

三、高中生非友善行为的原因分析及应对策略

在实验后，实验者采访第一个班级中的部分学生，问题是“当时为什么没有去帮老师忙？”学生回答的原因如下：“别人应该会去帮吧，我就不用管了。”

"正在忙自己的事情，无暇顾及这个老师的请求。""这个老师是谁？他（她）是真的来找人帮忙吗？"虽然这是一个人为设计的情境，但是其中反映的问题具有普遍性。

上述第一个原因，属于"友善行为上的推卸症"。在集体中，有的学生认为这件事有他人去做，而渐渐放弃自己承担的责任；有的认为别人都没有做，自己也不应该做，从而愈加自私与保守。在群体中，人们的行为还会受到群体压力的影响。当个人的行为与群体意见发生冲突时，为了保持与群体的关系，个人需要遵守群体规范，此时所感受到的一种无形的心理压力使个人倾向于作出为群体所接受的反应。这一点对青少年的影响更大，因为在这个年龄阶段，他们更注重自己在同伴中的形象。

上述第二个原因，属于"友善情感上的冷漠症"。"在公共领域中公民不发生交往关系时往往是，你走你的路，我过我的桥，彼此毫不相干，毫无联系。"[①] 学业成绩上的竞争性往往会强化学生自我为中心的意识。因为成绩完全是属于学生个人的事，不需要直接建立在学生与学生之间的关系上，因此过分关注个人成绩的学生就会变得愈加功利化，从而丧失友善的价值取向。

上述第三个原因，属于"友善结果上的恐惧症"。学生因为对该老师不熟悉，无法确认他是否需要帮忙，所以怀疑其动机。这就影射了当下社会的很多现象。由于少部分人以恶意动机来向社会寻求帮助，如假扮乞讨者、以寻求帮助的名义讹人等，人们的友善热度降低，要经过个人的理性判断才决定是否提供友善行为，而在这判断中，人们的友善行为会趋向于保守，甚至放弃理性判断而直接选择不友善。

四、高中生非友善行为的应对策略

上述三个原因，基本涵盖了在社会交往中制约人们友善行为的主要因素。虽然搬书实验是个小事件，但是这些因素一旦放大或置于特殊的场合，将会产生非常恶劣的社会影响，例如在 2011 年发生的小悦悦事件。那么，针对这些原因，结合高中生的身心特点，我们如何可以促进学生友善价值的培养呢？

针对第一个原因，我们可以抓住群体压力这一点来寻求策略。如果群体整体趋向于友善，那么个体在群体中会逐渐建立友善的价值观。一方面，学校和

① 黄显中．论友善［J］．伦理学研究，2004（4）．

班级要更注重整体文化建设，另一方面，学校和班级可以协助组织一些集体性的友善活动，让学生们共同参与其中。此外，这一代中学生非常热衷于网络交流，而网络又是非常有效的群体内传播途径。例如，在2014年风靡全球的冰桶挑战，要求参与者在网络上发布自己被冰水浇遍全身的视频内容，然后该参与者便可以要求其他人来参与这一活动。活动规定，被邀请者要么在24小时内接受挑战，要么就选择为对抗“肌肉萎缩性侧索硬化症”捐出100美元。借助网络平台的传播，更多的人因此了解了渐冻人。独特的传播方式也在全球范围内刮起了一股充满趣味的友善之风。这种网络传播的思路完全可以运用到中学生的友善活动中，促进学生在群体中更加友善。

针对第二个原因，我们可以从学生为什么这么重视学业成绩说起。这一方面是因为学生认为当下的学业成绩与自身未来发展很重要，另一方面是因为学校、家长乃至社会频繁地评价学生的学业成绩，极大地强化了学业成绩的重要性，使学生不得不重视学业成绩。针对第二个原因，如果学生的友善行为也能够得到及时的强化，得到合适的鼓励，那么相信学生的友善取向会更强。大到社会、学校、老师改变对学生的单一评价方式，小到在友善活动中加入符合学生心理的激励机制，这些都可以促进学生摆脱友善的“冷漠症”。

针对第三个原因，除了社会风气的改变之外，学校德育能为此做什么事情呢？事实上，学生的生活空间非常狭窄，大部分学生的生活是学校、家庭两点一线。因此，他们接触社会的机会较少。他们在家庭、学校中只认识和自己相似的人，却很少了解在这个社会上和自己不同的、真正需要帮助的人，很少了解真正需要贡献友善力量的领域。真正走近过残障人士的人，才可能真正感受到他们的疾苦；真正走近过污水处理厂的人，才可能真正感受到每一滴水的可贵。所以学校德育不应该仅仅局限于校内，而应带学生走出去，多了解这个社会需要关爱、需要参与的领域。了解会消除怀疑和误解，了解他人的需要会促进学生树立起公民意识。

总之，友善价值观的建立不能仅仅停留在理论说教层面。学校在德育工作中应积极开展以友善为主题的德育实践活动，通过符合中学生心理的形式，让他们在行动中建立友善价值观。（作者系西安市曲江第一中学教师）

参考文献

[1] 武东生．“和而不同”、“推己及人”与团结友善［J］．道德与文明，2002（2）．

［2］邢瑞煜．论儒家哲学的为人之本［J］．山东社会科学，2007（9）．
［3］王盛平．友善价值观面向［D］．安徽大学学位论文，2014（5）．
［4］陈璐璇．“90后”大学生友善意识培育研究［D］．湖南师范大学学位论文，2014（5）．

学校、家庭、社会互动，形成中华传统美德教育合力的实践研究

高鹏玉

一、问题的提出

（一）选题背景

1. 对课题的理论价值论证

习近平总书记在《纪念孔子诞辰 2 565 周年国际学术研讨会上的讲话》中指出："文以载道，文以化人。当代中国是历史中国的延续和发展，当代中国思想文化也是中国传统文化思想的传承和升华，要认识今天的中国，今天的中国人，就要深入了解中国的文化血脉，准确把握滋养中国人的文化土壤。只有坚持从历史走向未来，从延续民族文化血脉中开拓前进，我们才能做好今天的事业。"

《中共中央、国务院关于深化教育改革全面推进素质教育的决定》指出："全面推进素质教育，是我国教育事业的一场深刻革命，是一项事关全局、影响深远和涉及社会各方面的系统工程"；"实施素质教育应当贯穿于学校、家庭、社会等各个方面"；"加强与改革教育工作不只是学校和教育部门的事，家庭和社会各方面都要一起来关心和支持。只有加强综合管理、多管齐下，形成一种有利于青少年学生身心健康的社会环境，年青一代才能茁壮成长起来"。

中国共产党第十八届三中全会明确提出完善中华传统美德教育，它也是学校应当加强的一个德育教育的生长点。我们通过研究，将中华传统文化中关于家庭教育的理念、内容、做法与学校德育教育相结合，与社会发展相融通，发挥社会资源的作用，与家庭教育形成合力，在社会活动中将传统文化教育的内容进

行深化，加强对学生的思想教育，弘扬中华传统美德，提升学生的综合素质。

家庭中独生子女的普遍存在、社会生产力的发展、家庭生活条件的变化、经济体制的转变，这些都使得家长的世界观、人生观、价值观发生急剧的变化，他们对子女的教育观、成才观等也发生了质的改变。学生并非生活在真空中，面对着社会的急剧变化和社会中物欲横流的现实，他们的思想也发生着无法控制的改变。老师与家长缺乏沟通，家长对孩子缺乏理解和了解，教育手段滞后，等等，这些都导致了我国的青少年出现许多前所未有的问题，诸如心理承受能力差、与人合作的意识匮乏等。因此，中小学生的身心健康发展离不开家庭、学校、社会三方面教育的有机结合。但是，这种结合从“应有”到“实有”有一个教育观念更新、教育力量整合、教育组织调整乃至教育管理体制改革创新的过程，是一个系统工程。陶行知先生的“社会即教育”理念告诉我们，要想实现学校、家庭、社会三方面教育的有机结合，学校教育方面要充分发挥其主动性和主导性，通过管理改革，使班级成为“三结合”教育的基本点和生长点，并在此基础上，加强学校、家庭、社会之间的横向联系，强化学校教育与家庭教育、社会教育相互沟通，建构起上下一致、校内外一体的教育工作网络，实现三者的教育实践活动同步、教育理念求同，形成互补共建的教育合力。本课题研究的意义在于探索如何充分调动和利用学校、家庭、社会等各方面的教育力量，整合形成教育合力，最大限度地发挥全社会的教育资源优势，将中华传统文化教育工作全方位推进。

2. 对课题的实践价值论证

《2012—2015年北京市中小学德育工作行动计划》中明确指出全市中小学德育工作的主要目标是：大力培育和弘扬“北京精神”，把社会主义核心价值体系融入中小学课堂教学、校园文化、社会实践、学校管理等各个关键环节，着力培养体现“北京精神”的首都青少年。其中，需要重点落实的“八项工程”中的学校文化示范工程里明确提出了要大力开展传统文化、地区文化、校本文化实践活动。

延庆七中是“十一五”时期按照我县“撤并村小、初中出山、高中进城、三教统筹”的思路，先后撤并千家店、赵庄、西屯等5所山区学校，于2008年按照新办学标准新建的一所半寄宿制初中学校。学生在校时间长，对学生进行传统文化教育有时间保证。在我校几年的办学过程中，“感恩教育”、“过好中国节”的教育活动已经开展，并在逐步深入，这都是我们进行这项课题研究的意义所在。

本课题的研究有利于整体构建学校、家庭和谐教育体系，形成学校、家庭双方教育理念趋同、过程同步、方法互补、资源共享，对探索“家校社合一”教育过程的规律，丰富和发展“三结合”教育体系的内容具有一定的理论价值；对全面推进素质教育，实现“学生高兴、家长放心、社会满意”的办学目标，具有重要的实践意义，也有利于促进和谐社会的建设。

（二）选题内容

本课题采用个案研究方式，以延庆县第七中学为研究对象，探索半寄宿制学校如何发挥家长、社会在学校办学过程中的作用，三方互动，互为支撑，形成合力，共同促进学校发展，促进在校学生健康成长的实践研究。

二、核心概念的界定

（一）中华传统美德

中华传统美德，是指中国五千年历史流传下来、具有影响、可以继承，并得到不断创新发展、有益于下代的优秀道德遗产。概括起来就是：中华民族优秀的道德品质、优良的民族精神、崇高的民族气节、高尚的民族情感以及良好的民族习惯的总和。它标志着中华民族的“形”与“魂”。它也是我国人民两千多年来处理人际关系、人与社会关系和人与自然关系的实践结晶。

加强道德建设必须承接中华民族的传统美德。道德从来都是现实性与历史性的统一。社会主义道德不是无源之水、无本之木，而是植根于民族文化的沃土，是传统美德的延续和升华。承接中华传统美德，就是要以中华传统道德的背景为基础，把传统道德中的这些符合时代要求、有助于经济社会协调发展的内容承接下来，推广到全体人民中去。

（二）学校、家庭、社会互动

“学校、家庭、社会互动”是指从学校的实际出发，以学校为主导，通过有计划的系列活动，家庭、学校围绕学生教育、学生发展这一学校办学的共同目标同心协力，共同促进学生健康成长的教育行为。这一教育行为的实施，最大限度地调动教师、家长、学生的积极性，从而改进家长的家庭教育方法，改进教师的教育教学方法，调动社会各界对学生教育工作的理解和支持，让家庭、学校、社会形成合力，促使学生健康、全面发展。

三、理论基础

（一）自我概念理论

美国学前教育专家埃斯萨等人提出的“自我概念理论”指出：学生生活的

环境是由家庭、学校、社会这三个同心圆组成的，最靠近学生的同心圆是家庭及其成员；第二个同心圆是学校及朋友；最外面的同心圆是社会。

埃斯萨认为，家庭、学校、社会中的成人之间、成人与孩子之间的关系对孩子发展至关重要；孩子的学习从自己、家庭扩展到学校、社会；家庭、学校、社会的密切合作有助于孩子形成积极的自我概念。根据这一理论，我们应循序渐进地扩大学生的学习视野，从学生的内心世界走向外部世界，建立并加强孩子和父母之间的友好关系，促进孩子自尊心、自信心的发展。

（二）多元智能理论

美国教育家加德纳提出的“多元智能理论”认为，每个学生身上都不同程度地出现语言智能、逻辑（数学智能、空间智能）、身体（运动智能）、音乐智能、人际关系智能、自我认识智能、自然观察智能八种智能；不同的学生有不同的、独特的智能组合形式。教育工作者只有加强学校、社会和家庭之间的联系，为学生创设一个开放的、支持的环境，才能发展学生的智能强项，改进学生的智能弱项，促进学生身心全面而充分地发展，使学生将来能够大有作为。

（三）现代家庭教育指导理念

家校合作是当今教育改革的世界性研究课题。现代学校发展的一个显著特点就是学校管理的开放化、民主化，从封闭式的学校管理转向社会、家庭参与学校管理，这就决定了学校和家庭之间是一种平等合作的关系。“以校为本、家校互动合作”的指导模式符合现代学校发展的特点。

四、研究目标、研究内容、拟创新点

（一）研究目标

通过课题研究，让学校、家庭、社会教育三者有机结合，共同推动中华传统美德教育。

（二）研究内容

（1）梳理中华传统文化中适合于对初中生进行传统美德教育的生长点，《中华优秀传统文化普及系列丛书——养志读本》进班会课堂，制定实施细则，班主任对学生进行教育，开发德育课程，形成德育课例。

（2）探索家庭教育的方式方法，通过发挥家长的作用，通过多种形式的教育教学活动，让家长参与到研究工作过程中，提升教育质量，开展好教育工作。将《中华传统文化教育研究家庭教育课题组——家庭教育》一书作为各年级家长学校的教材，每月开展一次家长学校课程。

（3）开发社会大课堂资源，寻找具有中华传统文化内容的单位。通过带学生到社会中学习，发挥社会资源的作用，最终达到学校、家庭、社会教育形成合力的目的。

（4）在初一年级开展国学教育，让学生在品读中将这些中华文化的精髓运用到日常生活中，并在其影响下转化为自身的自觉行为。

（三）拟创新点

开发社会大课堂资源，弘扬中华传统文化。

五、研究方法、实施步骤和保障条件

（一）研究方法

（1）行动研究法：确定课题之后，由课题组成员根据研究计划在教育教学活动中发现问题，解决问题，拿出有价值的研究结果。

（2）文献研究法：带领课题组，针对中华传统文化的内容进行文献查阅，选出有价值、有意义、适合学校德育教育的内容，形成教材。

（3）案例式研究：研究成员带领学生走进具有中华传统文化教育内容的资源单位，研发课程，拿出活动案例，并在实践中进行验证，以便今后进行推广。

（二）实施步骤

（1）第一阶段：2014. 10—2015. 1 制订研究计划，梳理传统文化中适合初中教育的内容，开题论证。2015. 3—2015. 9《中华优秀传统文化普及系列丛书——养志读本》进班会课堂，制定实施细则，班主任对学生进行教育。

（2）第二阶段：2015. 9—2016. 7 开发社会大课堂资源，将传统文化教育的成果在社会中进行应用；将《中华传统文化教育研究家庭教育课题组——家庭教育》一书作为各年级家长学校教材，每月开展一次家长学校课程。

（3）第三阶段：2016. 9—2016. 12 总结，提炼，出成果。

（三）保障条件

（1）人力保障。课题组负责人高鹏玉为延庆县第七中学德育主任，大学本科学历，中学高级教师，曾多次参与市县级课题研究，撰写的科研、教研论文曾多次获国家级、市级、县级奖，具有较强的研究能力。课题组成员主要由延庆七中优秀班主任组成，均有一定的理论水平、实践经验和研究能力。

（2）组织保障。以学校行政领导为核心领导，以学校德育处和骨干班主任为主要研究成员，建立上下一体、内外结合、协作攻关的研究组织。

（3）物力保障。课题启动后，学校将在研究经费上予以全力保障：保证开题论证、中期评估、结题鉴定的各项费用及时到位；保证会议研讨、论文集等各项支出的如期支付；同时有计划地安排课题组成员外出学习以提高理论水平和实验研究能力。

（4）制度保障。为使课题研究真正落到实处，取得实效，学校将建立课题运作管理制度，课题组活动每月不少于两次。

六、预期研究成果（阶段成果和最终成果）

（一）阶段成果

（1）各阶段教育主题下有针对性的教育研究论文。

（2）班级在社会实践活动中探索研究的课例和课程教材。

（3）家长在课题研究活动中如何发挥作用的探索。

（二）最终成果

学校、家庭、社会互动，形成中华传统美德教育合力的实践研究报告。

（作者系北京市延庆县第七中学德育主任）

参考文献

[1] 教育部．完善中华优秀传统文化教育指导纲要．教社科［2014］3 号［OL］.［2014-04-01］. www. gov. cn/xinwen/2014-04/01/content_2651154. htm.

[2] 中共北京市委关于培育和践行社会主义核心价值观的实施意见［OL］.［2014 - 05 - 27］. theory. people. com. cn/n/2014/0527/c49150 - 25068475. html.

[3] 习近平同志在纪念孔子诞辰 2 565 周年国际学术研讨会上的讲话［OL］.［2014 - 09 - 24］. news. xinhuanet. com/politics/2014 - 09/24/c _1112612018. htm.

[4] 俞家庆．中华优秀传统文化普及系列丛书：养志读本［M］. 北京：教育科学出版社，2015.

[5] 霍力岩，等．多元智力理论与多元智力课程研究［M］. 北京：教育科学出版社，2003.

[6] 马忠虎．家校合作［M］. 北京：教育科学出版社，1999.

[7] 杨应松．各国社区教育概论［M］. 上海：上海大学出版社，2000.

[8] 沈金荣．社区教育的发展和展望［M］．上海：上海大学出版社，2000.
[9] 联合国教科文组织国际教育发展委员会．学会生存——教育世界的今天和明天［M］．华东师范大学比较教育研究所，译．北京：教育科学出版社，1996.
[10] 叶忠海．社区教育学基础［M］．上海：上海大学出版社，2000.
[11] 杨应裕，等．各国社区教育概论［M］．上海：上海大学出版社，2000.

中华美德与素质教育研究

王　平　王　彬

素质教育是指依据人的发展和社会发展的实际需要，以全面提高全体学生的基本素质为根本目的，以尊重学生主体性和主动精神，注重开发人的智慧潜能，注重形成人的健全个性为根本特征的教育。实施素质教育是我国社会主义现代化建设事业的需要。它体现了基础教育的性质、宗旨与任务。提倡素质教育，有利于遏制目前基础教育中残存着的“面试教育”和片面追求升学率的倾向，有助于把全面发展教育落到实处。从教育面向现代化、面向世界和面向未来的要求来看，实施素质教育势在必行。这是我们基础教育改革的时代主题和紧迫任务，而中华美德与素质教育有着潜在的、密不可分的联系。

中华民族经过几千年的延续和发展，积淀了博大精深的传统文化，形成了优秀的民族品质、优良的民族精神、崇高的民族气节、高尚的民族情感、良好的民族礼仪等传统美德，这些文化精华集中体现了中华民族在处理人与自然、人与社会、人与人关系的基本价值，反映着个人自我道德修养的基本要求，是我们民族宝贵的精神遗产，是我们永不枯竭的教育资源。继承和发扬这些传统美德，对学生基本人格和情感的形成、对民族精神的弘扬和培育具有不可替代的作用。正如国务院前总理温家宝在哈佛大学演讲时所说：“从孔夫子到孙中山，中华民族传统文化有许多珍品，有许多具有人民性和民族性的好东西。比如，强调仁爱，强调群体，强调和而不同，强调天下为公，这些传统美德对家庭、对国家、对社会起到了巨大的维系和调解作用。”

当今飞速发展的经济要求有大批高素质的劳动者，所以提高学生的素质就成为热点话题。一提到素质教育，不少人就认为是要培养学生的动手能力、学习能力、创新能力。但我认为素质教育不单单是这些，还应包含道德教育，特别是中华传统美德教育。目前全球经济一体化和文化多元化并驱发展，不同的文化就体现于其传统性、独特性、连续性。要使中华民族在世界之林中保持独特的文化身份特征，不迷失自己，就要培养民族的后继者，继承、发扬和发展中华民族悠久的、博大精深的美德。

然而，在科技日益发达的今天，物质文化冲击着传统美德，使人们日益忽视了对人的精神世界和传统美德的维护，也使学校对传统美德教育与学生道德素养之间存在的巨大落差感到迷茫和失落。这给学校敲响了警钟，证明了学校在学生思想道德教育中的失误。传统美德教育是一项润泽心灵、点悟人生的“劝业工程”，时间长、见效慢，很多学校在教育过程中渐渐成了没有文化根基的“断了线的风筝”，主要表现在：重物轻人，缺少灵性，丢失精神；因循照搬，缺乏个性，迷失方向；贪功浮躁，忽视过程，丧失积淀。新形势下，学校及教育工作者应如何充分发挥中华传统美德在学生思想道德教育中的作用呢？

一、以诵读文化经典为导向，增强传统美德理论渗透

中华文化经典，是中华民族智慧的结晶，是国人修身经世之本，其价值永恒不朽，历久而弥新，是学校道德教育取之不尽、用之不竭的智慧源泉。开发和利用文化经典，对提升在校学生的道德素质具有事半功倍的作用。一是开发地方教材。山城重庆有著名的长江三峡，学校可以充分利用校本优势，巧妙地把“长江文化”引入地方教材，并组织学校师生广泛开展“赞长江”“诵长江”“悟长江”活动。二是编写校本教材。把《三字经》《弟子规》《百家姓》《千字文》《论语》《中庸》《大学》《诗经》《孝经》《唐诗》《宋词》等文化经典列入校本教材，引入课堂。将经典诵读贯穿学生思想道德教育的全过程，根据学生的年龄特征、按照不同学习阶段加以设计并实施：小学重在“背诵”，初中侧重“读讲”，高中着眼“读悟”。三是加强诵读指导。为加强学生对经典文化的诵读和理解，学校应针对不同年龄学生的特点，布置不同的经典诵读内容。要求学生每天利用晨读或道德课时间，饱览古今传统经典，理解内容，注重理论实践结合，阐述表达现实意义，从“学而知”到“知而行”，逐步达到“行更知”的境界。

二、以校园环境建设为基础，营造传统美德教育氛围

学生大部分时间是在学校，校园环境的好坏直接影响着学生思想道德的好坏。前中共中央总书记胡锦涛精辟地指出：要为我们的下一代生产更好的文化产品，要给下一代提供一个好的文化环境，要为孩子提供优良的文化服务。因

此，要使传统美德在学生中广为传颂，并发挥其在学生思想道德教育中的作用，校园环境建设尤为重要。

一是开放图书资源。为了让学生更好地理解和学习中华传统美德的系列内容，学校不仅要给学生提供更多更好的教材及图书，还应广泛开发图书资源，建立经典文化走廊、班级图书角等，让学生始终“与经典为伴，与圣贤为友”。同时，充分利用校园内闭路电视、广播系统等媒介，在课间十分钟播放诵读光盘、歌曲，让学生时刻呼吸书香浓郁的空气，在中华经典文化优雅和谐的旋律中陶冶心灵。

二是建设书香校园。为了让传统文化更具感染力，学校要积极为学生构建一个“德馨满校，书香满楼”的人文环境，让先贤在校会聚，让古韵在园悠扬。学校应根据不同楼段、楼层及年级特色，开设传统美德教育的联动车：从名人雕塑到圣哲嘉言，从书香摆设到经典传闻，展示传统美德中的做人之道；从浅显语句到卡通造型，从简短体悟到稚嫩诗画，展示学生对传统美德的理解，使学校的每一个角落都成为校园里一道亮丽的风景线，都发挥潜移默化的教育作用。

三是挖掘教材资源。以课堂教学为主渠道，把中华传统美德教育与学校教育教学全面融合。在实际教学中，教师要充分利用现有的教材，特别是语文、历史、政治、地理、艺术类等课程，要善于发现并利用课程教材中的传统美德教育素材，使其与当代学生的理解能力相适应，进行有效的教育。同时学校要把中华传统美德作为一门学科纳入教学、教研计划，每周安排适量的课时让老师完成各年级规定的传统美德教学内容，使所有学科课程都能结合自身特点有机渗透中华传统美德教育。

三、以校园文化活动为载体，内化传统美德教育内涵

百闻不如一见，百见不如一试。校园文化活动是促进学生思想道德发展的巨大动力，是检验学生品德好坏、素质高低的标准。在传统美德教育实践中，要始终坚持把忠、孝、诚、信、礼、义、廉、耻德目与德育内容、现实生活、时代精神相结合，形成班级、学校、社区实践三个层面的互动：主题班会增加认识，修身明理；学校专题教育活动比赛内化认识，明德导行；社会活动情景体验，明志践行。

一是结合德育内容，大力开展系列主题活动。中华传统美德的内容非常丰富，学校在教育过程中应本着“古代存在，现代需要”的原则，结合学校实际

确定教育德目，选准切入点，将传统美德的教育内容根据不同年龄层次学生接受能力的高低进行分类，开展有针对性的主题活动。如“忠孝”教育是学生应首要学习的，但要根据不同年级学生的年龄特点提出不同层次的要求，并以队、团等活动为主线，遵循“小一点、近一点、实一点”的德育原则，开展“读、讲、赛、评”等内容丰富、形式新颖的系列活动，使学生在灵活多样的教育活动中自然而然地感知、体悟、探究、思考和积累，使道德要求内化为学生自身的道德需要。

二是结合现实生活，深入开展节日庆祝活动。“生活即教育”，对传统美德的学习，不能仅停留于讲古人、学古人的层面，要赋予传统美德时代的内容，因此我们不能不重视精神生活中的重要节目——节日。尊重自己的传统节日及民俗文化，是尊重和热爱自己民族的表现。利用春节、清明节、端午节、教师节、中秋节、国庆节、重阳节等节日的文化内涵，创新庆祝、纪念活动形式，使传统美德教育与现实生活紧密结合起来，促进学生身心健康成长。如在母亲节开展感恩教育，让学生懂得“知恩、报恩、施恩”，对学生的心理将产生潜移默化的深远影响。

三是结合时代精神，广泛开展社会服务活动。对学生进行传统美德教育，必须坚持知行合一，通过社会服务活动检验教育效果，在社会服务活动中训育学生良好品德的形成，把认知付诸行动，内化为品质。结合体现时代精神的典型事例引导学生参与社会服务活动，是传统美德教育由“内涵式”向“外延式”的一个重大转变。通过有目的、有计划、有组织地开展社会宣传、调查、访谈、帮扶、救助等社会公益服务活动，使学生接触社会、了解社会，在活动中真正体验到传统美德的崇高，并在实践中不断提高自身的修养。

四、以家庭和社区为阵地，推进传统美德教育进程

家庭和社区是中华传统美德教育的基石和阵地，充分发挥传统美德教育在学生思想道德建设中的作用，必须与重视家庭教育的优良传统和社区配合教育相结合，使每个现代家庭和社区都承接中华传统美德，重视家庭教育，关心孩子的健康成长，同时让学生懂得父母长辈对自己有养育之恩，社区对自己有恩赐之恩，要以行动来孝敬父母，回报社会。

一是以家庭为基础，延伸传统美德教育。家庭教育在学生良好道德品质的培养形成过程中，以一种长期潜移默化的形式发挥着特殊的作用，是不容忽视的教育途径。学校要建立“传统美德教育家长委员会工作机制”，建立班级、

年级、学校三级传统美德家长委员会机构。通过开办家长学校，举行家长开放日、学校开放日、家长指导日、家校互访活动，制作家校联系卡，制订家庭教育咨询制度、评选优秀家长等多种措施和形式来密切同家长的联系，强化家长的参与意识和教育作用。通过这些活动，提高家长素质，同时家校统一规范要求学生，以提高学生的道德水准和思想品德修养。

二是以社会为依托，联动传统美德教育。社会是一个具有广阔教育空间的舞台。社区为传统美德教育提供的教育阵地，不但可以检验学校、家庭的传统美德教育成果，而且有助于学生形成传统美德，固化美德成果。学校要注重发挥社区的教育作用，构建社区教育体系，增强德育教育合力。争取校外各单位的参与，如与武警、巡警大队、驻地部队建立军民共建网络，与学生居住集中的居委会共建文明小区。通过营造良好的区域风气、协调的人际关系，达到人与人、人与集体、人与自然的和谐统一。

中华美德教育的主要阵地在学校。中华美德教育是素质教育的重要内容，是未成年人思想道德教育的核心内容，是学生成长、学校校风建设和学风建设的重要保证。因此，要把中华美德教育与家庭教育、社区教育相结合，把中华美德教育的部分由学校延伸至家庭和社区，通过他们的配合提高教育的实效性，从而使中华美德在素质教育中充分发挥作用。对学生实施传统美德教育，目的是继承民族灿烂文化，弘扬民族伦理道德规范，培养高素质的人才。要充分发掘传统美德这一德育资源，创造出具有时代气息的、学生乐于接受的新颖方式，使中华美德为当代素质教育服务。

在构建社会主义和谐社会中，在新时代的素质教育中，必须大力弘扬中华民族的传统美德。中国传统文化和传统美德对青少年的人格修养有着不可忽视的影响。青少年掌握着先进的知识文化，是未来的主人，应当加强中国传统文化与中华美德的学习，努力完善人格，做对社会有用的人，因此我们必须大力弘扬中华美德的教育。中华民族历来崇尚“贫贱不能移，富贵不能淫，威武不能屈”，追求“和为贵”“家和万事兴”，倡导好善乐施、扶危济困，把人的生命和尊严，把国家和集体的利益放在第一位。越是危难之际，这些传统越是得到发扬。如九八抗洪时、抗“非典”时、南方冰雪灾害时、四川“5·12”特大地震时所表现出来的“一方有难，八方支持”令人感动。这些传统美德已成为增强民族凝聚力、构筑和谐社会的重要抓手。

我们不可忽视传统美德教育的现实意义和深远的历史意义。特别是在实施素质教育的今天，传统美德教育显得尤为重要。中国是一个文明古国，有着五千年的灿烂文明史，中国的优秀文化和传统美德内容非常丰富。现在需要提倡的好品德都可以从我们古代的资料中原原本本找出来，如热爱祖国、关心集体、文明礼貌、助人为乐、诚实守信、勤劳俭朴，等等。我们自己民族的瑰宝，容易激起学生的共鸣，使他们产生热爱、崇敬和效法的情感和愿望，接受起来比较容易。为此，我们应该重视对学生进行传统美德教育，充分发挥其现代教育功能，为培养跨世纪人才服务。

中华美德教育的主要阵地应在学校。社会在发展，观念在转变，但中华美德的实质与内涵不能变。我们可以用不断发展的德育形式，结合时代特征，与时俱进地开展多样的教育活动，让中华美德教育之花在具有千年文化底蕴的中国传统文化中盛开得更加鲜艳。（第一作者系重庆市永川萱花中学德育副校长，第二作者系重庆市永川萱花中学年级主任）

参考文献

李春秋，宋朝武．法律与道德［M］. 北京：高等教育出版社，2002.